好玩 的 地理学

徐锋　编著

U0360482

清华大学出版社
北京

内 容 简 介

　　这是一本尝试讨论"地理原理"的科普读物。作者打破了传统地理教材的常规叙述方法，从具体的问题入手，着重讨论了自然地理和人文地理的核心思想、研究方法、思维过程、重要规律以及地理学对人类发展的意义，方便读者从庞杂的地理现象中抓住重点、把握本质，全面提升地理实践能力及核心素养。通读本书，读者不仅可以学到地理学的主干知识，而且可以建立一种高屋建瓴的综合思维，树立正确的人地观念和全球视野，而后者才是解决实际问题不可或缺的关键能力。

　　书中的案例，既有历史上的经典，又有新时代的发现，相信这些内容能让读者感受到地理学的趣味性、实用价值，获得精神上的启迪。本书适合所有对地理学感兴趣的读者，特别适合青少年阅读。

图书在版编目（CIP）数据

好玩的地理学 / 徐锋编著 . -- 北京：清华大学出版社，2024.1（2025.4 重印）
ISBN 978-7-302-63887-2

Ⅰ . ①好… Ⅱ . ①徐… Ⅲ . ①地理学—普及读物 Ⅳ . ① K90-49

中国国家版本馆 CIP 数据核字（2023）第 122051 号

责任编辑：杜春杰
封面设计：刘　超
版式设计：楠竹文化
责任校对：马军令
责任印制：杨　艳

出版发行：清华大学出版社
　　　　　网　　址：https://www.tup.com.cn，https://www.wqxuetang.com
　　　　　地　　址：北京清华大学学研大厦 A 座　　　邮　　编：100084
　　　　　社 总 机：010-83470000　　　　　　　　邮　　购：010-62786544
　　　　　投稿与读者服务：010-62776969，c-service@tup.tsinghua.edu.cn
　　　　　质量反馈：010-62772015，zhiliang@tup.tsinghua.edu.cn
印 装 者：小森印刷（北京）有限公司
经　　销：全国新华书店
开　　本：170mm×230mm　　　印　　张：18.75　　　字　　数：336 千字
版　　次：2024 年 1 月第 1 版　　　　　　　　　印　　次：2025 年 4 月第 5 次印刷
审 图 号：GS 京（2023）2323 号
定　　价：79.80 元

产品编号：095090-01

谨以此书献给我的家人。

序

"地理（学）"一词与英语 geography 相对应，来自法语 géographie，源自拉丁语 geographia（geo 的含义是地球，graphia 的含义是描述）。中文语词中的地理最早见于《周易·系辞上》："仰以观于天文，俯以察于地理。"古今中外，"地理"一词皆源于人类的好奇，其用观察和描述来帮助人们认识和理解生活或想象中的所有可能的世界。

中国古代有悠久的地理记述传统，远及《尚书·禹贡》《山海经》《汉书·地理志》，惜传统地理知识长期附丽于史学，故于方志、地理志、河渠志等蔚为大观，长于文学传统的描述，轻视学理上的探讨，渐由诠经读史的舆地之学发展成为清代以来以经世致用为特点的沿革地理学。西方地理学知识多源并流，古希腊人集其大成，古典地理学作为一门学科发轫于古希腊。荷马史诗《奥德赛》以文学描述地理经行，米利都的泰勒斯等则尝试以测量观察地理，古典地理学的文学传统和数学传统并行不悖。

明末利玛窦浮海东来，将地理大发现的地理知识刊图于东方。这些知识早期流布于士大夫阶层。清代嘉道以来，中国传统地理研究的目的发生变化，随着边疆地理和域外地理学研究的传入，清人的世界图像借以扩大，清人开始开眼以观世界。徐继畬撰《瀛寰志略》，以中国传统诸藩志传述米利坚国（美国），以中国史传人物比拟泰西华盛顿，留有动人地理篇章。

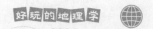

　　中国近代真正意义上的地理学来自西方，途径有二：传教士及教会学校的地理学教育；日本编译的大批西方地理学著作在中国的流布。中国近代地理学的形成，当以邹代钧、张相文、屠寄、谢洪赉等先贤竞相编著新式地理教材为重要标志，大规模成体系的初等、中等和高等地理教科书在学堂中的传播使用，使得近代地理知识成为清末国民教育的重要部分得以普及，启发民智，功莫大焉。

　　东海西海，心理攸同。当今时代，地理知识已成为建立常识、了解世界的最重要的手段之一。犹记些许年前，北大唐晓峰师曾写过一本给儿童的地理读本《给孩子的历史地理》，以大家之笔，谆谆娓叙历史上的地理变迁，意在养成地理启蒙，良愿尤拳拳。我曾后思，真正的地理学基础教育奠基于中学，当盼有缘者能将中学地理教材中繁重、难涩的地理学科知识删繁就简、深入浅出梳理出来，分享给众多对中学地理学习有畏难之心的青少年学生，可为美谈。

　　吾兄徐锋，往畴北大同学，即精研地理。毕业以来，有志地理教育，倏忽之间，潜心中学地理教育垂二十年矣。京华教誉，实至名归。晤谈之间，欣闻有愿，以二十载地理教学心得，合万千卷地理求索积淀，蕴藉其中，形而为著。期能为中学地理教育奉美芹之献，解决中学地理教材繁、重、难、深的学习痛点，让中学地理教育真正成为中学生丰富地理学识、积累文明素养、养成健全人格的启航点。徐兄夙心，深值膺赞。

　　徐兄以同窗之谊托余作序，余亦略知徐兄撰作缘起，感荷信任，略呈数言，以为序。

首都师范大学历史学院副教授 王永乾

2023 年 1 月 6 日

自　序

　　完成这本书的时候，我已在地理教学、教研的第一线摸爬滚打了近20年。随着年龄的增长和经验的积累，我对地理学科和真实世界的敬畏之心不断增长。在现实中，被称为玄学的地理，常常给老师和学生带来深深的无力感，讲不明白、学不懂、考不好的现象比比皆是。就算是拥有多年经验的老师，遇到新问题时可能还是一头雾水。这引发了我长久的思考、学习和探索。直到近几年，我才稍微摸到点门道，豁然开朗的时刻越来越多，课堂上的轻松愉快渐成常态。回看自己走过的弯路，内心产生了一种强烈的使命感：应该把自己的理解和感悟写下来，以让更多的人早日拿到金钥匙，打开地理之门，也算对我多年教学生涯的一个交代。

　　地理学之所以让大家觉得难，可能有以下几个原因。第一，地理学综合性强、涉及面广。如自然地理涉及了天文学、气象学、气候学、地质学、水文学、海洋学、土壤学、生态学等多个领域的知识，人文地理又涉及人地关系、城市发展、工农业布局、交通运输、国家战略等诸多方面。因此，学好地理不仅需要扎实的理科基础、相当的科学素养，还需要对人类活动和社会问题具备较强的理解力。这对青年学生提出了很高的要求。第二，地理环境具有动态变化的特征，地理各要素相互影响，构成复杂系统。地球运动、大气环流、天气变化、地貌演化、水的运动、生态循环等的难点都在于对其动态过程的理解，更难的是分析其相互影响和整体变化。

自然环境处在运动之中，人文环境也在发展变化。当今时代，新问题、新现象、新理论、新技术层出不穷；霾压气温、热融湖塘、土地流转、辐射功能等新名词不断涌现。这要求我们必须紧跟时代，终身学习。第三，地理学实践性强，需要阅历支撑。在实际问题分析中，难倒学生的往往不是专业知识，而是见识和常识。例如，没有河流的地方为什么也会发生流水侵蚀？家乡的极端最低气温能到多少摄氏度？华北的冬小麦什么节气收割？咖啡馆布局跟产业有什么关系？很多看似简单的问题，对于缺乏实践和地理阅历的学生来说并不简单。第四，地理学具有区域性的特点。我们面对的地理问题都落在具体的区域中，分析问题时必须充分考虑当地的区域特征，区域不同，条件就不同。在现实中，我们既要把握宏观的大规律，又要考虑微观区域的特殊性，这又是一个很大的挑战。

经过多年的教学实践，我深深地认识到：地理学习光靠课堂是远远不够的。不管是老师还是学生，都应该"读万卷书、行万里路"，树立终身学习的态度。我还认识到：知识和能力固然重要，但更重要的是形成地理素养、建立正确的观念。我希望通过这本书把地理学习的点滴收获分享给大家。本书虽定位于"好玩"，但却是严肃的。其中的每一个概念、思想和方法都是前辈们经过严谨的实践研究得到的；许多关键数据、图表和结论都注明了出处，以便大家拓展阅读，甚至开展研究。在章节设计和内容编排上，本书并不追求完整的知识体系，而更看重关键问题的讨论、地理原理的剖析和地理思维的呈现，以期达到以点带面、抛砖引玉的效果，激发读者的学习热情和探索兴趣。

正如丁仲礼院士所说，学习地理知识、了解地球奥秘，不仅能给你带来获得知识的快乐，更重要的是能改变你的时空观，使你的心胸更为开阔，甚至使你的世界观、人生观、价值观得到升华。因为，人人都会打上所学专业的烙印。我对上述观点深表认同。真心希望这本小书能为地理学的普及尽绵薄之力。大家如果能从阅读本书的过程中感受到地理学的奥妙与价值，得到某些思想上的启发，那么，我将更加欣慰。

由于作者水平有限，书中的错误和疏漏在所难免，欢迎大家交流、指正！

徐锋

2023 年 6 月 30 日

目 录

第3章　59

天下风云谁做主

第 4 章　111
沧海桑田的力量

第 9 章 253
在哪儿很重要

第 1 章
地球真的安全吗

人类从哪里来，又将走向何方？这一"终极之问"一直困扰着那些乐于探寻真理的人。要想尝试回答这个问题，我们必须以一个宏大的视角回顾地球的过去。然而，地球的历史容不得细想。因为，你了解的内容越多，就越会觉得当下看似一成不变的周遭环境仿佛是一种幻觉。

当被炽烈的日光照得睁不开眼、浑身发热的时候，你可曾想过，完全一样的太阳光也曾经照射在恐龙的身上。在1.6亿年前，恐龙们会不会也被太阳光晒得睁不开眼，身体发热？现在，"恐龙"已成为博物馆里庞大的骨架化石，或是孩子们手里的塑胶玩具。那么千万年之后，人类会不会也将面临同样的结局？我们都知道地球是人类已知的唯一家园，于是问题来了：地球真的安全吗？

1.1 地质史上的生物大灭绝

生命演化是地球上最精彩的大戏。在地球上出现生命以来的30多亿年间，生存过亿万个生物物种，其中99％的物种都已经灭绝了，地球上现存物种的数量可能还不到生命史上全部出现过物种数量的1％。从这个意义上讲，人类也注定是过客。许多盛极一时的生物物种，在周围生存环境发生剧烈变化后，往往难以适应新环境，无法继续生存，转眼间"灰飞烟灭"，这一现象被称为生物的灭绝。在相对短的时期内，如果有大规模的生物物种集群式消失，便被称为"生物大灭绝事件"。大灭绝事件不仅对生物演化产生了重大影响，还深刻影响了现在地球的面貌，影响了我们每一个人。

"生物大灭绝事件"究竟是怎样发生的？更关键的是：类似的事件会不会再次发生？这些问题的答案一直是全球科学家们所致力探求的。

诸多研究表明，所有"生物大灭绝事件"几乎都伴随着剧烈的全球性环境变化。事件发生的前后多有大规模火山喷发、地外天体撞击等事件发生，这些事件引发了全球性的温度剧变、大气环境改变、海洋环境改变等直接后果，进而引发生物圈的崩溃和生物大灭绝。地质史上的五次生物大灭绝与火山喷发、地外天体撞击事件及全球性环境巨变的关系，如图 1-1 所示。

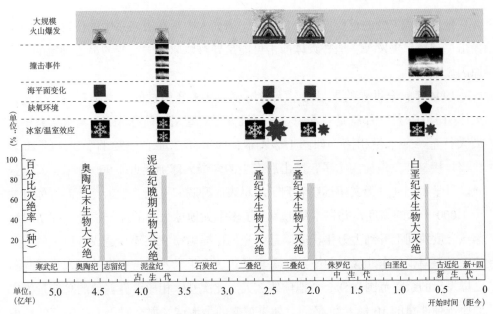

图 1-1　地质史上五次生物大灭绝与环境巨变的对应关系①

对于历次生物大灭绝的原因，学术界一直存在不同的观点，有些观点甚至针锋相对。地质史的真相，似乎永远是一个谜。这种现象一方面在于不同学者所持的证据不同，另一方面也许来源于不同的学者对灭绝事件的来龙去脉还缺乏整体性的把握。例如，很多灭绝事件可能直接源于气候变冷，然而气候变冷可能由全球大规模火山爆发导致，而全球大规模火山爆发，则可能由地外天体的撞击而引发。如果只看到了灾变环节中的某一环，则可能造成"只见树木、不见森林"的局限性。

"灾难不会凭空发生，而是一系列关键事件的连锁反应。"我们不妨梳理一下那些可能造成地球环境巨变的关键事件。这些事件之间的关联性，一直都是学术界研究的热点问题。

---

① 沈树忠，张华. 什么引起五次生物大灭绝? [J]. 科学通报，2017，62（11）：1129.

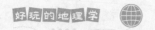

1.1.1 来自地外的冲击

地球环境灾变的首要原因来自地外，诸如太阳系在银河系中的位置、小行星撞击、超新星爆发等。地外天体撞击可能是导致地球环境灾变的最为确定的一个原因。

1994年，全世界的人目睹了人类历史上从未经历过的、太阳系内行星遭遇天体撞击的事件，那就是"苏梅克－列维九号"彗星（简称SL9）与太阳系中的最大行星——木星相撞。如图1-2所示，1994年7月17—22日，SL9的20多块碎片接二连三地撞向木星，撞击后产生的多个火球绵延近1 000千米，发出强光。科学家们通过天文望远镜看到了木星表面升腾起宽阔的尘云，高温气体直冲至1 000千米的高度，并在木星上留下了多个如地球大小的撞击痕迹，撞击时溅落点温度瞬间上升到上万摄氏度。最强烈的碰撞由第9块碎片造成，巨大的创面位于木星南半球东北缘，留下的暗斑直径达3万千米，撞击产生的巨大火球与随之爆发出的余辉范围达到3个地球那么大。此次彗木相撞事件释放的总能量为广岛原子弹能量的10亿～20亿倍，如果被撞的是地球，那么对于人类生存的地理环境来说无疑是灭顶之灾。

图1-2　1994年彗木相撞效果图

地外撞击事件引人关注的另一个原因是对恐龙灭绝原因的探索。"恐龙"一词自 1841 年被创造以来，现今已无人不知、无人不晓。恐龙之所以能成为科学与公众之间联系最为紧密的事物之一，不仅在于其骨架化石令人震撼，更因其曾是地球上极其广泛而长期的存在。全球七大洲均有恐龙化石被发现，已被确认的恐龙种类达 800 余种，最大的恐龙体重达 77 吨。恐龙统治地球长达 1.6 亿年之久。更诡异的是，白垩纪之后的地层中，就再也没有恐龙化石了，这种曾经遍布全球的巨大生物消失得无影无踪，就好像不曾来过一样。这引发了从学术界到公众的深深的迷惑和长久的思考。对于恐龙为什么会灭绝这一问题，一直有各种各样的说法。直到 20 世纪 70 年代末，一个崭新的观点横空出世。

　　1980 年，诺贝尔物理学奖获得者路易斯·阿尔瓦雷斯和他的儿子、地质学家沃尔特·阿尔瓦雷斯以及两位原子化学家弗兰克·阿萨罗和海伦·米歇尔，在美国顶尖学术期刊《科学》上共同发表了关于恐龙灭绝的小行星撞击说：6 500 万年前，一颗直径约 10 千米的小行星与地球相撞，发生猛烈的大爆炸，大量尘埃抛入大气层，致使数月之内阳光被遮挡，大地一片黑暗，天气寒冷，植物枯死，食物链中断，包括恐龙在内的很多动物就此灭绝。目前，已完全确证白垩纪与古近纪之交时曾发生直径约 10 千米的小天体撞击地球事件[①]。美国著名的地质学家马尔文高度评价白垩纪末期撞击事件的研究，认为这是地质学继板块构造学说之后的又一具有全球意义的地学革命事件。那么，这一天才的猜想是如何提出的呢？

　　"秘密就隐藏在当时的地层中。"路易斯·阿尔瓦雷斯的团队凭借这一信念展开研究，他们想尽一切办法，在白垩纪—古近纪界线（K-Pg 界线，旧称 K-T 界线）的地层中寻找答案，如图 1-3 所示，这一界线位于图片中摆放小刀的层位。

---

① 欧阳自远等 . 小天体撞击与古环境灾变：新生代六次撞击事件的研究 [M]. 武汉：湖北科学技术出版社，1997：65-93.

图 1-3　白垩纪—古近纪界线

1979 年，他们在研究意大利古比奥附近的一套海相地层时，取得了突破性的进展。这套地层的 K-Pg 界线处是一层厚 1～2 厘米的不含任何化石的黏土层，其下是含有典型生物化石的晚白垩世海相灰岩，其上也是有足够化石证据的古近纪海相灰岩。他们对这些地层的样品进行了化学元素分析，结果发现 K-Pg 界线处的黏土层中铱（Ir）的含量异乎寻常地高——是上、下石灰岩层的 30 倍！他们敏锐地意识到：该处地层的物质与地壳环境大不相同。

地壳中铱的含量一般很低，因为铱等亲铁元素在地球形成与分异过程中已大部分进入地核，因而地壳中含量极微，一般丰度为亿分之一左右；而很多地外物质（如小行星）没有经历过类似地球这样的熔融和分异作用，还保留着其形成早期的元素含量比例，铱含量可达到地壳的一万倍。基于此，上述黏土层中这么高的铱含量最有可能来自地外天体，如小行星。当小行星撞击地球之后，它的碎片和蒸发的物质被溅了起来，落在了地表，甚至布满全球，就形成了这样一层沉积物。

随后的大量研究发现，在全球的 100 多个地方都找到了同样的证据：丹麦、西班牙、美国、中国西藏（岗巴县）、澳大利亚、新西兰、非洲，以及太平洋与大西洋底都发现了这层铱含量平均高出地壳 20～160 倍的黏土层。随后大量学者经过深入研究也发现了这次地外天体撞击的很多其他证据。

不仅如此，就连撞击坑都找到了！ 1991 年，在前人资料的基础上，希尔布兰德等人根据重力、磁场异常、地层和岩石学资料及钻井岩芯中发现的冲击石英和撞击玻璃熔融体等，提出墨西哥尤卡坦半岛的希克苏鲁伯构造是白垩纪末期的大撞击坑，并且是迄今为止在地球上发现的最大撞击坑之一。目前已确证的"瞬态"坑的直径约为 180 千米。

这项研究不仅很好地还原了白垩纪终结的灾变图景，还在一定程度上引发了人们对小行星的关注，生怕这样的事情发生在人类的头上。研究表明：白垩纪末期这次撞击是太阳系 40 亿年前强烈撞击事件结束后最大的一次撞击事件。在仔细研究过内太阳系行星和卫星表面之后发现，可与这次撞击事件相比拟的唯一一次撞击事件是造成金星表面280 千米直径陨石坑的撞击事件[1]。由此可见，白垩纪末期这次大撞击实在是偶然中的偶然，平均十亿年也不见得有一次的极小概率事件。人们的担忧是多余的，地球再次遭遇此类撞击几乎是不可能的。

此外，有人认为 2.5 亿年前（二叠纪—三叠纪之交）的生物大灭绝事件也与巨大的撞击事件有关。

除了地外天体撞击，来自地外高能射线的轰击也有可能给地球造成可怕的后果。2005 年，美国国家航空航天局及堪萨斯大学的共同研究结果指出，发生在4.45 亿年前的奥陶纪—志留纪大灭绝事件有可能是一颗极超新星释放出的伽马射线暴引起的，其过程持续了约 10 秒，摧毁了地球一半左右的臭氧层，使得太阳释放出的紫外线袭击地球，导致地面及近海面的大量生物死亡，从而破坏食物链，产生了饥荒。同时，被伽马射线暴打乱的空气分子重新组合成带有毒性的气体，这些气体遮挡了阳光中的热量，导致地球一时进入恶劣环境。

1.1.2　大规模火山喷发

火山活动对地理环境的形成影响很大。岩浆是塑造地表环境的核心力量之一，如果没有岩浆涌出的力量，地表的陆地在数亿年的侵蚀下早就不复存在了，地球将是一颗彻底被海洋包裹的行星。当然，火山的力量既可以用来建造，也可

---

① 欧阳自远等.小天体撞击与古环境灾变：新生代六次撞击事件的研究 [M].武汉：湖北科学技术出版社，1997：65–93.

以用来毁灭。

目前，地球上岩石的年龄大都不超过 38 亿年，由此人们推断自 45 亿年前地球诞生直至 38 亿年前，地球一直处于熔融、冷却、岩浆大规模喷涌溢流的循环状态当中，那个时代被称为冥古宙。接下来的太古宙（距今 38 亿～25 亿年）是地球上生命的开端，这个时期地球上形成的岩石已经可以稳定保存至今，在格陵兰岛和澳大利亚等地，都找到了年龄达到 35 亿年以上的岩石，太古宙的地层中也留下了细菌、藻类等早期生命活动的痕迹。从太古宙的原核生物到元古宙的真核生物，再到寒武纪生物大爆发，生命的演化之路就此展开，但地下的岩浆并未就此平稳下来，一旦由于种种原因，地球上大规模的岩浆活动和火山爆发再度活跃，就可能成为地表环境的重大威胁。那么，我们如何得知地球历史上什么时候发生过大规模火山爆发事件呢？

20 世纪初，科学家对放射性元素衰变规律的研究导致了同位素测年法的诞生，由此，地质学家拥有了一个测定岩浆岩年龄的利器。岩浆一旦冷却凝固，其中含有的放射性元素就像时钟一样开始以一个固定的速率不断衰变，这样，通过对岩石样品中的放射性元素及其衰变产物比例的测量，即可推算其经历的衰变时间——这就得到了岩浆活动的确切地质时代。

通过对全球各地岩浆岩的年代测定发现，地球历史上曾发生过数次大规模火山喷发、岩浆溢流事件。如果某次火山喷发过程达到了"超级火山"的水平，喷出的岩浆量足够大，在地表覆盖了超过 10 万平方千米的面积，则相应的岩浆岩覆盖区被称为"大火成岩省"，该次岩浆喷出事件则被称为"大火成岩省事件"。研究表明，"大火成岩省"在全球六大板块中都有分布。在所有的大陆和大洋中，都发现了"大火成岩省"的存在，如图 1-4 所示。

科学家们测定了这些大火成岩省的年龄之后，有了惊人的发现。大灭绝事件与大规模火山活动的发生时间存在着明显的对应关系。那么，是不是超级火山爆发引发了大灭绝？火山活动又是通过何种方式破坏生物圈的呢？

如图 1-5 所示，显生宙海洋物种灭绝与大规模火山活动存在明显的对应关系。虽然岩浆所到之处无一幸存，但其实直接由岩浆造成的机械毁坏并不是生物灭绝的主要原因，大火成岩省的喷发规模确实很大，但波及面积只是在某些区域，尚不能覆盖全球，因此岩浆直接的作用范围是极为有限的，其本身不可能造

图 1-4　全球大火成岩省分布及地质年代（Ma 含义为距今百万年）

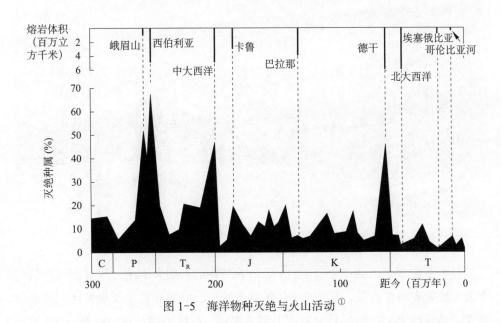

图 1-5　海洋物种灭绝与火山活动[1]

---

[1]　David P.G. Bond.The Middle Permian (Capitanian) mass extinction on land and in the oceans[J]. Earth-Science Reviews.Volume 102, Issues 1–2,September 2010, Pages 101.

成全球的生物灭绝，但是岩浆喷发过程中释放的大量挥发性气体和火山灰却可以引发全球性的气候急剧恶化，从而导致大量生物灭绝。

如图 1-6 所示，火山喷发释放的二氧化碳能强烈吸收地表的长波辐射，导致全球气温升高；伴随火山喷发释放的硫化物和火山灰与空气中的水蒸气结合产生硫酸气溶胶，不仅会引发酸雨，而且会显著地削弱到达地面的太阳辐射，导致全球气温整体下降，产生典型的冷室效应（火山冬天）；当巨量岩浆喷发时，大量二氧化碳和硫化物进入大气圈必然导致气候冷热异常。除此之外，火山爆发时释放的重金属和其他化学物质会改变陆地、海洋、大气的化学组成，这些因素在地理环境中的综合作用可能导致生物圈紊乱。

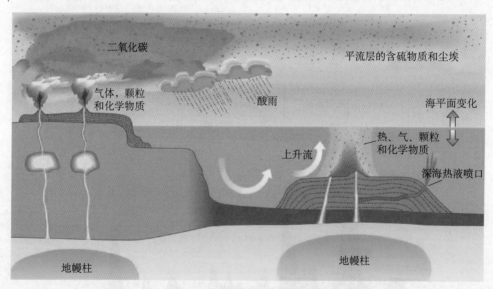

图 1-6　超大规模火山爆发导致生物大灭绝的可能机理

目前主流观点认为：距今 2.514 亿年的二叠纪末期大灭绝，很可能与西伯利亚大火成岩省事件有关。从 2.519 亿年前开始，西伯利亚发生了规模巨大的火山爆发，是地质史上已知的最大的火山爆发之一，持续时间长达 100 万～200 万年之久，形成了面积巨大的暗红色玄武岩建造，被称为西伯利亚暗色岩区域。这个区域位于北纬 50°～75°、东经 60°～120° 范围内，初始的熔岩溢流面积可达 700 万平方千米。

位于俄罗斯的普托拉纳高原就是由当时溢流出来的巨量岩浆形成的，这些岩浆冷却凝结而成的巨大的玄武岩台地，现在还静静地躺在那里，如图 1-7 所示。

有人认为：当时，灼热的岩浆侵入了西伯利亚东部的一个蕴藏着大量煤、石油和天然气的通古斯卡盆地，

图 1-7 普托拉纳高原景观

炙烤着这些碳氢化合物，导致这些化石燃料被快速氧化，多达 100 000 亿吨的二氧化碳被排放到大气中（2019 年全球排放大约 368 亿吨的二氧化碳）；这引发了一连串的严重后果。首先，二氧化碳的形成过程极大地消耗了大气中的氧气，导致了大气特别是海洋表层缺氧事件的发生，这样一来，大量依赖氧气的生物便惨遭灭绝；其次，大气中二氧化碳含量的暴增导致了强烈的温室效应和长期的全球变暖，温度上升也成为大量生物死亡的原因；火山爆发释放了巨量的硫氧化物，形成硫酸气溶胶和酸雨，加之二氧化碳大量溶于海水，导致海洋大面积酸化；这些都可能成为二叠纪末期珊瑚大规模灭绝的原因。此外，岩浆可能还渗入了盐矿丰富的地层，在高温条件下释放了大量有毒气体（如氯氟烃类物质），这可能破坏了当时地球的臭氧层，进而导致强紫外线辐射到地表，杀死陆地的生物。这一连串的环境剧变，较好地解释了二叠纪末期地层中很多不寻常的现象，如 C_{13} 与 C_{12} 的比值异常、海洋中大范围的缺氧、温度的剧烈变化等。

若以物种来计算，2.514 亿年前的大灭绝造成了 70% 的陆地脊椎动物和 96% 的海洋生物消失。这次事件也造成了昆虫的唯一一次大量灭绝，据统计有 57% 的科与 83% 的属消失。而且整个灭绝事件的持续时间很长，可能长达数万年。在灭绝事件发生后，地球上的生态系统经过了几百万年才慢慢恢复，远比其他大灭绝事件的恢复期要长。

在 2.6 亿年前的二叠纪中期，还有一次规模相对较小的灭绝事件，其发生的时间正好对应着我国的峨眉山大火成岩省事件。而白垩纪末期的生物大灭绝，对

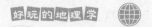

应着印度的德干高原大火成岩省事件。

1.1.3　全球温度剧变

前面提到，超级火山爆发是导致全球温度剧变的重要原因之一。除此之外，海陆分布的变化、地球接受太阳辐射的周期性变化等也可能导致全球温度发生较大变化。

目前人们普遍认为，奥陶纪末期的大灭绝是由全球气候变冷直接造成的。在大约 4.4 亿年前，撒哈拉所在的陆地曾经位于南极，当陆地汇集在极点附近时，容易造成厚厚的积冰，而奥陶纪末期正是这种情形。大片的冰川使洋流和大气环流变冷，整个地球的温度下降，冰川锁住了水，海平面也随之降低，原先丰富的沿海生物圈被破坏，在撒哈拉沙漠中心的特内雷沙漠，我们可以清晰地看到奥陶纪末期沉积岩上冰川划过而留下的巨大擦痕。除此之外，4 亿多年前英国地区还发生了 3 次大规模 8 级火山爆发，在中国南方的奥陶纪—志留纪之交的地层中，科学家也发现了大量的火山灰层，说明当时地球上火山活动十分频繁，火山爆发形成的火山灰和气溶胶削弱了到达地面的太阳辐射，这也是导致全球变冷的重要原因，最终导致了 85% 的物种没能逃过劫难。

1.1.4　缺氧环境

众所周知，存在适合生物呼吸的大气，是现今地球得以存在生命的不可或缺的条件之一。现今的大气由 21% 的氧气、78% 的氮气和微量的二氧化碳、水汽等组成。然而，地球上的大气环境并不是一成不变的。

早期的地球缺少氧气，地球表面一度为还原环境，铁元素以二价铁离子（Fe^{2+}）的形式大量溶于海水之中，海洋因此呈现淡绿色。没有氧气，当然也不会形成臭氧层，陆地在太阳光中强紫外线的辐射下，生命难以存在，呈现一派死气沉沉的景象。直到大约 35 亿年前蓝细菌的出现，光合作用开始，氧气才逐渐登上历史舞台。

氧气一旦形成，地球表面的各种氧化作用便开始了，海洋中的二价铁纷纷被氧化，形成的氧化铁由于难溶于水，便一层层地沉积下来，形成了大规模的条带状含铁建造，如图 1-8 所示。人类所依赖的铁矿资源，大部分都是这样形成的。这一过程持续了 17 亿年之久，在距今 25 亿年时，氧化作用达到高峰，那时形成的铁矿品位最高，如图 1-9 所示。随着铁的消耗和大气中氧气含量的变化，铁矿的品位也逐渐降低；到距今 18 亿年时，海洋中能被氧化的二价铁离子终于消耗殆尽，这类大规模的铁矿沉积便迅速在地层中消失，大气中的氧气也得以持续积累。当然，生物圈的繁荣也导致呼吸作用的出现，这一过程又消耗了氧气。

图 1-8　条带状含铁建造细节图

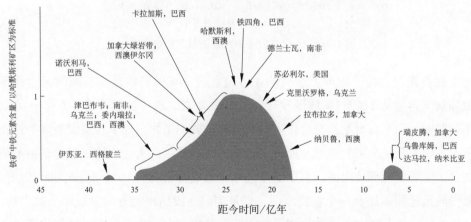

图 1-9　世界主要铁矿的铁元素含量[①]

---

① 赵宏军，陈秀法，何学洲，等. 全球铁矿床主要成因类型特征与重要分布区带研究 [J]. 中国地质，2018，45（5）：896.

由此可见，光合作用、氧化作用、呼吸作用共同影响了大气中的含氧量，而含氧量又成为生命活动的重要条件。在接下来的地质史中，地球上的氧气含量因上述几种作用的强弱变化而大幅波动，每一次波动都深刻地影响了地球上的生命。

地球历史上，最为惊心动魄的氧气含量变化时期当数石炭纪（距今 3.59 亿~2.99 亿年）。这是地球上氧气含量最高的时代。地球大气的氧含量曾一路飙升至 35%，相当于现在的 1.5 倍。到了石炭纪末期，又陡然下降到 15% 以下，并引发了一次较小规模的灭绝事件，如图 1-10 所示。

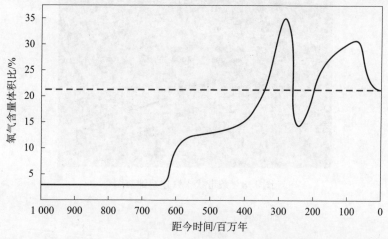

图 1-10　10 亿年以来地球表面氧气含量的变化

在石炭纪之前，地球上造氧的主力是蓝藻。有学者估计，蓝藻的诞生使得地球氧气含量从 1%~3% 缓慢攀升到了 10% 左右，这一过程花费了 6 亿~10 亿年的时间。到了石炭纪，光合作用效率更高的蕨类植物出现了，高大的蕨类植物迅速占领了几乎全部的陆地并展开了疯狂的光合作用，大气中的二氧化碳被不断蚕食，变成氧气释放出来。只用了 1 亿年，氧气含量就从 10% 飙升至 30% 以上。氧气的迅速积累还有一个重要原因，就是当时还没出现能有效分解木头的生物，这就导致陆地上高大繁茂的植物死亡之后，其树干中的碳元素难以被氧化成二氧化碳重回大气，于是大量沉积在地层中，形成了煤炭。石炭纪是地球历史上最重要的成煤期，中国山西的某些煤层厚度超过 120 米，这需要至少 2 500 米厚的植物遗骸堆积。如图 1-11 所示，在世界不少地方都能找到类似的巨厚煤层。全球煤炭储量的一半来自这个时代，这也是石炭纪名称的由来。

超高的氧气含量、温暖湿润的气候、高大茂密的雨林催生了地球历史上的"巨虫时代"。石炭纪中后期的地球十分适合生命的发展，那时的蜻

图 1-11　石炭纪沉积的巨厚煤层

蜓、蜈蚣体长可超过 2 米。然而好景不长，这些巨虫在石炭纪末期都灭绝了。

正是大气含氧量高给当时的地球引来了灭顶之灾。目前主流观点认为，石炭纪末期出现了一次恐怖的大火。也许是由于岩浆活动引发，也许是由于气候变化引发，总之，石炭纪末期，在氧气的加持之下，不管是森林还是煤层，都陷入了熊熊大火之中，有人将这场大火称为"石炭纪燃煤事件"。这场大火燃烧了大半个地球，持续了大约 5 万年的时间。这场"末日地火"终结了地球的巨虫时代，改变了地球的气候。有学者认为，石炭纪燃煤事件消耗掉了当时地球上的大部分氧气，使地球的含氧量从 35% 骤然下降到 15% 以下。之后，地球植物经过了数亿年的努力才让现在的大气含氧量达到了 21% 的水平。

1.2　人类史上的环境巨变

1.2.1　多巴火山大爆发

人类历史上经历过很多次火山喷发，最著名的大概是公元 79 年意大利的维苏威火山爆发了。火山喷发产生的炙热火山灰以极高的速度淹没了 10 千米之外的小城庞贝，使得城内居民瞬间死亡，造成巨大灾难。此次维苏威火山喷发，大约只喷发了 3 立方千米的物质，就造成了如此巨大的灾难，但这次爆发的能量与多巴火山相比，简直微不足道。

多巴火山是一座超级火山，位于印度尼西亚苏门答腊岛北部的多巴湖。在 7.4

万年前①，多巴火山曾出现一次超级喷发，喷发后三天就使半个地球上空被火山灰覆盖，马来西亚的火山灰厚度达 7 米，印度德干高原的火山灰厚度也有 15 厘米。喷出物体积达到 3 200 立方千米，是上述维苏威火山爆发喷出物数量的 1 000 倍。这一事件被认为是 2 500 万年来最大规模的火山爆发。多巴火山剧烈喷发以后，大量火山灰和烟雾进入大气层，随着大气环流被带到了全球各地，从而使得大气对太阳辐射的反射作用增强，使到达地面的太阳辐射减弱。在此后的数年时间内，天空总是灰蒙蒙的，地球进入了持续 6 年的寒冷期，这一事件对于还处在石器时代的古人类来说成了能否延续下去的重大考验。幸好，人类祖先克服了重重困难，生存了下来。科学家推测，这次灾难仅有几千人幸存，人类险些灭绝。

1.2.2　末次冰期冰盛期

超级火山落幕，冰的考验到来。

在距今 2.1 万～1.8 万年前，地球进入了地质史上的一段极寒时期。这就是末次冰期冰盛期，这是现代人所经历过的最寒冷的一段时期，长达数千年。据推测，当时地球的平均气温比现在低 5℃，欧洲大陆的气温在一年当中绝大部分时间都只有 2～3℃，甚至 0℃以下；亚洲也一样，西伯利亚南部冬季平均气温比现在低 12℃，中亚地区比现在低 6℃。当时全球陆地的 1/4 被冰覆盖（现在约为 1/10 被冰雪覆盖），北美、欧洲大部及亚洲北部都覆盖着巨大的冰层，今天英国、挪威、瑞典、芬兰、加拿大以及美国北部的十几个州在当时几乎被冰川覆盖，如图 1-12 所示。

由于冰期陆地上储存了大量的固态水，海洋水的比例降低，当时海平面可能比现在低 120 米。严酷的环境对古人类的生存造成了巨大的威胁，多项研究表明，欧亚大陆中高纬度的人群受到了这一事件的严重冲击，一些谱系惨遭灭绝，人群的基因多样性急剧下降，适合人类生存的范围向南退缩。

当然，从另一个角度讲，寒冷气候也迫使人类必须激发出更强的适应能力以存活下去。其实，早在 11 万年前，地球就已处在末次冰期之中，从那以后，地

---

① 田家康.气候文明史：改变世界的 8 万年气候变迁［M］.范春飚，译.北京：东方出版社，2012：4-119.

图 1-12 末次冰期冰盛期时全球冰盖和海陆分布概况

球气候经历了多次的冷暖震荡，到了旧石器晚期，人类已学会缝制衣物抵御寒冷，骨针被认为是人类服装起源的明确证据。如图 1-13 所示，2016 年，考古学家在一个西伯利亚洞穴里发现了世界上最古老的针，声称它的历史可追溯至 5 万年前。这枚骨针发现于阿尔泰山脉的一个丹尼索瓦人洞穴中，长度为 7.6 厘米，由远古鸟类骨骼制成，被认为是早已灭绝的丹尼索瓦人制造的。

图 1-13 西伯利亚洞穴中发现的骨针[①]

———————————
① 图片来源：《西伯利亚时报》。

1.2.3 新仙女木事件

末次冰期冰盛期结束之后，地球气候从大约 1.7 万年前开始变暖，气温逐渐回升。亚欧大陆和北美大陆的冰川开始消融，海平面逐渐上升。到了 1.3 万年前，北美和北欧的冰雪已经融化了相当大一部分，曾经冰封的大地春暖花开，呈现一片繁荣景象。但是，在 1.29 万年前，气温又突然下降，冰盖再次扩张，导致了一大批动植物死亡。这次降温十分突然，在短短十年内，地球平均气温下降了 7～8℃。这次降温事件持续了 1 200 年，直到 1.17 万年前，气温才又突然回升。这次突然的大降温就是著名的新仙女木事件。这一名称来源于在欧洲这一时期沉积层中的仙女木花粉。仙女木是分布在高寒地带的一种美丽的蔷薇科植物，如图 1-14 所示。这种植物喜冷怕热，仙女木向南扩张则意味着寒冷范围扩大，因此它被科学家当作寒冷气候的指示植物。在更早的地层里也有同样的两次发现，分别对应着老仙女木事件和中仙女木事件，不过那两次事件远远不如新仙女木事件出名。

图 1-14　仙女木

由于新仙女木事件发生在冰期结束的大回暖过程中，而且速度快、降温猛烈，绝对可以用"超级倒春寒"来形容。这对于刚刚回到中高纬度的动植物来说无疑是一场重大打击，一大批生物无法适应，走向消亡。美洲绝大部分体型较大的动物在这一事件中惨遭灭绝，包括猛犸象、巨型河狸、短面熊、骆驼和马等。最早跨过白令海峡到达美洲大陆的克洛维斯人也在此事件中灭绝。在新仙女木事件期间，世界陆地自然带呈现出明显的偏冷、偏干的特征：现在的挪威、瑞典和芬兰一带是干冷的极地荒原；从爱尔兰、英国到法国、德国、波兰一带以苔原植被为主，是仙女木的主要分布区；而西班牙、法国南部、意大利北部以及黑海沿岸是干旱的草原。

新仙女木事件深刻地影响了人类进程，大部分族群没能幸免，但幸好当时人类分布已足够广，在某些地区幸存了一小部分。这一小部分人类的生活方式也被改变，过去是男人狩猎，女人采集；但新仙女木事件后，猎物大量减少，可供采集的植物也十分有限。也许就是在这样的背景下，驯化和饲养动物、种植作物成为人类生死存亡的关键，原始农业恰好在这一时期开始出现。大量证据表明，原始农业起源于新石器时代，距今约 1.2 万～1 万年。新仙女木事件之后，地质历史步入了温暖的全新世；人类开始逐渐依赖农业而发展（这在以前只是补充和辅助手段），农业使得人类有了比较稳定的食物来源。同时，农业也使人定居下来，定居又使人口更加密集，从而产生更频繁的沟通，这进一步促进了更专业的分工和文明的发展。

那么，新仙女木事件的成因是什么？过去比较流行的说法是由于大陆的冰盖消融，大量淡水流入大西洋，阻断了北大西洋暖流，导致欧洲突然降温。一些新的观点则认为，在 1.29 万年前，有一个小天体（可能是彗星）撞向地球并在地球附近爆炸，尘埃遮天蔽日，造成了全球温度的突然下降。相关的研究与争论还在进行当中。

1.2.4　全新世大暖期

新仙女木事件结束，地球进入了相对稳定的温暖时期，这标志着最年轻地质年代——全新世的开始。全新世开始于 11 700 年前，到今天仍在持续。在此期间，有一段比现在明显温暖的时期，这就是著名的全新世大暖期。

全新世大暖期在中国大约始于 8 500 年前[1]，到 3 000 年前结束，其间，最暖时段的年平均气温比现在高约 2℃。虽然全新世大暖期总体上暖于现代，但也存在多次气候波动与剧烈降温事件。距今 8 500～7 200 年前，气候以升温与不稳定冷暖交替为主要特征；距今 7 200～6 000 年前，是大暖期中最稳定、最温暖的阶段，也称为大暖期盛期；距今 6 000～5 000 年前，是气候剧烈波动且伴随显著降温转干的阶段；距今 5 000～3 000 年前，为气候波动相对和缓的亚稳定暖湿期。从整个全新世大暖期气候波动过程来看：距今 4 000 年前，中国绝大部分地区的气候比今天温暖、湿润；而距今 4 000 年以后，大多数地区气候向冷干的方向发展，气候一度出现恶化。鉴于距今 4 000 年前后气候的较大差异，也有人将全新世大暖期结束的时间定在 4 000 年前或 3 500 年前。在全新世大暖期，中国降水

---

[1]　满志敏 . 中国历史时期气候变化研究［M］. 济南：山东教育出版社，2009：92–290.

量较现代普遍偏多。据估计，当时我国北方地区的年降水量比现在多100～200毫米；长江中下游地区的年降水量比现在多200～400毫米。

大暖期盛期是我国原始农业文化最发达的时期。其间，我国的旱作区与稻作区北界位置比今天偏北2～3个纬度[①]；同期森林—草原分界线位置也较今天偏西偏北；我国北部及新疆、西藏等地的内陆湖泊普遍出现高湖面和湖水淡化现象，沙地和黄土地区普遍发育古土壤。

在温暖湿润的气候背景下，中国多地都出现了文化的长足发展，如黄河中下游的仰韶文化、龙山文化，黄河上游的齐家文化与马家窑文化，长江地区的良渚文化、河姆渡文化等。这些文化的产生与演进，与当时气候环境的适宜密不可分。中国历史学界所说的"仰韶温暖期"距今7 000～5 000年，就处在全新世大暖期盛期当中。

西安附近的半坡遗址距今6 700～6 000年，其出土的许多彩陶都带有鱼纹，暗示着先民亲水而居的生存状态，如图1-15所示。半坡遗址中还出土了不少动物骨骼遗骸，其中有獐、竹鼠和貊等。现在的獐只分布于长江流域的沼泽地带，而竹鼠以竹笋、竹根为食，指示了当时竹类在黄河流域的大片分布，而现代竹类到长江流域才出现大片生长。貊喜栖于河湖。这些动物遗骸都证实了半坡时期温暖湿润的气候。

图1-15　仰韶文化人面鱼纹彩陶盆（西安半坡遗址出土）

放眼世界，为大家所熟知的古代亚非文明区域，都兴起于全新世大暖期。

---

① 中国科学院《中国自然地理》编辑委员会.中国自然地理：历史自然地理［M］.北京：科学出版社，1982：6-16.

1.2.5 文字记载的气候变化

全新世大暖期适宜的气候给各地文明的发展提供了绝佳条件,有文字记载的人类历史也从这个时期开始书写。

就中国来说,目前公认的最早而又比较完备的文字体系是出土于河南安阳殷墟的甲骨文,距今至少 3 300 年历史。甲骨文包含约 4 500 个字,截至 2018 年,有 2 500 个字已被确认,还有 2 000 个字尚未破解。在甲骨文中,有一个字特别具有气候变迁的指示意义,那就是"象"。

甲骨文的"象"字几乎就是一个简笔画。很显然,先民一定是亲眼看到了大象,才创造了这个字,如图 1-16 所示。然而,出土甲骨文的河南一带现在是没有野象分布的。许多学者认为,这暗示着商代时期河南一带还处于非常暖湿的环境中,有意思的是,神话传说中的"大禹治水"正好发生在这个时期。当时的黄河中下游地区很可能河流纵横、森林茂密、野象众多,因此河南一带被人描绘为"人牵象之地",这也是象形字"豫"的来源[1]。在甲骨文中,有"其来象三""癸亥青象"等相关记载。不仅如此,在河南安阳殷墟中,考古学家还发现了不少大象骨骼。1976 年,在殷墟的妇好墓中,出土了两件精美的象牙杯,如图 1-17 所示。这进一步丰富了大象曾在中原存在的实物证据。

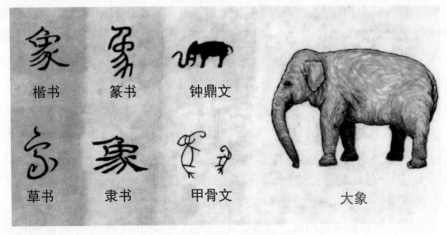

图 1-16 "象"字的演变

---

[1] 竺可桢 . 天道与人文 [M].北京:北京出版社,2011:64-96.

图 1-17 殷墟妇好墓出土的象牙杯

自西周起，大象的活动范围已经从中原向南迁徙到了江淮流域。《孟子·滕文公下》说周公"驱虎、豹、犀、象而远之，天下大悦"。西周时，大象已被赶出了中原。中原的大象踪迹，自西周以后便无史料记载①。

春秋、战国时期，大象虽已匿迹于黄河流域，但仍活跃在江淮流域；而到了汉代，大象活动的主要地域又急剧地从江淮流域向南转移到了五岭以南，即今天的广东、广西、云南以及更南的越南、缅甸等地。到了北宋中期以后，江淮流域的野象也趋于灭绝，要找大象，只剩下更为偏远的岭南地区和云南地区了。野象的分布纵然受人类捕猎开垦等因素影响，但也反映出气候的巨大变化。根据动植物在地层中留下的证据或文献记载，再结合其习性推断当时的气候环境，是古地理学研究的常用方法。

在大量研究的基础上，1972 年，气象学家竺可桢在《考古学报》第一期上发表了一篇论文——《中国近五千年来气候变迁的初步研究》，这篇论文对我国气候变迁的研究做出了卓越的贡献，对之后的相关研究影响极其深远。该论文指出：中国近五千年中有四次暖期和四次寒冷期。

从距今 5 000 年左右到殷商时期，中原地区大部分时间的年平均温度比现在

---

① 文焕然.历史时期中国气候变化 [M].济南：山东科学技术出版社，2019：243-301.

高出 2℃左右，正月份更是比现在高出 3～5℃ [1]。在西周初年，中原地区依然分布着犀牛、大象等热带动物。胡厚宣研究发现：一块甲骨文刻文说，在武丁时代（约公元前 1250—公元前 1192 年）打猎时获得一头大象。这表明殷墟发掘出来的大象遗骸应为本地土产，而不是从南方迁入的。

到了周昭王和周穆王时期，气候开始变冷。《竹书纪年》记载，周孝王时期汉水曾两次结冰，分别发生在公元前 903 年和公元前 897 年；同时还记载，结冰之后就发生大旱。这次寒冷持续了一到两个世纪。

公元前 770 年，春秋时代开始之后，气候又进入温暖期，这个温暖期长达 800 年，成就了中国历史上的一个辉煌时代——春秋五霸、战国七雄、秦皇汉武，都出现在这个温暖期。《春秋》曾几次提到位于山东的鲁国冰房得不到冰：公元前 698 年"春正月无冰"，公元前 590 年"春二月无冰"，公元前 545 年"春无冰"。《左传》记载，公元前 5 世纪—公元前 3 世纪，华北的冬小麦收获期在 5 月，较现在提前 10～20 天。孟子（公元前 372—公元前 289 年）提到，当时齐鲁地区农业种植可以一年两熟。在汉武帝刘彻（公元前 156—公元前 87 年）统治时，司马迁作《史记》，其中《货殖列传》描写了当时经济作物的地理分布："蜀汉江陵千树橘……陈夏千亩漆；齐鲁千亩桑麻；渭川千亩竹。"对比一下这些作物今天的分布就会发现，当时的作物分布均比现在偏北。这种温暖气候一直持续到公元前 1 世纪。

公元初年到 600 年是一个长达 600 年的寒冷期，包括了三国时期、魏晋南北朝，总体来说是一个乱世。在此期间，我国北方出现了多次"五月飞雪""六月飞雪""九月下雪"等记载。《资治通鉴》提到，在 366 年，渤海湾从昌黎到营口全部封冻，冰上可以往来车马及三四千人的军队。533—544 年，北朝时期的贾思勰在《齐民要术》中记录的黄河流域桃花开、枣树开始生叶、桑花凋谢等时间，均比现在晚 10～14 天。

在此寒冷期，公元 536 年气候开始异常寒冷，这似乎是一个重大事件，出现在世界许多地区的文献中 [2]。《北史》记载，536 年 9 月各地降冰雹引起大饥荒。《南史》

---

[1] 中国科学院《中国自然地理》编辑委员会 . 中国自然地理：历史自然地理 [M]. 北京：科学出版社，1982：6-16.

[2] 田家康 . 气候文明史：改变世界的 8 万年气候变迁 [M]. 范春飚，译 . 北京：东方出版社，2012：4-119.

记载，537年7月天气严寒，8月还有大雪飘落。《日本书纪》第18卷中记载了536年的大饥荒。东罗马帝国时期的《汪达尔战记》中记载，536年的冬天出现了让人惊恐的征兆，之后一整年太阳都失去光辉，衰弱得如同月亮一般。在意大利，卡西奥多鲁斯记录到，从536年的夏末开始，太阳不再像以往一样明亮，变成蓝色，即使是正午也无法照射出清晰的影子。《教会史》中记载："太阳变得阴暗，一直持续了一年半。"在爱尔兰，文献记录了536年和538年农作物的歉收。这次气候异常变冷事件还在世界各地的树木年轮中留下了痕迹。西伯利亚、塔斯马尼亚岛、智利等多地的树木年轮均表现出在530—540年生长极其缓慢的现象。大量历史文献表明，545年可能是我国华北和华中地区在400—800年最为寒冷的年份。这次寒冷事件是如何发生的？在536年前后，从中国到欧洲都被"谜之云"所覆盖，有观点认为这可能是一次巨大的火山爆发造成的。也正是在这次寒冷期，地中海沿岸暴发了可怕的黑死病（腺鼠疫）。在东罗马帝国，腺鼠疫在541年到602年的60年里暴发了10次以上，其中4次是大规模的流行；首都君士坦丁堡的情况尤其惨烈，在541年第一次腺鼠疫流行之后的100年间，其人口从40万锐减至10万。

600—1050年是一段近500年的温暖期，对应于我国隋唐、五代和北宋时期，这又是一个国力强盛、英雄辈出、文化繁荣的大时代。古诗云"一骑红尘妃子笑，无人知是荔枝来"，当时荔枝产于四川一带，距离都城长安并不太远。《旧唐书·代宗纪》与《杜阳杂编》都记载：唐大历十四年（779年）闰五月丁亥，皇室将东南亚所送驯象，不在长安饲养，而是将其送到长江中游的荆山以南放生。再有，唐建中初（约8世纪80年代）后，长安皇家动物园饲养的驯犀虽采取种种人工保护措施，仍屡次被冻死，不得已押到长江流域一带放生。这些记录都反映了当时的气候比殷商时期冷，但仍比现在温暖的特点。

1050—1200年又进入寒冷期，其间，淮河于1186年和1219年结冰；太湖于1111年全部结冰。太湖一带的寒冷摧毁橘园，福州一带冻死荔枝树，钦州一带降下"灾雪"，这些事件都发生在1111年前后。根据文献记载推断：1053年、1126年、1170年为华北地区的特大寒年[1]；1110年为华中和华南地区的极大寒年；此外，1111年、1115年、1178年、1185年、1187年等年份也都有极寒的记载。这一

① 文焕然.历史时期中国气候变化[M].济南：山东科学技术出版社，2019：243-301.

时期恰好对应北方女真人最为强势的时期——1125 年金灭辽，1127 年金灭北宋。

1200—1350 年进入温暖期，是南宋至元时期。13 世纪初，多冰雪的杭州开始回暖，1200 年、1213 年、1216 年和 1220 年，杭州无任何的冰和雪；据竺可桢推测，1200—1264 年，杭州的终雪日期（3 月 11 日和 12 日）与现代相同。著名道士丘处机于 1224 年入居北京天长观（1227 年改称长春宫，今北京白云观），次年寒食节作《春游》诗云："清明时节杏花开，万户千门日往来"，可知那时物候正与北京今日相当。元朝初期，在河南、陕西设有管理竹园的司竹监，但经历了一个短时期被停止，14 世纪以后，竹子在黄河以北已不再作为经济林木培植，这表明气候转为寒冷[①]。

从 1350 年前后到 1900 年是一个长达 550 年的寒冷期，被称为"明清小冰期"，或简称小冰期，用来特指 14 世纪以后的寒冷时期。其实从 1329 年，严寒就开始了。元代的陆友在《研北杂志·卷上》中记载："天历二年（1329 年）冬，大雨雪，太湖冰厚数尺，人履冰上如平地，洞庭柑橘，冻死几尽。"在明清小冰期中最冷的时期是 17 世纪。清代的谈迁所写《北游录》叙述了 1653—1655 年他在北京的见闻：1653 年，谈迁从杭州到北京，于阳历 11 月 18 日到达天津时，运河已冰冻，到 11 月 20 日，河冰更坚硬，只得乘车到北京。1656 年阳历 3 月 5 日，他启程由京返杭时，北京运河刚刚解冻。可以推算当时运河封冻期长达 107 天。而 1930—1949 年，天津附近杨柳青站运河冰冻平均只有 56 天，即 12 月 26 日到次年 2 月 20 日。《北游录》记载的当时运河解冻日期比现在晚了 12 天左右。据此估计当时冬季比现在冷 2℃。

在欧洲，小冰期所处的时代已有关于太阳黑子的观测记录，人们发现，小冰期有 4 个特别寒冷的时期，它们各自与太阳黑子数减少的时期相一致：1350 年前后，对应沃尔夫极小期；1450—1570 年，对应斯波勒极小期；1645—1715 年，对应蒙德尔极小期；1770—1830 年，对应道尔顿极小期。据此，人们推测，太阳活动的低下可能是导致小冰期出现的重要原因。

此外，频繁的火山爆发也可能引发气候的寒冷。1452 年瓦努阿图群岛的库瓦伊火山爆发，1600 年安第斯山脉的埃纳普蒂纳火山爆发，1641 年菲律宾的帕卡火山爆发，1660 年新几内亚的长岛火山爆发，18 世纪后半期冰岛火山爆发，

---

① 中国科学院《中国自然地理》编辑委员会.中国自然地理：历史自然地理［M］.北京：科学出版社，1982：6-16.

1815 年印度尼西亚的坦博拉火山爆发；长白山在古代文献记载中爆发过三次，分别是 1597 年、1668 年、1702 年，都处于小冰期中。大规模的火山爆发连续不断，可能也是促成小冰期的重要原因。

从 1900 年至今，进入现代温暖期。

1.3　地球是稳定安全的

我始终认为：学习历史的最大意义就是正确认识我们自身的处境。对地球上的人类而言，认识自身处境，有多方面的内涵。

首先，地球在宇宙中虽然普通，但确是目前已知的唯一拥有高级智慧生命的星球，是人类的唯一家园。不是说宇宙中其他星球没有生命，只不过因宇宙之大、生命演化条件之严苛、概率之低，那些可能性都距离我们太遥远了。即便有外星智慧生命，也将长期处于无法联系、无法确认、互不干扰的状态。因此，人类要珍惜地球。人类进行宇宙观测、火星探索，甚至登陆月球，其主要目的都是科学研究而不是太空移民；在很长的一段时间内，也许是永久，人类的生存和发展还是要老老实实地依赖地球。

其次，要实实在在地认识到人类的渺小。尽管现在的人类拥有高级智慧、能力强大，但纵观地球历史，在 99% 以上的时间范围内，重大事件的发生与地球上是否存在人类毫无关系；也就是说，不管我们是否存在，那些事情照样会发生。所以我们真的需要提醒自己，千万不能因为坐上了汽车、用上了计算机，就忘记了自己也是哺乳动物的一员。人类能走到今天，不得不说也包含很大的运气成分，如果没有白垩纪末期的大灭绝，也许现在的地球仍然是恐龙称霸的世界，灾变事件导致一些物种灭绝，也为另一些物种的繁荣扫清了道路。承认人类的渺小并非妄自菲薄，而是要谦逊又积极地面对大自然的惊人力量。这是我们顺应自然规律、与自然环境和谐共生的思想基础。

再有，我们要乐观而勇敢地面对未来。看到地质史上的沧桑巨变以及人类史上的气候变迁，我们不仅没必要恐慌，更要看到地球演化中积极的一面。虽然地质史上存在多次生物大灭绝事件，但公认的是：地球上的生命自诞生以来从未彻底毁灭过。这一点有力地说明，地表附近的环境虽然变化多端，但其变化都在一定限度之内，温度、氧气、海平面等的波动，始终都没超出生命所能承受的极限。从太阳系的视角来看，这不仅得益于地球与太阳的距离恰到好处，还得益于太阳具有一个合适的大小——恒星越大，其寿命越短，如果一个恒星质量达到太阳的 8 倍，那么其寿命只有大约 1 000 万年，之后会以大爆炸的方式终结。显然，那样的恒星周边是不具备让生命长期演化的条件的。太阳因其质量、大小恰到好处，其稳定燃烧的过程可达 90 亿年，目前只运行到一半，这么长的时间不管对于地球生命的演化还是对于人类未来的发展都足够了。同时，地球也将长期处在那个恰到好处的日地距离上。从人类历史的角度来看，文明的发展虽然历经多次环境变迁的考验，但我们的祖先在数次气候恶化中都挺了过来，而且还因此发展了智慧与能力，这不能不说是一个奇迹。我们现在所处的时代虽比不上全新世大暖期那样温暖，但毕竟比历史上那些寒冷期舒服得多。我们有理由相信，面对气候变化的挑战，现代人一定比古代人更有能力应对。

纵观地质史和人类史，我们可以确信，地球的环境是稳定和安全的，地球是我们应该珍惜的唯一家园。

第 2 章
地理环境的能量与律动

地理环境处在永不停息的运动变化中，动态性是地理环境的基本特征之一。地球运动，大气环流，地貌演化，水体循环，植物生长，动物迁徙，寒来暑往，秋收冬藏……学透地理知识的重要标志之一就是能够以动态变化的眼光看待世界。然而，这并不容易。其中有两个关键点，一是要弄懂这些运动背后的驱动能量，二是要把握这些运动的内在规律。接下来，我们就要讨论地理环境中最重要的能量来源以及由此引发的地理环境运动变化最为基本的时间节律。

2.1 太阳辐射是地理环境最为根本的能量基础

2.1.1 太阳辐射是地理环境的能源之母

人们常说"不管怎样，明天太阳照常升起"，对人类乃至地理环境来讲，太阳意味着光明、希望，甚至是永恒，这真的一点儿也不夸张。从能量来源的角度讲，太阳就是主宰一切的力量。在夏天，要形成一块中等强度的积云，如果用人工的能量创造，就需要 1 160 万度（1 度 =1 千瓦·时）电；冬天，从北方南下的冷空气，在 200 千米范围内，为了使前锋的风速维持在 20 米 / 秒两三个小时，就需要消耗 1 万亿度电。生成这些能量从目前的工业发展水平来看，也不是一件轻而易举的事[①]。可是在自然界，像这类寻常的例子却是成千上万，屡见不鲜；这些能量都是太阳辐射提供的。太阳辐射是地理环境最为根本的能量来源。相比于太阳辐射，以其他形式进入地球表面的能量都很小：地球内能为其几百或几千分之一，潮汐能为其几万分之一，其他天体的宇宙射线仅为其亿分之一。因此可以认为：几乎所有自然地理过程的能量都来自太阳辐射[②]。

太阳辐射的能量极其巨大。地球每秒钟从太阳获得的能量相当于 500 万吨标准煤燃烧所释放的热量；地球每年得到的太阳辐射量大概相当于 756 000 万亿

① 牛文元. 自然地理新论 [M]. 北京：科学出版社，1983：96-129.

② 刘南威，郭有立. 综合自然地理 [M]. 北京：科学出版社，1993：54-154.

千瓦·时的电力；而据国际能源署的统计，2018 年全球总发电量大约是 26.7 万亿千瓦·时。也就是说，太阳辐射为地球提供的能量相当于人类用电量的 28 000 倍。而这，只是太阳辐射到宇宙中全部能量的 20 亿分之一。太阳辐射以其无可匹敌的巨大力量提示我们：任何忽视其影响力的想法和做法都是错误的。太阳辐射的微小变化足以引发地球表层系统能量收入的巨大扰动。根据估算，如果太阳常数（其含义为地球位于日地平均距离处，大气上界与太阳辐射垂直的平面上，单位面积在单位时间内所接收的太阳辐射能量）变化 1%，全球平均气温将变化 0.65～2℃ [①]。

还好，太阳辐射相当稳定：根据世界气象组织 1969—1980 年的观测结果计算，太阳常数长期稳定在（1 367±7）瓦 / 平方米。通过大量观察，人们发现太阳黑子的数量多少可以大致反映太阳辐射量的变化。在 1645—1715 年，太阳黑子数量很少；在 1795—1835 年，太阳黑子数量也比较少。这两个时间段都处在地球的"小冰期"之中，因此有人认为太阳辐射的减少可能是造成小冰期的重要原因。

太阳辐射的能量又极其持久。首先从质量和大小上来讲，太阳就是太阳系中当之无愧的"巨无霸"。太阳的质量占整个太阳系的 99.86%。如果将八大行星按照真实比例与太阳画在一起，可以看出那些行星简直微不足道，如图 2-1 所示。太阳系中绝大部分的质量、绝大部分的氢元素都集中在太阳身上，这为太阳辐射提供了充足的物质基础。太阳释放能量的方式是宇宙中效率最高的核聚变：4 个氢原子核（质子）聚变为 1 个氦原子核，由于质量亏损，凭借 $E=mc^2$ 转化为巨大的能量，经过 50 亿年的消耗，太阳只损失了其质量的 0.03% [②]！以这样的消耗速度，太阳还可以稳定燃烧 40 亿年以上，这对人类来说简直就是取之不尽、用之不竭的！

①　陈效述. 自然地理学原理［M］. 2 版. 北京：高等教育出版社，2015：22-31.

②　沙润. 地球科学精要［M］. 北京：高等教育出版社，2003：1-46.

图 2-1　太阳与八大行星大小对比

　　大气运动、江河奔流，自然环境处在永恒的运动变化中。而这些运动的根本驱动力，就是太阳辐射。太阳辐射为大气运动、水的循环、生命活动提供能量，太阳辐射还被远古时代的生物通过光合作用固定下来，变成了今天的煤、石油、天然气等化石能源。从这个意义上讲，我们现在使用的大多数能源其实归根到底都来自太阳辐射，其中包括风能、水能、生物质能、煤炭、石油、天然气等。太阳能更是直接来自太阳辐射的、潜力巨大的新能源。因此，太阳辐射是地理环境的能源之母，如图 2-2 所示。

图 2-2　太阳辐射是地理环境的能源之母

2.1.2　太阳能的开发利用前景广阔

自工业革命以来，人类的发展就与化石能源的消耗高度绑定在一起，这一现状直到今天都没有改变。然而，化石能源的储量毕竟是有限的，是不可再生的；人类不能永久依赖化石能源。另外，长期以来燃烧煤炭和石油，造成了大量的人为二氧化碳排放，加强了温室效应，影响了全球气候；此外，化石燃料还带来大气污染等问题。在这样的背景下，发展清洁可再生的新能源已成为全人类的共识。太阳能作为一种尚未被充分开发的新能源，发展前景十分广阔。

太阳能具有巨大的优势。第一，太阳能是一种可再生的资源，是真正取之不尽、用之不竭的。虽然水资源、生物资源等也可再生，但这种再生是有条件的。第二，太阳能分布极其广泛而普遍，可以认为它是一种对整个地球无死角覆盖的普惠性能源，这对于解决那些偏远地区、贫困地区的能源问题意义十分重大。第三，太阳能是清洁的，在使用过程中不会造成额外的污染物排放。

但与此同时，太阳能的开发也面临诸多困难。第一，太阳能的分布过于分散，如何收集是一个大问题，建一个太阳能发电站往往需要占用大量的土地，并且需要进行一次性的大规模设备投资。第二，到达地面的太阳能受昼夜、天气等因素的影响，具有间断性和不稳定性。第三，虽然太阳能本身是清洁能源，但是太阳能发电要用光伏板，生产光伏板的过程并不环保。上述特点导致太阳能发电的成本长期居高不下，这直接制约了对太阳能的开发与投资。不过随着科技的进步，上述问题正在被一一解决，太阳能在全球能源消费中的占比逐年增长。在全球能源消费结构中，太阳能光伏发电所占比例已从 2010 年的 0.1% 增长到 2019 年的 1.1%，是增长幅度最大的新能源。据国际能源署最新统计，2020 年中国、美国、日本、印度、德国、意大利、澳大利亚、西班牙、韩国和法国 10 个国家太阳能发电量总和占全球太阳能总发电量的 80.34%，其中中国太阳能发电量占全球太阳能发电总量的 30.51%，位居世界第一。从装机容量上看，2019 年，在我国的电源结构中，太阳能光伏发电装机容量占比已超过 10%；但受制于各种因素，2019 年我国太阳能实际发电量只占到总发电量的 3%[①]。

---

① 　数据来源：国家统计局、中国电力企业联合会。

2.1.3 太阳能资源的分布差异

太阳能资源的分布可以用地面得到的年太阳辐射总量来衡量。太阳能在全球的分布是很不均衡的，但规律性很明显，如图 2-3 所示。宏观上，太阳能资源分布受纬度影响很大，南北回归线之间的热带地区，年太阳辐射总量普遍在 60 亿焦耳 / 平方米以上，而地处极圈之内的寒带地区则普遍低于 35 亿焦耳 / 平方米，温带地区介于两者之间。这是由于低纬度地区的阳光更接近直射，辐射更强。但纬度并不能决定太阳辐射量的全部。在中低纬度地带，两地即便纬度相同，地面得到的太阳辐射量也可以存在巨大差异，这体现了大气对太阳辐射的影响。例如，赤道附近降雨多、云量大，太阳辐射便不那么强；几内亚湾和亚马孙平原一带的年太阳辐射量为 40 亿～50 亿焦耳 / 平方米，远低于赤道印度洋和赤道太平洋地区。副热带地区的沙漠地带晴天多，是地表太阳能资源最丰富的大区域，例如，撒哈拉沙漠内部年太阳辐射量可达 70 亿～100 亿焦耳 / 平方米。此外，海拔越高，空气越稀薄，对太阳辐射的削弱就越少，太阳辐射就越强。青藏高原大部地区年太阳辐射量在 70 亿焦耳 / 平方米以上，西藏西部年太阳辐射量甚至可超过 100 亿焦耳 / 平方米，这是全球太阳辐射量最高的地区之一。

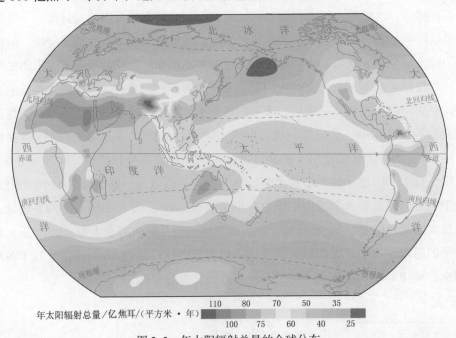

图 2-3　年太阳辐射总量的全球分布

2.1.4　我国太阳能资源利用

总体来看，我国的太阳能资源主要分布在青藏地区和西北地区；此外，北方总体优于南方，如图 2-4 所示。具体来说，我国太阳能资源最为丰富的地区有西藏、青海、新疆、甘肃、内蒙古等地；较为丰富的有四川西部、云南、山西、陕西、北京、天津、河北、山东、辽宁等地；太阳能资源可利用区包括东北、中原、华东、华南大部地区；太阳能资源贫乏区集中在华中到西南的部分地区，包括四川东部、湖北西部、重庆、贵州、湖南、江西北部和广西北部等地。我国太阳能的这种分布特点有一个巨大的好处，那就是资源丰富的地方大都位于地广人稀的地带，有大片的荒漠戈壁等未利用土地，这为我国大规模开发太阳能提供了得天独厚的条件。

图 2-4　我国太阳能资源分布示意图[1]

---

[1] 李仲.阳光背后的暗影 太阳能电站，绿色能源新军团？还是生态环境的侵扰者？[J].中国国家地理，2019，704（6）：46.

2018 年 12 月底，目前全球最高、聚光面积最大的熔盐塔式光热电站在甘肃敦煌建成，实现并网发电，如图 2-5 所示。这座太阳能发电站又被称为"超级镜子发电站"，装机容量为 100 兆瓦，是我国企业自主设计、投资和建设的。在 7.8 平方千米的沙漠中，1.2 万多面定日镜将太阳光聚焦到 260 米高的吸热塔上，再通过塔里的熔盐，把热量储存下来，推动汽轮机发电。依托当地丰富的太阳能资源，该项目年发电量达 3.9 亿度，每年可减排二氧化碳 35 万吨，其环保效益相当于造林 1 万亩。

图 2-5 甘肃敦煌 100 兆瓦熔盐塔式光热电站

我国西部土地辽阔、地广人稀，有雪域高原，有高山峡谷，也有茫茫大漠，自然环境恶劣复杂。在这样的地理条件下，基础设施建设难度很大、成本很高。太阳能发电对于解决这些地区的能源问题意义重大。

例如，截至 2022 年 6 月，中国移动已在西藏建设了 11 654 个通信基站，其中 4 075 个由太阳能供电，占比达 34.97%。

另一个有效利用太阳能的手段是建设太阳能温室或大棚，如图 2-6、图 2-7 所示。据统计，2018 年我国温室大棚总面积达 189 万公顷，稳居世界第一。其中，日光温室面积为 63 万公顷，塑料大棚面积为 126 万公顷。这些温室和大棚主要在山东、河北、北京、辽宁等省区以及华东、青藏等地区。这体现了我国太阳能分布的另一优势，即我国太阳能资源丰富的地区恰好处在较为冷凉的区域，如高山高原地带、广阔的北方地区。这样，就使得直接利用太阳能增温供热成为改造地理条件的一个自然而明智的选择。

图 2-6 太阳能温室

图 2-7 塑料大棚

如表 2-1 所示，温室和大棚在我国最集中的分布区是环渤海和黄淮海地区，以河北省为例，温室大棚在农业生产中占有非常重要的地位。从太阳辐射利用的角度来看，这种模式一方面有效地利用了我国北方较为丰富的太阳能资源，另一方面巧妙地利用和适应了冬季气温低但晴天多的气候特点，是一种环保节能的聪明做法，特别值得提倡。温室大棚的广泛应用实现了华北地区水果蔬菜的全年生产，打造了一个巨大的菜篮子。

表 2-1 河北省温室大棚农业主要类型统计

地区	气候特点	主要设施	蔬菜类型
冀东唐山、秦皇岛两市，冀北承德山区和张家口坝下山间盆地	秋、冬、春三季热量比冀中南部平原低，但光照充足，阴雾天气少	以日光温室为主	周年生产黄瓜、西红柿等各类喜温果菜
环京津地区廊坊、沧州、保定以及石家庄、衡水等	冬季温度高于北部地区，光照相对充足	日光温室与塑料拱棚平分秋色	可以周年生产各类果菜和叶菜
南部邢台和邯郸地区	冬季温度条件较好，但阴雾天气多	以塑料拱棚居多	冬季新鲜叶菜和耐寡照的西葫芦等果菜

一个地方如果气温低但光照足，那么，温室大棚是一个不错的农业模式。除了传统的华北地区，青藏地区温室农业的潜力也在逐步显现。青藏高原的纬度较低、光照强烈，且基本不受冬季风影响，冬季温度并不很低。温室中，只要封闭蓄热，室内温度可以很快上升。白天蓄积的热量足以维持夜间防冻。夏天不热，冬天也不太冷。温室可以全年被动控温，运行成本极低。目前，温室大棚已在青

藏高原遍地开花，成为助力地方脱贫致富的有效途径，高原上的优质果菜正在源源不断地输出，如图 2-8 所示。

图 2-8 　藏族人民在温室大棚内打理蔬菜

太阳能发电及太阳能温室都是规模相对较大、足以影响整个产业发展的应用方式。除此之外，人们还有许多利用太阳能的手段，如太阳能热水器、太阳灶等。1979—1986 年是我国太阳灶数量增长最快的时期，其间，国家拿出相当数量的资金扶持太阳灶事业的发展，经过短短的几年时间，全国太阳灶的保有量就从 1979 年的 2 000 台发展到 1986 年的 10 万余台。截至 2018 年，全国太阳灶的保有量已达到 400 万台左右[①]。我国有几亿人口生活在农村，长期依靠传统土灶烧水做饭，需要消耗大量燃料；而我国广大的西北和青藏地区，又普遍缺乏民用燃料，这样，太阳灶的使用就有了更为突出的现实意义。一台太阳灶仅需 200 元人民币的投资，在正常使用的情况下，每年可节省柴草约 1 000 千克，能节省大量拾柴挖草的劳动力，节约大量的燃料费用；更可以保护森林、草场的植被和生态平衡。如图 2-9 所示，在我国青海湖附近地区，太阳灶的使用较为普遍。

图 2-9 　青海湖地区的太阳灶

---

① 　郑瑞澄. 太阳能利用技术 [M].北京：中国电力出版社，2018：72.

2.1.5 太阳辐射的纬度差异

日地距离约为 1.5 亿千米，这个距离远远超过了太阳和地球的直径，在这样的空间尺度之下，我们甚至可以将太阳和地球想象成由一条光线连接的两个质点。这样不难理解，照射到地球上的太阳光线都是平行的，如图 2-10 所示。但关键是，地球是圆的。这样一来，因各地纬度不同，太阳光照射在不同地区的地面，其入射角度就会有所差异：越接近直射，太阳光的能量越集中，且穿透大气层的路程越短，太阳辐射就越强；越是斜射，太阳光的能量就越分散，且穿透大气层的路程越长，太阳辐射就越弱，如图 2-11 所示。由此引发了不同纬度地带获得太阳辐射量的差异，这对地理环境产生了极其深刻的影响。

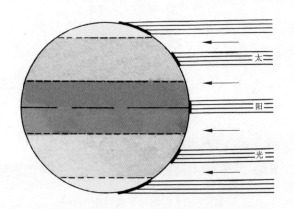

图 2-10　太阳光平行入射地球不同纬度示意图

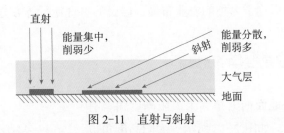

图 2-11　直射与斜射

世界年平均气温的分布将太阳辐射的纬度差异体现得淋漓尽致，如图 2-12 所示。南北回归线之间的热带地区年平均气温普遍在 20℃以上；随着纬度升高，

到南北纬 40°附近，年平均气温已降至 10℃左右；而到了极圈附近，年平均气温已降到 -10℃左右。从宏观上一眼就可以看出年平均气温等值线与纬线大体平行的趋势。可以说，深受纬度位置影响的太阳辐射是地表气温形成的底层逻辑。所以，地理学者分析气温的时候，通常首先考虑纬度因素。

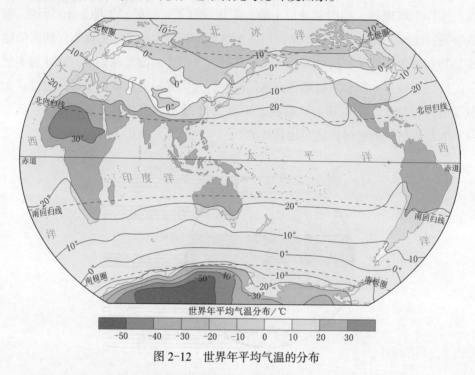

世界年平均气温分布/℃

图 2-12　世界年平均气温的分布

以气温为基础，又形成了不同纬度地带植被、水文、土壤、自然带等自然要素的差异，进而影响了人类的农业布局、居民的衣食住行等方方面面。

2.1.6　太阳高度角的影响

太阳光线与地面的夹角称为太阳高度角，有时简称太阳高度，如图 2-13 所示。太阳高度角也可以理解为看太阳的仰角。

根据太阳高度角的定义可知，在一天中，日

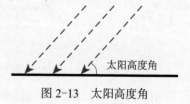

太阳高度角

图 2-13　太阳高度角

出和日落的时候，太阳刚好位于地平线上，因此太阳高度角为 0°。每天的正午，太阳运行到天空的最高位置，此时的太阳高度角为一天中的最大值，称为正午太阳高度角。以北纬 40° 为例，一年中，正午太阳高度角的最大值可以达到 73° 26′，而最小值只有 26° 34′。

正午太阳高度角的周年变化，其实也对应着太阳在天空中运行轨迹的变化，以及日出日落点的变化。大家所熟知的"太阳每天东升西落"其实只是一个宽泛但不十分准确的说法，在一年当中只有春分和秋分两天里，太阳是正东方升起、正西方落下的；在北半球夏季，日出东北、日落西北；而到了北半球冬季，则变为日出东南、日落西南。这就造成了一些看起来也许有些诡异的现象，以北京为例，那些窗户朝北的房间，在夏季也许可以看到日出日落，但在冬季却看不到。图 2-14 呈现了北纬 40° 因地球公转而造成的太阳目视轨迹的周年变化规律。

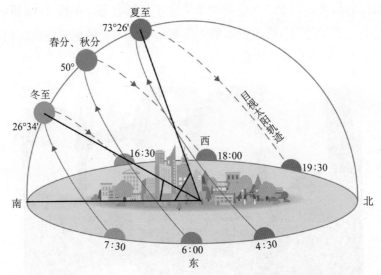

图 2-14　北纬 40° 地区"二分二至"正午太阳高度及日出日落方位与大致时间 [1]

如何得知太阳高度角的大小呢？最简单直接的办法就是立杆测影，如图 2-15 所示。将一根杆形物体垂直立于地面，通过将影子和实物长度相比，再查阅三角函数表，即可得到太阳高度角的数值。

---

[1]　据人民教育出版社《普通高中教科书 地理 选择性必修 1 自然地理基础》第 10 页图 1.15 修改。

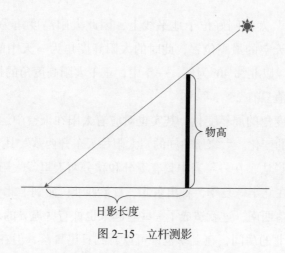

物高

日影长度

图 2-15　立杆测影

　　太阳高度角虽然不怎么受人关注，但其影响力巨大。首先，太阳高度角直接影响太阳辐射强度。其次，太阳高度角决定了日影状态。如图 2-16 所示，太阳高度角越大，影子越短；影子投下的方向指示了太阳光的前进方向。也就是说，日影指示了太阳的方位和高度角。

图 2-16　日影指示了太阳的方位和高度角

　　同时，太阳高度角还会影响室内的采光。如图 2-17 所示，太阳高度角越大，阳光通过窗户投在地面的光斑就会越小。这意味着太阳高度角的大小直接决定了室内某个区域是否可以接受到阳光的照射。这一特点对建筑设计意义重大。

图 2-17 太阳高度角影响室内采光

  根据 2017 年颁布的国家标准，楼间距要保证后排房屋最底层在冬至日室内光照时间不少于 1 小时，以保障居民的采光权利。

  如图 2-18 所示，我国传统民居四合院的屋檐和围廊，在夏季太阳高度角较大、太阳辐射较强的时候起到遮阳的作用，有利于保持室内的凉爽；在冬季太阳高度角较小的时候，可以保证足够的阳光射入室内，起到采光和取暖的作用。这充分体现了传统建筑的智慧。不仅如此，在院子里种植落叶阔叶树，夏季枝叶茂密利于遮阳，冬季树叶掉落利于采光，更加强了这种效果。

图 2-18 我国传统民居四合院的屋檐和围廊

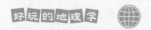

　　纬度较高的地区太阳高度角较低，往往导致作物光照不足。于是人们巧妙利用地势起伏，采用阳坡种植的办法，有效地增加了太阳光的入射角度，改善了光照条件。欧洲的许多葡萄园便是如此，如图 2-19 所示。

图 2-19　欧洲的坡地葡萄园

2.2　地球运动是地理环境方向和节律的基础

2.2.1　东西看自转，南北看极点

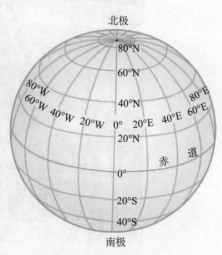

　　如图 2-20 所示，地球上的东西方向是根据经纬网和地球自转来确定的，沿纬线、顺着地球自转方向为向东；沿纬线、逆着地球自转方向为向西。而地球上的南北方向，则要看与极点的关系：沿经线接近北极点就是向北；沿经线接近南极点就是向南。以上规则可以总结为：东西看自转，南北看极点。

图 2-20　地球上经纬网的划分

如图 2-21 所示，正是因为有了地球自转，我们才能假想出地轴；有了地轴，才确定了极点，进而确定了经线。也正是因为地球的自转，才可以确定赤道，进而确定纬线。有了极点与赤道，才有了经纬线、经纬网，才有了地球上确定方向的依据。因此，地球自转是构建经纬网和确定方向的基础，如图 2-22 所示。

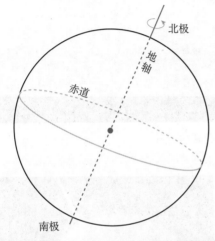

图 2-21　赤道、地轴、极点与地球自转的关系

图 2-22　地球自转是构建经纬网和确定方向的基础

　　东西方向是无尽头的，而南北方向则有尽头。当你站在南极点上的时候，你面向的任意方向都是北方。同理，北极点也就是"北"的尽头。从整个地球的宏观视角来看，地球上的方向其实是一个球面概念；在较小的空间范围内，经线似乎彼此平行，纬线似乎是直线，但那其实都是错觉。

2.2.2　侧身公转

　　标准的地球仪无一例外都倾斜一个特定的角度，这是为了模拟地球在宇宙中运动的真实状态——侧着身子公转，如图 2-23 所示。也就是说，地球在公转过程中，地轴始终朝着一个固定方向倾斜着——在北极上空永远指向北极星附近。这就形成了地球运动最为重要的特征——黄赤交角。

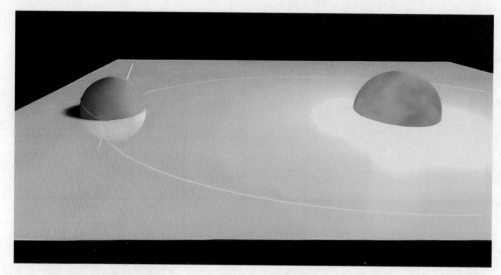

图 2-23 地球公转的姿态

如图 2-24 所示,地球公转的轨道平面称为黄道面,地球因自转而产生了赤道面,这两个平面存在一个基本固定的夹角(23° 26′),这就是黄赤交角。从这一点可以看出,地球仪的底座其实相当于地球围绕太阳公转的轨道平面。

因为黄赤交角的存在,地球在公转的过程中"直接面对太阳"的部位会发生变化,这有点像烤箱里的红薯,转着圈,烤完了这边烤那边。当太阳直射北半球的时候,北半球"直面太阳",得到的太阳辐射多,处于夏季;半年过后,太阳直射点已跑到南半球,南

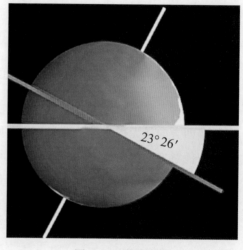

图 2-24 黄赤交角

半球"直面太阳"进入夏季,而此时北半球进入冬季。春季和秋季则是过渡的季节。没有黄赤交角,就没有地球上的季节更替。而这一切,都是源于地球"侧身公转"的特点。如图 2-25 所示,黄赤交角是地球上季节更替的根本原因。

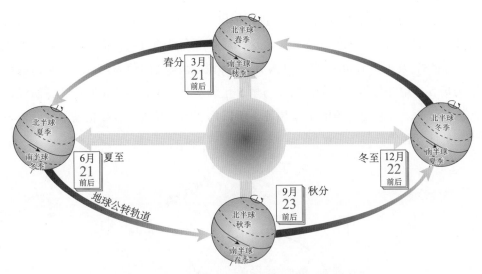

图 2-25 黄赤交角是地球上季节更替的根本原因

地球这种"侧身公转、地轴永远指向北极星"的特点还带来一个有趣的视觉效果，那就是在北半球观看星空，北极星的位置基本恒定，而周围的恒星都围绕北极星进行逆时针旋转运动，用长时间曝光的摄影技术可以呈现这一图景，如图 2-26 所示。这个事情告诉我们，北极星其实一直悬在正北方天空的某处，不管是白天还是黑夜，它都在那里。只不过白天的时候，星空被太阳的光辉所淹没，我们看不见罢了。

图 2-26 北极星及其周围恒星的运行轨迹

地轴指向北极星的特点，还为我们提供了一种估测纬度的方法：在北半球，看北极星的仰角与当地的纬度相等。这一规律很容易通过一张简图来证明。如图2-27所示，观察者在北半球某地 A 处观察北极星，其仰角为角 2，而 A 地的纬度为角 5；角 2 与角 3 互余，角 4 与角 5 互余，而角 3 和角 4 是同位角，所以角 3 等于角 4；又因为等角的余角相等，所以角 2 等于角 5，即看北极星的仰角与当地的纬度相等。

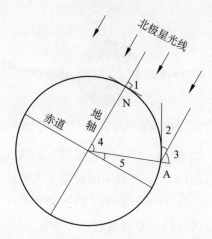

图 2-27　看北极星的仰角与当地纬度相等

2.2.3　中国第五大发明：二十四节气

二十四节气是中国古代的一种补充历法。几千年前，居住在黄河流域的先民以农耕为基础，经过长久的观察和实践，将农事活动与太阳在星空背景中的位置相联系，将一年划分为二十四个节气，用以指导农事活动，如图2-28所示。二十四节气科学地揭示了天文气象变化的规律，它将天文、农事、物候巧妙地结合在一起，成为中华民族传统文化的重要组成部分。在国际气象界，二十四节气被誉为"中国的第五大发明"。2016 年，"二十四节气"被联合国教科文组织正式列入《人类非物质文化遗产代表作名录》。

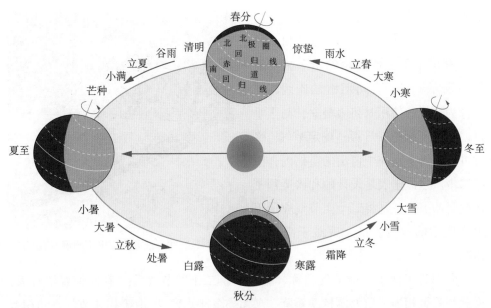

图 2-28 二十四节气与地球公转相对位置的关系

如图 2-29 所示，早在春秋战国时期，我国就已经能用土圭（在平面上竖一根杆子）测量正午太阳影子的长短，以确定冬至、夏至、春分、秋分四个节气。一年中，直立的"表"在正午时分影子最短的一天为夏至，最长的一天为冬至。处于冬至和夏至中间、正午影长相等且昼夜平分的日子定为春分和秋分；"二分二至"定

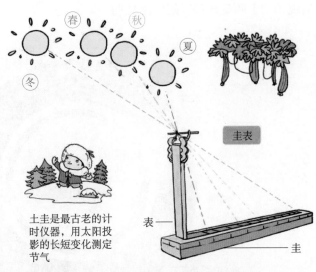

土圭是最古老的计时仪器，用太阳投影的长短变化测定节气

图 2-29 利用圭表确定节气的基本方法

下来后，再结合气候、物候、农事活动等的规律性定下其他节气。随着不断观察、分析和总结，节气的划分逐渐丰富和科学，到了距今 2 000 多年的秦汉时期，已经

形成了完整的二十四节气的概念。

1965年，在江苏仪征石碑村1号东汉墓出土了一件袖珍铜圭表，如图2-30所示。圭、表间用枢轴连线，使之合为一体。使用时将表竖立，与圭垂直，用以观测正午日影，确定节气；平时可将表折入圭体中留出的空档内，便于携带。这件圭表是设计师和铸造师密切配合的杰作，是将二十四节气应用于生产生活的有力实证，现藏于南京博物院。

图2-30　江苏仪征出土的铜圭表

人们为了便于记诵节气名称，编了一首二十四节气歌："春雨惊春清谷天，夏满芒夏暑相连，秋处露秋寒霜降，冬雪雪冬小大寒。"由于相邻节气之间相差约15天，这样，每个月就有两个节气，一年12个月，刚好是24个节气。图2-31呈现了二十四节气对应的公历日期。

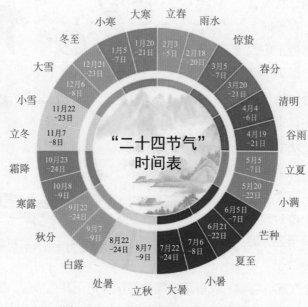

图2-31　二十四节气对应的公历日期

"春分"和"秋分"的"分"，有昼夜平分之意。那么，"冬至"和"夏至"的"至"该如何解读呢？古人说："至者，极也。"所以，"夏至"和"冬至"的"至"表达了"最"的含义。以北半球为例，夏至日是北半球白昼长度最长的一天，也是北回归线及其以北地区正午太阳高度角达到最大、正午影长达到最短的一天，还是北极附近地区极昼范围达到最大的一天。同理，我们也可以从这几个方面说出冬至日的相关地理现象。

　　立春、立夏、立秋和立冬代表了四个季节的开始。小暑、大暑、处暑、小寒、大寒这五个节气直接体现气温的变化，用来表示一年中不同时期的寒热程度。小暑表示气候开始炎热；大暑是一年中最炎热的时节；处暑的"处"有躲藏、终止的意思，表示炎热即将过去；小寒表示气候已比较寒冷；大寒为最冷的时节。白露、寒露、霜降三个节气表面上反映的是水汽凝结、凝华现象，实质上反映的是气温逐渐下降的过程。白露表示此时夏季刚过，河水丰盈、土壤湿润、水汽充足，白天热但夜已凉，于是水汽凝结成露；寒露表示气温进一步下降，凝露增多但尚未达到结霜的程度；霜降意味着夜间最低气温已达冰点，地面开始结霜。雨水、谷雨、小雪、大雪四个节气反映了降水现象，表明降雨、降雪的时间和强度。雨水表示降雨开始；谷雨表示降雨量增多，对谷类生长有利，所谓"雨生百谷"；小雪表示开始出现降雪的时期；大雪表示降雪较多的时期。小满、芒种则反映有关作物的成熟和收成情况。小满表示麦类等夏熟作物籽粒逐渐饱满；芒种表示麦类等有芒作物成熟，在一年两熟的耕作制度下，芒种节气前后需要将冬小麦抢收，紧接着将下一茬作物种植下去，正所谓"抢收抢种""忙收忙种"，是极为忙碌的时节。而惊蛰、清明反映的是自然物候现象。尤其是惊蛰，它用天上春雷初现和地下冬眠动物的复苏预示春天的回归。

　　寒来暑往，秋收冬藏；周而复始，年复一年。二十四节气起源于黄河流域，反映了黄河中下游地区的气候特征。这个地区四季分明，雨热同期，土壤肥沃，自古以来就是发达的农耕区；由于二十四节气对生产生活的指导性强，带有普遍的规律，逐渐在全国各地得到了推广，并因各地的实际情况不同而衍生出不同的理解和应用，经过历朝历代的发展和演化，逐渐形成了丰富多彩的二十四节气文化，表现在农业、饮食、养生、中医药、节庆、祭祀、风俗习惯等方方面面。可以说，二十四节气文化早已深深地融入了中国人的日常生活。

2.3 时空列车永不停：昼夜交替与时区划分

2.3.1 昼夜交替带来了时间概念

地球自转不仅定义了经纬网和方向，还定义了时间。不少读者可能会问：为什么地球自转的真正周期恒星日是 23 小时 56 分 4 秒，而一个太阳日却恰好是 24 小时这个完美的整数呢？因为，这本身就是人为规定的，是先规定了太阳日，产生了时间的基本单位，后来才以此界定恒星日的概念。

人类是依据昼夜交替的周期定义的"一天"，又将"一天"规定为 24 小时，进而划分出"分钟"和"秒"。最初"秒"的定义就是一个太阳日的 1/86 400。但是，随着科学的不断发展，人们发现地球不管是公转还是自转，都不是绝对匀速的，"秒"的定义方法也经过多次的修订完善，但其原始含义一直没变。

现在的一天是 24 小时，然而地质史上可不是这样的。1963 年，古生物学家威尔斯发表了一篇重要的文章，他发现现代珊瑚中一年生长了大约 360 条很细的生长线，并指出这些生长线对应着日节律。他又研究了泥盆纪和石炭纪的珊瑚化石，发现石炭纪珊瑚每年的生长线为 385～390 圈，而泥盆纪珊瑚每年的生长线为 400 圈左右。据此推算，寒武纪时期的一天约为 20.8 小时，泥盆纪为 21.6 小时，石炭纪为 21.8 小时，三叠纪为 22.4 小时，白垩纪为 23.5 小时。这篇文章一经问世，就引起了天文学、地球物理学、地质学等多方面学者的一致好评，这项研究从实际上证明了地球自转逐渐变慢、每一天的长度逐渐增加的事实，如图 2-32 所示。平均每隔 6 万年左右，地球上的"一天"会增加 1 秒钟左

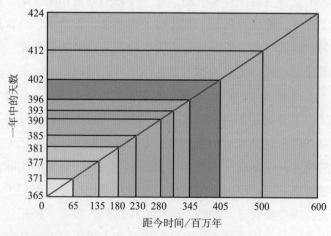

图 2-32 地质史上一年中的天数

右；每隔 400 万年会增加 1 分钟；每隔 10 亿年，地球上的一天会增加 4 小时。到 10 亿年之后，地球上的一天可能就是 28 小时了。

地球自转为什么会逐渐变慢呢？一般认为是日复一日的潮汐摩擦起到了"刹车"的作用。其本质是来自月球和太阳的万有引力对地球运动的制衡。

2.3.2　工业革命带来了精确时间

对时间测量的精确要求，是伴随着工业革命和现代化的步伐而产生的。在大象公会《为什么格林尼治时间是世界标准时间？》一文中，对欧洲人时间观念的变革，有着很有趣的描述。

现代时间标准的建立，离不开准确的钟表。最早能持续不断工作的机械钟，出现在 14 世纪初期欧洲的修道院，以满足僧侣们准时祈祷的需求。这种钟十分笨重，只有时针，用整点报时的方式宣布时间。由于精度有限，僧侣每天至少要对时两次。随着技术的完善，机械钟的精确度不断提高，1475 年第一次出现"分针"，但直到 1665 年才将时间精确到秒。

中世纪的节奏还体现在地方时上。甚至工业革命初期，各地时间仍然没有统一标准，散漫随意的设置仍然普遍。工程师亨利·布什在 1847 年的一本小册子中写道："坎特伯雷，科尔切斯特，剑桥……无数的城镇，各自有教区时钟、市场钟，每个都在宣示其独特的时间。"

火车的出现改变了人们的时间观。铁路发展 30 年后，1839 年，出现了第一张火车时刻表。这是一种全新的管理方法，整个流程精确到分钟。这与中世纪散漫、差异的时间观迥然不同。这一时期，另一件重要的发明也诞生了：电报。电报能跨越遥远的距离即时通信，使得与格林尼治标准时间的校对变得准确可行。1854 年，通过电报线路，格林尼治天文台与东南铁路站台相连，能准确地传递天文台的时间信号。1860 年，英国的主要城市都能由电报线接收格林尼治天文台的报时信号。在铁轨和电报线路大规模建设的帮助下，交通与通信网密集相连，变得越来越复杂，对时间误差的容忍度越来越低。铁路公司开始强硬要求经过的城镇一律以伦敦（格林尼治）时间作为标准。一些城市的居民为了交通和电报的方便，也发起了"与伦敦时间保持一致"的请愿活动。1855 年，不列颠岛

与爱尔兰98％的公共时钟已调整为格林尼治时间。英国是第一个将时间统一的国家。1868年，新西兰殖民政府以东经172° 30′为准，制定新西兰全境的标准时。通过电报线路，新西兰标准时与格林尼治标准时相协调，这是世界上第一个用经度设定标准时的地区。而这只是一个开始。

2.3.3 理论时区与实际时区

1876年，一个大胆的计划被加拿大工程师桑福德·弗莱明提出：以格林尼治时间为标准，建立东西半球协调一致的24个时区。这个提议逐渐被人们接受。最终在1884年，经美国提议，41个国家参加了华盛顿的国际经度会议，于1884年10月13日通过了以格林尼治天文台所在地的经线为本初子午线、180°经线为国际日界线、格林尼治天文台时间为标准世界时，进而建立全球时区的方案。

需要注意的是，严格按照经线划分的时区是理论时区。实际上，具体的执行方案是结合行政边界、具体国情等因素最终确定的。例如，美国本土从东向西跨越了4个时区，其对应的时间依次称为东部时间、中部时间、山地时间和太平洋时间。这4个真正执行的时区与理论时区并不完全重合，只是大体上对应。

美国这种多时区并存的模式，导致那些在美国东西部穿梭的人们一定不能忘记调手表，美国的许多酒店大堂和银行，至今还保留着同时挂好几块钟表的传统。美国本土的多时区模式，长期以来形成了一种独特的文化现象——东海岸偏见：指的是在全国性的体育赛事、文娱活动及电视节目等的安排上偏向东部人群，而歧视西部人群的现象。就拿奥斯卡颁奖典礼来说，尽管其举办地洛杉矶地处西海岸，但为了照顾人数较多的东部时区，每年都是于太平洋时间的下午5点开始，这对应东部时间的晚上8点；而此时洛杉矶当地的人们要么还在上班，要么就是在回家的路上或是在做饭，很难在这个时间观看直播。

俄罗斯地跨时区更多。2009年，经时任俄罗斯总统梅德韦杰夫提议，将原先的11个时区精简为9个，尽管如此，9个时区还是很多！过多的时区给俄罗斯人的生活带来了不少影响，他们每到一个地方，均要核对当地时间，不胜其烦。这也造就一个有趣的现象，俄罗斯人一年之内两度迎接新年——一次是依照当地时间，另一次是按照标准莫斯科时间。多时区还带来了高考泄题的麻烦事。2013年5月27日，俄罗斯高考第一天，考试科目是必考科目俄文。然而，令人意想不到的是，统考前夜该门考试试题竟在社交网站上公布。原来，考生处于不同时区是导致这次试题泄露的重要原因。由于国家规定每个时区都是当地时间 10 点开始考试，这就意味着远东地区的考生将比欧洲部分的考生提前 8 小时进入考场，又因为试题相同，所以先进行考试的学生就有可能将试题发布在网络上，而欧洲地区的考生还没进入考场，就看到了试题。

中国领土跨越 5 个时区，为方便各地区的联系和协调，全国统一采用北京所在的东八区的区时，也就是东经 120° 的地方时作为统一的时间，这就是北京时间。当今时代，全国各地互联网、邮电通信、交通运输、经济金融等各个领域的联系日益密切，全国时间统一的优越性越来越明显，这不仅可以预防因时差带来的错误和混乱，还有利于增加凝聚力和认同感。

但另一方面，毕竟中国幅员辽阔，真实的时差客观存在，如图 2-33 所示。东北地区东部的时间比北京时间提前 1 小时左右；云、贵、川、渝、陕、甘、宁、桂等省区的地方时比北京时间延迟 1 小时左右；新疆、西藏的地方时比北京时间延迟 2 小时左右。我国全国统一考试的时间多定于北京时间 9 点开始，这充分体现了时差因素：北京考生也许觉得 9 点有些晚，但对于东六区的考生来说，这场考试相当于一大早 7 点开始。中央电视台的很多节目都有重播，这也体现了对不同区域时差的考虑，例如《新闻联播》于北京时间 19 点开播，21 点重播，时差正好是 2 小时，这种安排使得全国绝大多数观众都能选择自己合适的收看时间。

2.3.4　那里是几点

随着时代的发展，出国旅行或学习已经越来越普遍，于是人们经常会遇到时差推算的问题。根据已知区时推算另一个时区的区时，是一个终生有用的地理能力，也是现代化地球村村民的一个必备素养。其最基本的方法是数轴法。顾名思义，就是将全球的时区分布用一个类似数轴的示意图表示；中间是零时区，从零时区向左，依次排列着西一区、西二区直到西十二区，从零时区向右，依次为东一区、东二区直到东十二区。这种画法的依据是：东十二区时间最领先，西十二区时间最落后。向东每跨越一个时区，要增加 1 小时；向西每经过一个时区，要减去 1 小时，也就是常说的"东加西减"。数轴画好以后，将已知时区和所求时

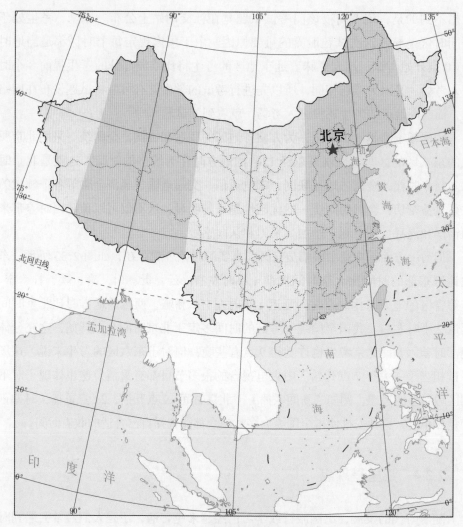

图 2-33　中国领土跨越的时区

区标出来，就可以进行推算了。如图 2-34 所示，已知伦敦时间为 12 点，那么北京和纽约分别是几点呢？北京位于东八区，从零时区到东八区，需要向东跨越 8 个时区，用 12 加上 8，就得到北京时间为 20 点。纽约位于西五区，从零时区到西五区，需要向西跨越 5 个时区，用 12 减去 5，就得到纽约时间为 7 点。

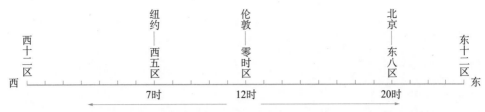

图 2-34　用数轴法计算区时 [①]

2.3.5　国际日界线

　　之所以说东十二区时间领先，西十二区时间落后，这完全是一项人为规定造成的，这就是国际日界线。根据规定:原则上将 180° 经线作为全球新一天的起点，在局部地区略有调整。这样一来，东十二区和西十二区虽然钟点一样，却分属于不同的日期，东十二区比西十二区整整领先了 1 天。当东十二区已经处在 5 月 1 日的时候，西十二区还停留在前一天 4 月 30 日。这样，当我们跨越日界线的时候，就需要进行日期的调整:如果向东跨越日界线，由于是从新的一天进入旧的一天，就需要减回一天;而向西跨越日界线则需要加上一天。

　　日界线的这一规定，带来了一个有趣的现象，那就是著名的双胞胎生日问题。例如一位妈妈在航行的轮船上依次生下一对双胞胎姐妹，生完姐姐之后轮船向东跨越日界线，然后妹妹出生，但由于日期要返回旧的一天，就会造成妹妹的生日在先、姐姐的生日反而在后的情况。

　　2023 年 1 月 1 日 0 时 29 分，美国联合航空公司的一架航班从韩国首尔起飞，经过漫长的飞行，在美国旧金山落地。由于时差，落地时的当地时间竟然显示为 2022 年 12 月 31 日 17 时 14 分。在互联网平台上查询该航班信息，也呈现出"2023 年起飞、2022 年降落"的奇观。不少网友留言:太酷了! 这便是向东跨越日界线产生的结果。

① 　人民教育出版社，课程教材研究所，地理课程教材研究开发中心.普通高中教科书 地理选择性必修 1 自然地理基础 [M].北京:人民教育出版社 .2019:10.

第 3 章
天下风云谁做主

"天气女王陛下的一举一动都在叫人知道：不论谁都得服从它。它指挥千万个仆从，在地球上各处巡逻着。当天气女王陛下心平气和的时候，它毫不吝啬地给人们各种赏赐：它派太阳带来光和热，它让雨水滋润干渴的大地，它派遣顺风给帆船鼓劲，它把机场上的浓雾驱散。但是当天气女王陛下没好气儿的时候，可真叫人们为难了。它派热风去烤焦那正在生长的麦穗，它命令寒霜去摧残园里的果实，它号令暴风雪阻碍陆地交通，它叫巨大的冰块挡住轮船的航路。它会随便拿什么来解闷。现在它在玩一张小纸片、玩一根小羽毛；但是明天，它将以同样的劲头来玩弄、抛掷一架飞机。"①

人类早就意识到天气的变幻莫测和巨大威力。对天气的预测，是人类几千年来苦苦追寻的梦想。劳动人民在大量实践中总结出了不少看云观天的经验，但由于以前的科技水平有限，对于天气现象背后的原理解释，长期停留在盲人摸象的水平，直到人类发现了气压高低的秘密，这一切才有了根本的改变。

3.1 气压高低的秘密

3.1.1 气压的发现与基本概念

地球的周围被厚厚的空气包围着，这些空气被称为大气层。空气可以像水那样自由地流动，同时它也受重力作用，因此空气的内部向各个方向都有压强，这个压强被称为大气压强，简称气压。根据这个定义，大气压强可以理解为地表附近单位面积所承受的垂直空气柱的重量，如图 3-1 所示。

---

① 伊林.人和自然 [M].王汶，译.北京：开明书店，1952：10-11.

图 3-1　气压形成原理示意图

　　我们可以亲手做一个简单的小实验来感受气压的存在。如图 3-2 所示，用一张光滑的纸片盖住盛满水的广口瓶或玻璃杯，口朝下，水却流不出，原因是大气压强作用于纸面，大气压力与水的重量相平衡。由此可以直觉地感到大气压并不算小。其实，海平面的大气压可以托起来的水柱高度能达到 10.3 米!

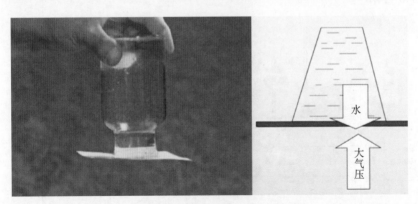

图 3-2　验证气压存在的小实验

　　1643 年 6 月 20 日，意大利科学家托里拆利通过实验，率先测出了海平面附近的气压数值，大约相当于 760 毫米高的水银柱所产生的压强，如图 3-3 所示。

海平面的气压被定义为一个标准大气压，数值为 1.013 25 × 10^5 帕斯卡。

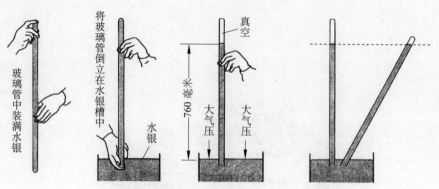

图 3-3　测量大气压强的经典实验：托里拆利实验

由于帕斯卡这个单位太小，气象部门通常用帕斯卡的 100 倍作为气压的单位，称为百帕。海拔 0 米处，海平面的气压为一个标准大气压，即 1 013 百帕。如图 3-4 所示，随着海拔上升，气压会不断下降。这是因为，气压是大气层受到重力作用而产生的，离地面越高的地方，大气层越薄，其上方垂直空气柱的重量越轻，因此，那里的空气所产生的压强就会越小。在海拔 3 000 米的地方，气压只有大约 700 百帕；到了海拔 5 000 米的地方，气压就只有海平面的一半左右，大约 540 百帕。

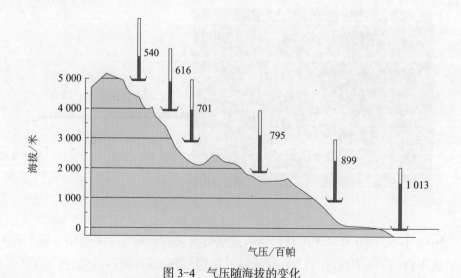

图 3-4　气压随海拔的变化

根据气压的这一规律，人们发明了气压式高度表。如图 3-5 所示，用一个连杆将真空膜盒的弹性形变指示到高度表的海拔刻度上，这样，通过测量气压就可以读出所在地的大致海拔。但是这种测量方法有天然的缺陷，因为气压除了跟海拔有关之外，还受其他因素影响，同一海拔处的气压不一定相同。因此，这类高度表只能给出一个大概的数值。尽管如此，许多户外活动爱好者依然喜欢携带一个气压式高度表，因为它不仅重量轻、携带方便，还有一个现代定位设备所不具备的巨大优势：那就是无须电池！在低温、长期户外等极端条件下，这种优点尤为重要。

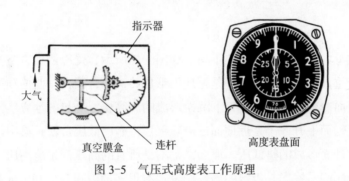

图 3-5　气压式高度表工作原理

3.1.2　高压、低压的形成

　　气压数值的高低，除了受海拔影响，还与大气运动密切相关。

　　就拿地面来说，如果一个地方的空气做下沉运动，那么近地面气压就会偏高。这是因为，气压可以理解为单位面积上垂直空气柱的重量，空气下沉造成一种向下压的效果，地面所感受到的空气柱重量就会偏大。相反，如果一个地方的空气做上升运动，就会产生一种抽吸、提起的效果，近地面的气压就会偏低。我们将同一高度上气压相对高的地方称为高气压，简称高压；气压相对低的地方称为低气压，简称低压。如图 3-6 所示，近地面高气压是空气下沉形成的；近地面低气压是空气上升形成的。气流运动是因，气压高低是果。

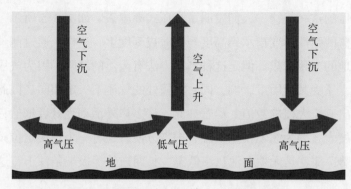

图 3-6　近地面气压高低与气流升降的关系

那么，空气为什么会上升、下沉呢？

一个常见的原因是地表冷热不均。如图 3-7 所示，受冷的地方空气收缩，密度增大、变重而下沉、堆积，于是近地面形成冷高压；蒙古—西伯利亚高压就是典型的因地面冷却作用造成空气下沉而形成的冷高压。受热的地方空气膨胀，密度减小、变轻而上升，于是近地面形成热低压；赤道低压带就是典型的因地面受热、空气上升而形成的热低压。那么，是不是所有的高压都是冷高压，所有的低压都是热低压呢？答案是否定的。人们发现有很多地方很热，却形成高气压；有些地方很冷，却形成低气压。这是怎么回事呢？

图 3-7　地表冷热不均引发的气压差异[①]

原来，冷热不均并不是空气升降的唯一原因，单纯的大气运动也会造成空气升降。与热力作用不同，这类原因被称为动力原因，不少高气压和低气压是动力原因形成的。动力原因其实也不难理解，运动的大气跟流动的水有很多相似之处，如果你观察过河流中的水，就知道水流左右摆动、上下翻滚、出现旋涡都是十分正常的现象，大气也一样。真实的大气运动也会出现各种复杂的状态，某处

①　据人民教育出版社《普通高中教科书 地理 必修 第一册》第 36 页图 2.11 修改。

空气的升、降是十分常见的，于是在近地面就表现为低气压或高气压。如图 3-8
所示，如果某地高空出现空气的堆积汇聚，就会把一些空气往下面挤，导致空气
下沉，在近地面形成高压；相反，如果某地高空出现空气的流失辐散，则会对地
面产生抽吸作用，形成上升气流，近地面的气压就会下降，形成低压。通过大量
观察发现，在南北纬 30° 一带的许多地方，常年存在着如瀑布一样的下沉气流，
在这一动力原因作用下，就形成了副热带高压。而在南北纬 60° 一带的海洋上，
空气以上升运动为主，这样的动力原因形成了副极地低压。

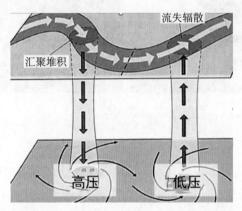

图 3-8　高空气流运动引发的地面气压差异

因此，近地面的气压高低与气温高低并没有必然的联系。

3.1.3　气压决定了风

那么，研究气压高低有什么意义呢？意义非常重大！

我一直认为：气压是大气科学最重要的概念。对气压的观测和研究是气象部
门最基本的日常工作内容。因为一切对天气的研究，都离不开气压分析。

首先，只有了解气压的分布，才能进一步研究大气的水平运动。我们知道，
空气总是由高压吹向低压，这一特点意味着：气压决定了风。

相对稳定的气压分布就会形成相对稳定的风，如信风；随季节变化的气压分
布就会形成随季节变化的风，如季风。如果在较大范围内气压没什么差异，那么
这个较大的范围内就没有风。

　　风的影响力十分巨大而深远。风是天气、气候的关键要素,它直接参与热量交换、水汽输送等过程,也直接影响天气好坏。同时,风是塑造地貌的重要力量,如图 3-9 所示;风也是洋流形成的重要驱动力。

图 3-9　风是塑造地貌的重要力量

　　在古代,人类利用风扬帆远航,如图 3-10 所示;在今天,人类捕捉风获取绿色电力,如图 3-11 所示。地球上风能的蕴藏量是水能的 10 倍,只要能够将地球上 1% 的风能利用好,就能满足全球的能源需要。

图 3-10　风推动帆船航行

图 3-11　风力发电

　　资源和灾害就像硬币的两面。风灾可能带来可怕的后果，如刮倒建筑物、毁坏农业设施、形成风暴潮、沙尘暴，甚至掀翻正在行驶的列车，如图 3-12 所示。因此，对风的研究是摆在人类面前的重要课题。

图 3-12　风带来的灾害

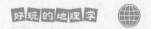

受地转偏向力影响，北半球的地面风向大都是斜穿等压线向右偏的；南半球则相反，即斜穿等压线向左偏。关于风向和气压的关系，最早在1857年由荷兰气象学家、物理学家白贝罗通过大量观察而提出，被人们称为"白贝罗定律"或"风压定律"。如图3-13所示，在北半球背风而立，高压在右后方；而在南半球背风而立，高压在左后方。

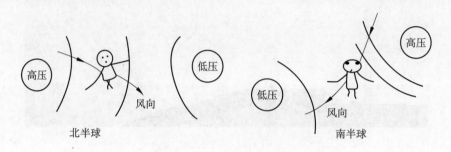

图3-13　白贝罗定律示意图

风力大小主要取决于气压梯度，也就是等压线的密集程度。当然，地形、地表摩擦力也会对风力大小产生影响。如图3-14所示，在同等的气象条件下，海面的风力通常比陆地大，这是因为海面的摩擦力比粗糙的陆地小。越是粗糙的地表，摩擦力越大；与平坦的地面比起来，森林的摩擦力就大得多。因此，人们可以用营造防护林的方法降低风速，起到防风固沙、保护农田等作用，如图3-15所示。

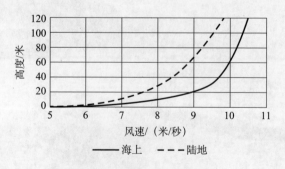

图3-14　陆地、海上风速对比

图 3-15　华北平原上的农田防护林带

　　风力大小的等级是以风速进行划分的。1 级风大概 1 米 / 秒，2 级风大概 2 米 / 秒，3 级风大概 4~5 米 / 秒，6 级风大概 12 米 / 秒，7 级风大概 14 米 / 秒以上，正所谓"一是一，二是二，三四五，六七翻倍"，12 级风可超过 33 米 / 秒，相当于 3 秒钟跑完 100 米，这比人类的速度快得多；超强台风和飓风的风速能达到 15 级以上，其速度超过 50 米 / 秒；而龙卷风的瞬时风速能超过 100 米 / 秒！1956 年 9 月 24 日下午，龙卷风猛烈地袭击了上海浦东一带，强大的风力竟然把江边一个 110 吨重、三四层楼高的空储油罐举到 15 米高的空中，扔到了 120 米之外的地方。[①] 这样的风，可以轻松地将几吨重的小汽车吹上天空，抛掷一架飞机就像孩子玩纸飞机一样。

　　风力等级如表 3-1 所示。

表 3-1　风力等级表

风力等级	陆地地面物征象	距地 10 米高处的相当风速 /（米 / 秒）
0	静，烟直上	0 ~ 0.2
1	烟能表示风向，但风向标不能转动	0.3 ~ 1.5

① 叶永烈. 十万个为什么　气象（1）[M].上海：少年儿童出版社，1980：186-187.

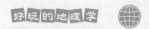

风力等级	陆地地面物征象	距地 10 米高处的相当风速 /（米 / 秒）
2	人面感觉有风，树叶微响，风向标能转动	1.6 ～ 3.3
3	树叶及微枝摆动不息，旌旗展开	3.4 ～ 5.4
4	能吹起地面灰尘和纸张，树的小枝摇动	5.5 ～ 7.9
5	有叶的小树摇摆，内陆的水面有小波	8.0 ～ 10.7
6	大树枝摇动，电线呼呼有声，举伞困难	10.8 ～ 13.8
7	全树摇动，迎风步行感觉不便	13.9 ～ 17.1
8	微枝折毁，迎风步行感觉阻力甚大	17.2 ～ 20.7
9	建筑物有小损	20.8 ～ 24.4
10	陆上少见，见时可将树木拔起，建筑物损坏	24.5 ～ 28.4
11	陆上很少见，如有时就有广泛损坏	28.5 ～ 32.6
12	陆上绝少见，摧毁力极大	32.7 ～ 36.9
13	—	37.0 ～ 41.4
14	—	41.5 ～ 46.1
15	—	46.2 ～ 50.9
16	—	51.0 ～ 56.0
17	—	56.1 ～ 61.2

3.1.4 气压指示了雨

气压的高低不仅决定了风，还指示了雨。具体来说，气压高低是晴天或阴雨的重要信号！

德国物理学家格里克于 1650 年制作了一个水式气压计，在一根十多米长的管子上接一段玻璃管，玻璃管里注入水，然后顶端封闭，即以水柱代替托里拆利管中的水银柱。他观察到，水柱的高度与天气变化有一定关系，从而可以利用这个仪器做天气预报。他制作了一个小木人浮在这个仪器的水面，晴天的时候，小木人的位置较高；而阴雨天的时候，小木人位置下降。这可能是人类关于天气和气压关系的最早发现。不过那时的人们还难以对此现象做出解释。

现在我们已经知道，近地面的气压高低是空气垂直运动的反映，而空气的垂直运动是促成晴天或阴雨的重要原因。

当近地面表现为低压时，空气做上升运动，由于越往高空温度越低，所以上升运动会促使水汽不断冷却凝结、成云致雨，因此低压往往带来阴雨天气，如图 3-16 所示。

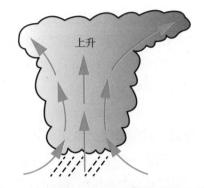

图 3-16 空气上升运动容易带来阴雨天气

例如，台风、飓风是很强的低压，其上升气流十分猛烈，又因为其生成于热带洋面，水汽特别充沛，因此会带来惊人的暴雨。2019 年 10 月 12—13 日，超强台风"海贝思"袭击日本，东京附近地区两天降水达到 1 000 毫米，新干线车辆遭洪水浸泡，如图 3-17 所示。

图 3-17 台风"海贝思"带来强降雨引发洪水

需要指出的是，只要从地面到高空有低气压区存在，就容易促成冷暖空气的交会、辐合上升而成云致雨。有很多的降水是由高空出现的低气压带来的，而高

空的低气压在地面天气图上是看不到的，因此，在实际的气象工作中，光看近地面天气图远远不够，还需要利用高空天气图发现那些空中的低气压。经常使用的高空天气图有 850 百帕等压面天气图（大致对应 1 500 米高空）、700 百帕等压面天气图（大致对应 3 000 米高空）以及 500 百帕等压面天气图（大致对应 5 000 米高空）。有了从地面到高空全方位的气压分析，各种低气压结构便一一现身，如冷涡、高空槽等。我国华北、东北初夏时节的雷雨、大风、冰雹多由冷涡带来；高空槽一般与近地面的锋面气旋相结合，带来降水。

当近地面为高压所控制时，其意味着空气做下沉运动，空气下沉意味着温度上升，这不仅完全破坏了降水的形成条件，甚至连云都难以形成。这也就解释了为什么有时候会出现万里无云的大晴天。

小范围、暂时性的低压和高压，影响的是天气；而大范围、常年存在的低压和高压，影响的就是气候。赤道附近地区普遍降水较多，这是常年受赤道低压上升气流影响的结果；而在南北回归线附近，受副热带高气压下沉气流的影响，分布着著名的回归沙漠带。

3.2　大气运动的原理

3.2.1　热力差异是大气环流的发动机

如果没有地表的热力差异，大气环流就失去了主要的动力。因此，热力差异是大气环流的发动机。

地球上最主要的热力差异存在于高低纬之间。由于高低纬之间得到的太阳辐射量不同，低纬热、高纬冷。在这种热力差异的背景下，赤道附近的炎热地区形成了源源不断的上升气流，两极附近的寒冷地区形成了源源不断的下沉气流，这两股力量相互配合，加之地转偏向力的影响，高低纬之间形成了相当有规律的大气环流态势。为说明这种规律，人们甚至研发出了"三圈环流"这一理论模型。这一模型很好地说明了赤道低压带、副热带高压以及信风带、西风带的形成。不过，模型毕竟只是模型，与现实是有差异的。按三圈环流模型，北极点附近应该被极地高压带笼罩，高压带四周是常年存在的极地东风，然而北极地区的真实情况并非如此[1]。除此之外，三圈环流模型还有不少与真实世界不一致的地方，这是由于该模型"地表均一"的假定带来了天然的缺陷。

在真实的地球上，能造成巨大热力差异的因素，除了纬度，还有海陆分布。陆地和海洋受到物质差异、比热容、透明度、海拔、洋流等因素影响，其表面的温度变化幅度差异很大——与同纬度的海洋相比，陆地的温度变化迅速得多，温度升降幅度也大得多。夏季，陆地比同纬度的海洋更热；冬季，陆地比同纬度的海洋更冷。当然，要形成足以影响大气环流的热力差异，必须得有足够大的海洋和陆地面积才行。放眼全球，只有亚欧大陆和太平洋堪当此任。

每年 7 月，亚欧大陆比同纬度的海洋热得多。在亚欧大陆的中低纬地带，在太阳辐射和海陆差异共同作用下，被太阳炙烤的广阔陆地形成了全球上升气流的中心，造就了一个几乎覆盖整个亚洲的庞大低气压，从俄罗斯的远东地区一直连到非洲，其中心地带位于印度半岛附近，如图 3-18 所示。正是由于这个低气压的存在，吸引着海洋上的暖湿空气源源不断地登陆，东亚和南亚的季风才得以形成，给世界上近一半的人口带来赖以生存的丰沛水汽。

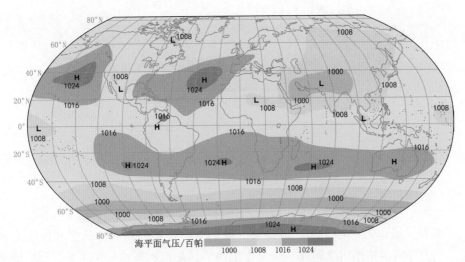

图 3-18　世界 7 月海平面平均气压的分布

① 盛承禹. 世界气候 [M]. 北京：气象出版社，1988：318-326.

到了冬季，亚欧大陆东部地区则成了北半球的寒冷中心。就拿北纬50°来说，海洋表面的1月平均气温还能维持在0℃以上；而陆地上的1月平均气温可以低至-30℃以下，要知道这可是月平均气温！最低气温远低于这个数值。在西伯利亚东部，1月的最低气温可以低到-60～-70℃。寒冷的大地不断给空气冷却降温，空气一边降温一边收缩、变重，形成源源不断的下沉气流，冷空气的堆积形成了强大的高气压，几乎可以覆盖整个亚欧大陆，甚至和副热带高压连成一体，如图3-19所示。这个高压中心位于蒙古—西伯利亚一带，是干冷空气的大本营，在冬半年，时不时有冷空气从这个大本营出发南下，这样一来，亚洲东部就成了同纬度冬季最冷的地方。

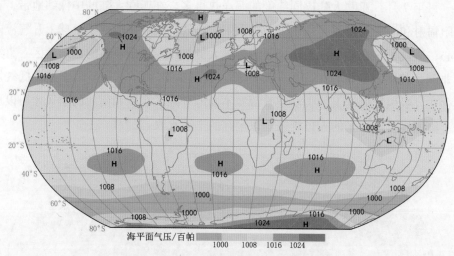

图3-19　世界1月海平面平均气压的分布

3.2.2　不同尺度的热力环流

在大气运动的机理当中，最重要、最基本的是热力环流。从空间尺度上来说，热力环流的范围可大可小，大尺度的热力环流可以跨越数千千米；小尺度的热力环流可以局限在庭院之中。

我一直认为：亲水的江南小宅是绿色建筑的典型代表，如图3-20所示。房屋临水而建，院内铺以石板；在炎炎夏日，石板地面在太阳的照射下迅速升温，而屋外的水面依然凉爽,这样就促成了一个小尺度的热力环流,给房屋带来凉风习习。更绝妙的是,太阳晒得越厉害,通风降温的效果越好。其实这个原理可以在许许多多的场景中应用,水面可以换成绿地、树林,石板可以换成水泥地、沥青路面或地砖。如果建筑设计中都能实现这样的自然通风,应该可以节省不少能源。

图 3-20 亲水的江南小宅

　　稍大空间尺度的热力环流有海陆风、山谷风、城郊风等。

　　我国许多沿海城市都有明显的海陆风,如天津、上海、厦门、香港等。大量研究表明,海陆风的影响范围一般只有十几千米到几十千米,极少超过 100 千米,因此其影响范围仅限于滨海地带。例如天津市区可以受海陆风影响,但距渤海超过 150 千米的北京就感受不到了。海陆风具体可分为海风环流和陆风环流,如图 3-21 所示。在夜间,陆地与海面的温差远不如白天大,因此,不管是从风速还是环流高度来看,夜晚的陆风环流都比白天的海风环流弱,陆风的风速通常仅为 1~2 米/秒。

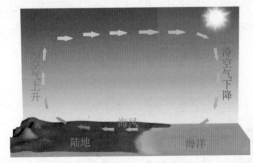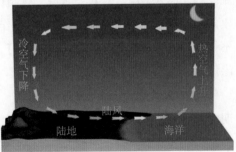

图 3-21 海风环流和陆风环流

　　山谷风也是热力环流的体现。如图 3-22 所示,相比于同一高度的山谷部位,山坡距离地面更近,因此白天升温快、夜晚降温快,这样一来,山谷地带在晴热的白天盛行下沉气流,在夜晚盛行上升气流。这种规律给谷地带来了一个常见

的现象——夜雨。提到夜雨，大家不禁会想到唐代李商隐的著名诗篇《夜雨寄北》："君问归期未有期，巴山夜雨涨秋池。何当共剪西窗烛，却话巴山夜雨时。"诗句中的巴山其实并非现在的大巴山，而是位于重庆北碚的缙云山，这里的山间谷地受夜间上升气流的影响，经常出现对流性降雨。其实，"巴山夜雨"可以泛指我国西南山区谷地多夜雨的现象。这些地方的夜雨量一般都占全年降水量的60％以上，如重庆、峨眉山、贵阳等地。

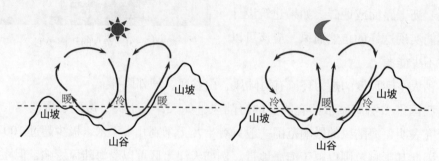

图 3-22　山谷风形成原理示意图

拉萨地处河谷地带，其夏季夜雨的比例超过70％，有些年份能高达80％以上。这一特点除了受山谷风环流的影响，也体现了高原地带昼夜温差大的气候特征。白天日晒强烈、气温上升迅速、蒸发旺盛，夜晚迅速降温、水汽随谷地的上升气流冷却、成云致雨。对农业来说，夜雨比例高是十分有利的地理条件，这是因为：夜雨意味着白天光热充足，这使得农作物可以更好地进行光合作用；夜晚降雨，不仅可以进一步加大昼夜温差，有利于作物的营养物质积累，还有利于水分的下渗保持，减少蒸发的损失。

与海陆风和山谷风的周期性风向转换不同，城郊风几乎永远是由郊区吹向城区的。这是因为，不管是白天还是黑夜，也不管是冬天还是夏天，城区的温度几乎一直高于郊区，这种现象也被称为"城市热岛效应"，如图 3-23 所示。

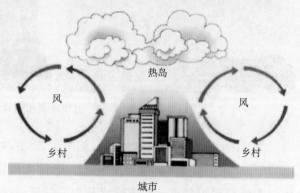

图 3-23　城市热岛效应及城郊热力环流示意图

城市热岛的出现是几大因素综合作用的结果。第一，城市是人类对地表改造最彻底、最强烈的区域，大量的水泥地、柏油路面在太阳辐射作用下迅速升温，地面辐射大大增强，进而加热了城区的空气。第二，城市是二、三产业集中的地方，工业生产、交通等活动极为频繁，能耗集中且巨大，人类活动直接排放了大量的废热到空气当中。例如，当你在空调房中享受清凉的时候，电力系统也正奋力地将室内的热量搬运到室外，助长了城市的高温。第三，城市中的大量人类活动也排放了巨量的废气，其中包含大量温室气体，如二氧化碳等。另外，城市中密集的建筑物也不利于通风散热。这几大因素综合作用的结果，使得热岛效应十分明显。随着城市化水平不断提高，居住在城区的人越来越多，城市热岛效应已逐渐成为我们的身边事，也是气象、环境等部门监测的重要内容。2013 年 8 月 25 日 15 时 24 分，遥感监测显示，当北京城区地表温度已高达 45℃ 左右的时候，地处郊区、与城区海拔接近、同属平原地带的大兴、通州地表温度仅 36℃ 左右。这正是城市热岛效应的体现。

有人做过一项有意思的研究：一场大雪过后，城区和郊区被积雪无差别覆盖，热岛效应是不是就减弱甚至消失了呢？然而监测的结果并不是这样，热岛效应不仅没消失，反而增强了。这是怎么回事呢？原来，为了防范大雪带来的灾害，城区提前投放了大量融雪剂，积雪一边下一边融化；另外，降雪过后，城区及时进行了清扫除雪，很快恢复到了降雪之前的状态，郊区反而因为积雪覆盖，地表难以升温，变得更冷了，城区和郊区的温差反而比之前更大了！

还有一个现象值得关注，就是城市中每天空气质量的变化与热力环流有关。许多人发现在无持续风的情况下，城区下午的空气质量往往比清晨好，因此有人提出：晨练、晨跑并不科学，应该改为下午。这其实跟热岛效应关系十分密切。下午往往是城市热岛效应最强的时候，热岛效应虽然加剧了城市的高温，但也促成了强烈的上升气流，旺盛的对流非常有利于地面的污染物向高空扩散，同时将郊区的清新空气带到了城区，改善了城市的空气质量。

从城市热岛这个案例可以看出，人类活动对局部的小气候可以产生多么深刻的影响！城市小气候，也是城市规划、城市建设需要研究的重要课题。城市除了有热岛效应，还有雨岛效应、干岛效应、雾岛效应、浑浊岛效应等，值得人们关注和研究。

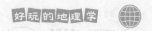

前面讲的几种热力环流，空间尺度大都在十几千米到几十千米的范围。要看到规模更为巨大的热力环流，还得放眼世界。

首先是季风环流。如果你明白了海陆风的形成机理，那么季风环流的形成正可谓触类旁通了！在中学阶段，我们完全可以把海风环流和陆风环流看成夏季风环流和冬季风环流的微缩版本。应该指出的是，既然称为环流，那么季风环流也应该以一个立体的示意图来呈现，但由于季风环流空间尺度很大，其形成原理除了热力环流的基础，还叠加了一些其他因素，很难给出一个十分确定的环流模式，很多前沿的问题至今仍在研究当中，有兴趣的读者可以自行深入探索。

大尺度热力环流的案例还包括厄尔尼诺现象和拉尼娜现象，众所周知，这两种现象都属于气候异常的情况。那么，正常的情况应该是怎样的呢？在正常的年份，太平洋东部受秘鲁寒流、离岸信风以及上升流带来的冷海水影响，表层海水温度较低，大气稳定，气流下沉形成高气压，气候干旱少雨，沿岸形成荒漠；而在西太平洋，在太阳辐射的作用下以及信风的推动下，这里聚集了大量的温暖海水，水热充沛、气流上升，给马来群岛和澳大利亚东北部带来湿润多雨的气候。

而在厄尔尼诺年，赤道太平洋中东部海水温度会异常偏高。这样一来，秘鲁和智利沿海本应出现的下沉气流就会减弱或消失，甚至出现上升气流，气候就会由常年的干旱突然变为多雨，甚至引发洪涝灾害；而赤道太平洋西岸由于海水温度偏低，上升气流弱化，大气结构变得相对稳定，甚至出现下沉趋势，气候由原来的湿润多雨转为高温干旱。2019—2020 年，在厄尔尼诺的背景下，秘鲁多地洪水泛滥；而在印度尼西亚和澳大利亚，则出现了森林大火。

必须指出的是，厄尔尼诺现象的影响绝不仅限于上述地区；大气环流的复杂联动，使得厄尔尼诺会在全球多地引发气候异常，甚至造成灾害。在 1982—1983 年以及 1997—1998 年的厄尔尼诺期间，非洲多地出现了旱灾或涝灾，进而引发了农作物减产，甚至造成饥荒。在东亚，厄尔尼诺的影响也十分明显。在冬季，厄尔尼诺年的冷空气活动往往偏弱，我国容易出现暖冬；而在夏季，受厄尔尼诺影响，我国主雨带容易滞留在长江流域，造成梅雨异常偏多、南涝北旱的格局。据统计，新中国成立以来，我国梅雨季持续时间长、梅雨量大的年份有1954 年、1969 年、1983 年、1998 年、2016 年、2020 年等，这些年份大都与厄尔尼诺背景相对应，如图 3-24 所示。这种规律性引发了许多学者的研究和思考，一般认为：厄尔尼诺发生的时候，赤道西太平洋的上升气流减弱会引发西太平洋副热带高压强度和位置的异常，进而对我国降水产生影响。至于其更深层的机理，还需要我们继续探索。

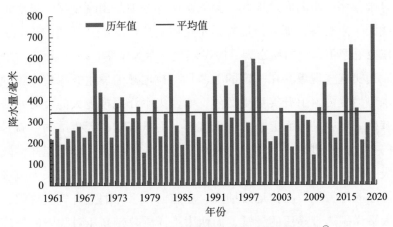

图 3-24　1961—2020 年我国历年梅雨降水量统计 [①]

　　拉尼娜则是厄尔尼诺的反相，是指赤道东太平洋海水温度异常偏低的情形。具体来说，当赤道附近太平洋中部和东部大范围表层海水温度低于常年平均值 0.5℃时，就进入了"拉尼娜"状态。拉尼娜状态持续 6 个月以上，就形成了一次"拉尼娜"事件。"拉尼娜"一来，东西太平洋的温差就变得更大，于是形成了比往年更为强大的热力环流。赤道西太平洋一带的上升气流比常年更猛烈，降水更多；而赤道东太平洋一带的下沉气流则比常年更强，气候更干旱，如图 3-25 所示。

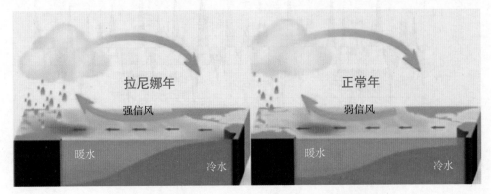

图 3-25　拉尼娜年与正常年份赤道太平洋环流形势比较

① 图片来源：国家气候中心。

拉尼娜现象常与厄尔尼诺现象交替出现，但发生频率比厄尔尼诺现象低一些，如图3-26所示。在拉尼娜状态下，印度尼西亚、澳大利亚东部、巴西东北部等地降雨偏多；非洲赤道地区、美国东南部等地易出现干旱。既然厄尔尼诺容易给我国带来暖冬，那么拉尼娜是不是就对应冷冬呢？事实的确如此！简单来说，在拉尼娜年，我国易出现"冷冬热夏、台风偏多、南旱北涝、雨雪冰冻"等现象。其实这些现象存在一定的关联性，拉尼娜的发生意味着赤道西太平洋的暖海水势力更强，上升气流更猛烈，而西太平洋规模庞大的暖海水正是台风孕育的基础。台风是海面上强大的低气压，而低气压的天生本领，就是把周围高气压的空气给吸过来。因此，台风这个低气压一活跃，就对亚洲内陆的冷高压产生吸引作用，非常有利于冷空气深度南下，给我国东部带来大范围的降温以及雨雪冰冻等天气。在拉尼娜期间，赤道西太平洋的上升气流更强，同样会引发西太平洋副热带高压的异常，而西太平洋副热带高压对我国的旱涝会产生至关重要的影响。当然，以上的分析还十分粗浅，很多规律性的结论只是在统计层面和概率层面，真实情况与模型的预测永远存在差异，这是因为影响大气环流的因素非常复杂，不仅是厄尔尼诺和拉尼娜，还有很多大气的奥秘需要进一步探究。

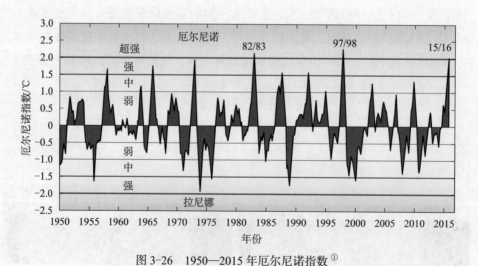

图3-26　1950—2015年厄尔尼诺指数[①]

---

① 图片来源：美国国家大气研究中心。

3.3　气候要素与气候类型

3.3.1　气温的复杂性

气温的影响因素主要包括太阳辐射、地表状况、大气运动和人类活动。太阳辐射是气温变化的根本因素；地表状况是气温变化的直接因素；大气运动对气温产生直接影响；人类活动对小气候产生直接影响，也可通过改变下垫面、改变大气成分等方式对全球的气温、降水产生间接影响。需要指出的是，这里谈到的地表泛指大气下方的地球表面，地球表面（包括陆地和海洋）是大气热量和水汽的直接来源，因此，包括海陆差异、海陆位置、洋流、植被覆盖、地表物质等在内的许多因素都属于"地表状况"。由此可见，影响气温的因素非常复杂，要对某时某地的气温现象做出合理的解释，必须综合考虑多种因素。

世界上不同地方的气温呈现出极大的多样性和复杂性。

有的地方气温十分稳定，如厄瓜多尔的首都基多，如图 3-27 所示。如果作图表示，其各月的平均气温、平均最高气温、平均最低气温几乎都是一条水平线。如果把基多全年每天每小时的平均气温都呈现在一张图上，你会发现一个令人震惊的事实——这个地方全年当中任何一天的气温变化几乎都是一样的，如图 3-28 所示。为什么会这样呢？这就需要从太阳辐射、大气运动、下垫面等几个方面进行综合分析。从太阳辐射的角度来看，基多距离赤道只有 24 千米，纬度位置接近 0°，其每天的白昼时间几乎是永恒的 12 小时。虽然太阳直射点会南北移动，但基多的正午太阳高度角始终处在 67°～90°，太阳辐射量的微小变化在气温上几乎体现不出来。从大气运动的角度来看，基多并无明显的冷空气或暖空气对其产生影响，否则气温不可能如此稳定。从地表状况来看，基多地处安第斯

	1月	2月	3月	4月	5月	6月	7月	8月	9月	10月	11月	12月
平均最高气温	18℃	18℃	18℃	18℃	18℃	18℃	18℃	19℃	19℃	18℃	18℃	18℃
月平均气温	13℃	13℃	13℃	13℃	13℃	13℃	13℃	13℃	13℃	13℃	13℃	13℃
平均最低气温	9℃	10℃	10℃	10℃	10℃	9℃	9℃	9℃	9℃	9℃	9℃	9℃

图 3-27　基多的各月平均气温

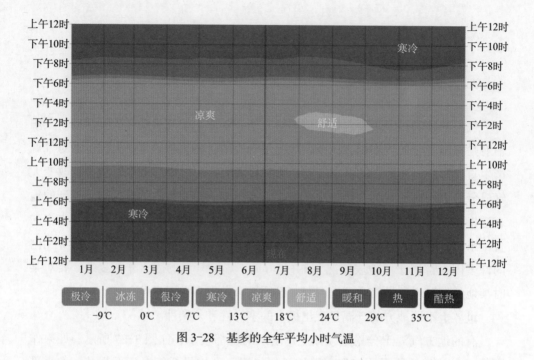

图 3-28　基多的全年平均小时气温

山脉北部高原的一个谷地，平均海拔高达 2800 米以上，其海拔高、气温低，使得当地形成了全年温和如春的气候。

如果放眼世界，你就会发现，像基多这样独特的气温状态在世界上几乎是绝无仅有的！首先，地处低纬的大部分地区都是以炎热为主的状态。其次，地处中纬的大部分地区都是四季分明的，就连高纬地区，也存在明显的气温年较差。如果你有兴趣，可以研究一下任意一个城市的气温状况。

太阳辐射的年变化对气温的影响在温带地区最显著，特别是在温带大陆的内部，冬冷夏热的特点更明显。要是再加上冬季冷空气的南下和夏季暖湿气流的北上，就可以造成年内极大的气温起伏。在亚欧大陆的东部和北美大陆的中部，你能找到很多这样的例子。

哈尔滨地处我国东北地区，正是具备这样特点的一个地方，夏季最高气温可以达到 30℃以上，冬季的日平均气温可以低到 -20℃以下，最低气温则可以低至 -30℃以下，如图 3-29、图 3-30 所示。2021 年 7 月 1—28 日，哈尔滨主城区有 17 天最高气温超过了 30℃，其中 16 天出现在 7 月中下旬，尤其是 7 月 13 日，在市区测到了 33.3℃的高温。在 2021 年 7 月，哈尔滨高温日数已经达到了 1961 年以来的历史极值，历史上 7 月份出现 30℃以上高温日数最多的是 1982 年和 2017 年，均为 17 天①。2016 年的 1 月 20 日和 21 日，哈尔滨的最高气温都是 -20℃，最低气温都是 -33℃。2021 年 1 月 7 日，哈尔滨的最高气温是 -21℃，最低气温是 -28℃。通过以上数据可见，哈尔滨年内极端气温的差距可以超过 60℃！这是太阳辐射量变化、夏季风和冬季风的转换、海陆位置、地形等因素综合作用的结果。

	1月	2月	3月	4月	5月	6月	7月	8月	9月	10月	11月	12月
平均最高气温	-13℃	-7℃	3℃	13℃	21℃	26℃	28℃	26℃	21℃	11℃	-1℃	-10℃
月平均气温	-18℃	-13℃	-3℃	8℃	15℃	21℃	23℃	21℃	15℃	6℃	-6℃	-15℃
平均最低气温	-23℃	-18℃	-8℃	2℃	10℃	16℃	19℃	16℃	9℃	1℃	-10℃	-20℃

图 3-29　哈尔滨的各月平均气温

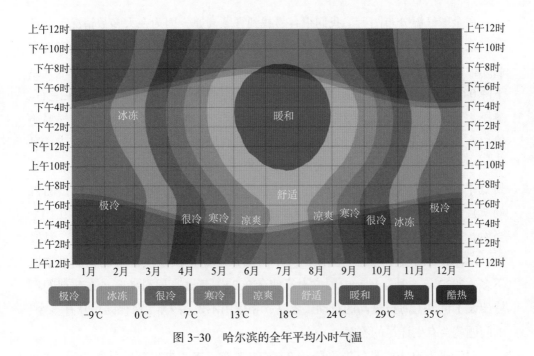

图 3-30　哈尔滨的全年平均小时气温

---

① 资料来源:《黑龙江日报》，2021 年 7 月 29 日。

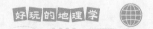

大气运动和地表状况对气温的影响，在亚欧大陆东西岸的气温差异上表现得淋漓尽致。位于亚欧大陆西岸的法国城市波尔多的纬度位置与哈尔滨相当，但在强大的北大西洋暖流和西风带的影响下，其1月平均气温高达6℃，比哈尔滨足足高出24℃！如图3-31所示。盛行西风成因于大气运动，北大西洋暖流成因于地表状况。在这两大因素的共同作用下，欧洲西部成了世界上同纬度年平均气温最高的地区，也是同纬度冬季最温暖的地区。

	1月	2月	3月	4月	5月	6月	7月	8月	9月	10月	11月	12月
平均最高气温	10℃	12℃	15℃	18℃	21℃	25℃	27℃	27℃	24℃	19℃	14℃	11℃
月平均气温	6℃	7℃	10℃	12℃	16℃	19℃	21℃	21℃	18℃	14℃	9℃	7℃
平均最低气温	3℃	3℃	5℃	7℃	11℃	14℃	15℃	15℃	13℃	10℃	6℃	3℃

图 3-31　波尔多的各月平均气温

在全球气温分布图上，我们很容易找到青藏高原。因为在大多数情况下，青藏高原与同纬度其他地区的气温都有明显区别。青藏高原是世界上海拔最高的大高原，面积约250万平方千米，平均海拔超过4 000米，根据每上升100米气温下降0.6℃的规律推算，与同纬度的海平面相比，青藏高原的气温要低24℃左右。夏季，当江淮地区忍受着35℃左右高温的时候，青藏高原大部分地区的气温还停留在24℃以下，如图3-32所示。位于青藏高原的五道梁（35° N，93° E，海拔4 613米）是我国夏季最冷的国家级气象站，在1956—2018年，测得的7月最低平均气温是1976年的3.6℃，8月最低平均气温是1965年的4.1℃；测得的7月最高平均气温是2010年的8.5℃，8月最高平均气温是2016年的9.3℃。当然，这肯定还不是青藏高原上气温最低的地方，就拿珠穆朗玛峰来说，海拔8 844.43米处的气温理论上应该比海平面低53℃，但反映实际情况的测量数据不多。2022年5月4日，中国"巅峰使命2022"青藏高原科考队员在珠穆朗玛峰架设了世界上海拔最高的自动气象站，相信用不了多久，"珠穆朗玛峰有多冷"的问题就会有更详尽的答案。

关于每上升100米气温下降约0.6℃的规律，有的书里写的是每上升1 000米气温下降约6.5℃。这种不一致的提法一度让人感到困惑，其实这些表述都是

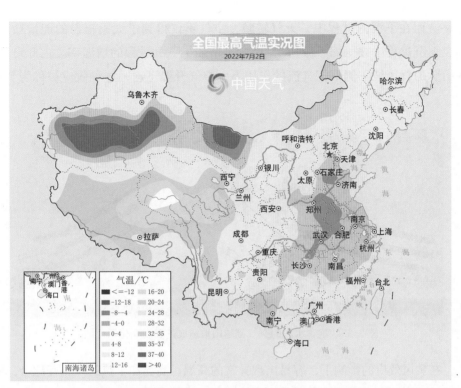

图 3-32　2022 年 7 月 2 日全国最高气温实况分布 ①

没问题的。这是因为：关于海拔变化导致气温变化的规律只是一个平均的、大致的概念，而且有很多的限制条件，所以只能用来估计，而不能"要求"大自然和我们的估计一致。在实践中尤其要注意这一点。

下面来看一个例子。如图 3-33 所示，海边 20℃饱含水汽的湿润空气翻过一座 1 000 米左右的小山，到达山顶附近的时候，湿润空气冷却凝结、成云致雨，气温降到了 15℃，翻过山以后变成下沉气流重新回到了山脚下原来的海拔位置，但气温上升到了 25℃，跟这团空气出发时相比，温度高出了不少。而且我们还发现，不管是上升过程还是下降过程，都与每上升 100 米气温下降 0.6℃的规律不符，这是怎么回事呢？原来，在水汽上升冷却凝结的过程中，水蒸气转化成了同样温度的小水滴，这个过程释放了大量的热，这种由于物态变化而释放的热量被称为潜热，正是由于水汽凝结释放了潜热，减小了上升过程的降

_____

① 图片来源：中国天气网。

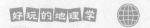

温率。而在下沉的过程中，天气转晴，空气不仅得到了太阳辐射的能量输入，还在下沉过程中被压缩（做功），这大大增加了下沉过程的增温率。由此可见，在山脉的背风坡一侧下沉气流的作用下，空气升温迅速，这种效应被称为焚风效应。

图 3-33　饱含水汽的空气翻越山地造成的温度变化示意图

在焚风效应的影响下，容易出现异常的高温。高温和干热的风相互配合，极大地增加了蒸发强度，容易导致农作物枯死、森林火灾等。如果焚风效应出现在有积雪冰川的高山地带，还会导致冰雪加速融化，甚至引发雪崩或融雪性洪水，阿尔卑斯山就出现过这样的现象。在美国西部的落基山脉，焚风效应与加州的山火关系密切。

在我国的太行山、横断山等很多地方，都能找到焚风的身影。石家庄地处太行山东麓，每当从黄土高原东移的气流越过太行山脉山脊的时候，在背风坡下沉增温，风速增大，就容易出现温度突升的焚风。据统计，石家庄平均每年出现焚风的日数为 19 天，最多可达 49 天，当出现焚风时，10 分钟平均增温 4℃，相对湿度平均下降 30%～40%，偏西风风速达 3 米/秒以上。1990 年 12 月 21 日，一次较强的焚风曾在 10 分钟内使气温升高 13.1℃，相对湿度下降 52%，风速增加到 23 米/秒。焚风是石家庄地区显著的气候特征，对工农业生产和人们生活都有一定影响，冬末早春的焚风给人们带来温暖，可使积雪融化，土壤解冻，物候期提前；初夏的焚风加剧了干旱，使冬小麦灌浆和蜡熟过程加快，造成死熟、减产。焚风也给火灾的发生、蔓延提供了有利条件，如有火种极易酿成火灾，并增加扑救困难。据统计，在石家庄发生的 9 次特大火灾中有 7 次火灾发生前 48 小时内出现焚风。焚风也可作为一种自然能源加以利用。如石家庄西部的获鹿、赞皇等地受焚风影响最明显，冬季平均气温比同纬度的盐山、沧州等地高 2～3℃，当地利用这一自然暖带种植菠菜、韭菜及香椿等，获得了蔬菜上市早、经济效益高的效果。又如石家庄冬季采暖期间，平均有 9 天焚风天气，出现焚风时平均气温多接近 10℃，如在这种天气减少或暂停供暖，可节约大量的能源①。

有一种"锋前增温"现象，与焚风效应下沉增温的原理有一定相似之处。它是指在冷空气到来之前，处在冷锋前部的暖空气随着冷锋逼近受到快速挤压而出现的增温。此外，冷锋临近的时候往往吹偏南风，也加强了增温效应。由于冷锋在我国影响十分深刻而普遍，所以这种增温其实不难观察到。锋前增温持续时间只有 1 天左右，等冷空气一到，气温马上下降。锋前增温现象加强了冷锋的降温效果，容易让缺乏准备的人们措手不及。

随着近年来空气质量越来越受人关注，另一种气温现象也开始进入公众的视野，那就是"霾压气温"。它是指雾霾削弱了到达地面的太阳辐射，造成雾霾笼罩之下的地区气温被压制、难以上升的现象。2016 年 11 月 3 日，在重度雾霾覆盖下，石家庄城区的最高气温只有 13℃，但离城区只有 20 多千米、海拔稍高的井陉最高气温却高达 23℃，这与一般情况下井陉气温低于石家庄的状态大相径庭，原因就是井陉地处山区，海拔稍高，躲开了雾霾的影响，得到了充足的太阳辐射。北京的情况也与之类似：当天，北京城区笼罩在重度雾霾之下，南郊观象台最高气温仅 10.8℃，然而在海拔稍高、雾霾稍轻的延庆，最高气温竟然有 17.9℃，就连海拔 1 200 米的佛爷顶，温度都超过了北京市区②。由于霾的产生与人类活动密切相关，因此，霾压气温是除城市热岛之外人类活动影响气温的又一经典案例。

3.3.2 降水的复杂性

降水的复杂性一点也不亚于气温。例如，暴雨的形成机理目前还不是特别清

---

① 赵世林．石家庄的焚风效应 [N]．中国气象报，1992-07-20.

② 资料来源：微信公众号"中国气象爱好者"。

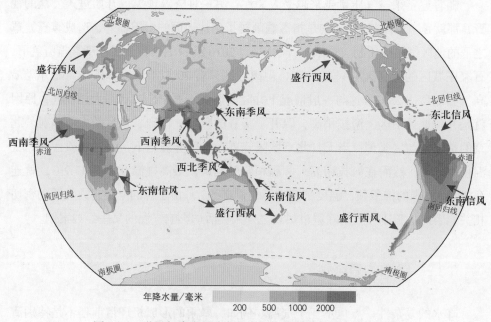

楚,尽管我们拥有了先进的计算机软硬件、互联网、大数据等手段,但对暴雨的准确预报依然是世界级的难题。不过,就初学者来说,弄清楚降水的基本条件、基本原理、基本规律,不算是什么难事。

降水首先要有充足的水汽,这是降水得以形成的前提条件。地球上水汽的最主要来源是海洋,同时,海洋也占有地表大部分的面积,因此地球上绝大部分的降水都是在海洋上发生的。海洋上蒸发出来的水汽只有约10%输送到了陆地上[①]。而我们主要关注的,就是陆地上的降水。因此,哪里的陆地水汽多,或者水汽输送充沛,哪里就容易成为多雨区域。在亚欧大陆上,可以明显看到主要的多雨区如东亚、南亚以及欧洲西部基本都是面向大洋的区域,干旱地区主要位于大陆内部,这就是水汽多少造成的影响。陆地上的水归根到底是从海洋输送来的,因此,是否具有来自海洋的盛行风,成为某一地区水汽是否丰富的关键。那些在世界年降水量分布图上呈现蓝色的多雨区域,几乎都有来自海洋的、强劲的盛行风,如图3-34所示。

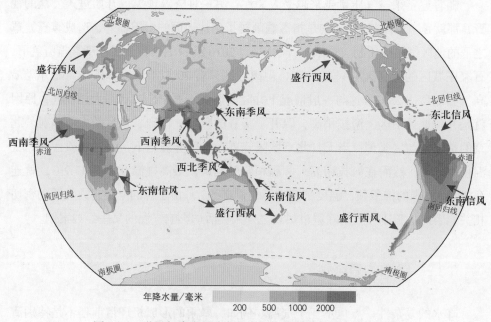

图3-34 世界年降水量分布与来自海洋的盛行风关系示意图

---

① 牛文元.自然地理新论[M].北京:科学出版社,1981:224.

光有水汽还不够，降水还得有另一个必备条件，即上升运动造成水汽的冷却凝结。根据上升运动方式的不同，降水主要分成四种类型：对流雨、气旋雨、锋面雨和地形雨。

　　对流雨又称热雷雨，在赤道附近地区极为常见，这里太阳辐射强、气温高、水汽充足、对流旺盛，湿热空气猛烈上升，与空气剧烈摩擦，于是产生雷电和短时强降水。地处马来群岛、赤道两侧的印度尼西亚，四面环海，水汽充沛，终年在赤道低压的控制下，上升气流十分旺盛，是世界上对流雨最频繁的地区之一。其中，印度尼西亚的爪哇岛平均每年的雷雨日数超过 220 天。茂物是爪哇岛上降水量最多的城市，年降水总量超过 4 500 毫米，几乎天天都要下雨，且每雨必雷，雷响雨至，常常是下下停停，停停再下，平均每年有 322 个雷雨日，下雷雨 1 400 多场，是世界上名副其实的"雷雨之都"。如果你去茂物旅游，当地人会提醒你：任何观光游玩活动都要安排在上午，因为下午雷雨将至。赤道附近全年都有对流雨，而在温带，对流雨主要出现在夏季的午后或傍晚。

　　对流雨虽然猛烈，但因其没有源源不断的水汽供给，持续时间不长。而气旋雨既可以带来猛烈的暴雨，又可以持续数小时甚至几天的时间，容易酿成水灾。台风、飓风是热带气旋强烈发展的结果，其带来的降雨都属于气旋雨。除此之外，在温带地区也可以形成温带气旋，带来类似台风登陆那样风雨交加的天气。在我国，常见的温带气旋有蒙古气旋、东北气旋、黄河气旋、黄淮气旋、江淮气旋等。2016 年 7 月 19—21 日，受黄淮气旋北上影响，华北地区出现了 2016 年首场大范围强降水天气。北京、太原、石家庄、天津等地都出现了暴雨或大暴雨，其中北京全市平均降水量达 210.7 毫米，城区 274 毫米，降水过程持续了约 50 小时，共形成水资源总量 33 亿立方米，相当于北京当年用水总量的 85%[①]。这场雨具有强降水范围广、持续时间长、降水量大、雨势较平缓、对流性较弱、气温变化不明显等特点，是一次典型的气旋型降水。

　　气旋雨之所以有这样的特点，一是因为气旋是低气压，可以把周围大范围的水汽和能量吸过来，因此水热来源广、持续降雨的底气足；二是水汽在上升的过程中冷却凝结放热，放出的热量再次加热了空气，加强了上升运动，而上升运动不仅促进了水汽的进一步冷凝放热，还使得近地面的低气压得以维持，从而将周围更多

_____

① 　数据来源：北京市水务局。

的水汽吸进来。也就是说，气旋雨有一种独特的"自我加强"机制。这样一来，气旋雨就具备了耐力持久、韧性十足的特点。一个热带气旋从形成到消亡一般需要3～10天，行程可以跨越数千千米。1972年的3号台风"丽塔"，其生命历程长达19天；2017年的5号台风"奥鹿"，也坚持了18.75天才最终消亡。与热带气旋相比，温带气旋寿命短些，一般持续2～6天，但其规模往往超过热带气旋，直径从几百千米到三千千米不等。由此可见，气旋雨的时空尺度远远超过了对流雨。

锋面雨是冷暖空气相遇形成锋面而导致的降水，冷暖空气相遇促进了上升运动，促成了水汽凝结，就算不下雨，天气也会向阴雨的方向发展。从空中看，锋面雨往往对应着一条明显的带状云系，如图3-35所示。锋面雨对我国的影响极为深刻，是我国最主要的降水类型，一年四季均可能发生，几乎全国都可能出现。大家熟知的"一场秋雨一场寒"就是典型的锋面雨，这句话出自《三侠五义》第113回，经过几百年的口口相传，目前已成为我国流传极广的气象谚语，指的是在由夏到冬的过渡时期，冷空气会逐渐发展壮大并一次次南下，每一次南下都会与暖空气交汇，形成降雨，降雨过后就是一波降温，历经多次这样的过程，便逐渐由夏入秋、由秋入冬。

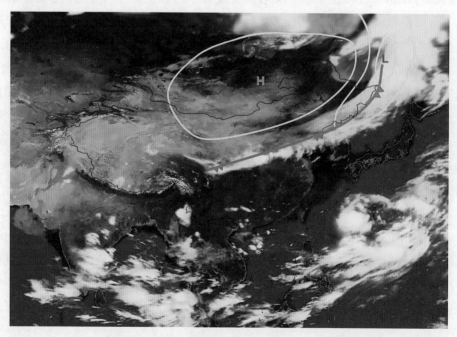

图3-35　冷锋云系（2016年8月25日12:15）

宋代赵师秀在《约客》中写道:"黄梅时节家家雨,青草池塘处处蛙。"这是江淮梅雨的生动写照。梅雨是由准静止锋造成的,也是锋面雨。

还有一种降水类型是地形雨,它是指湿润空气受地形阻挡而上升冷却形成的降水。世界级的豪雨地带几乎都是地形雨的杰作。具体来说,都是强劲的水汽输送和强烈抬升的地形共同打造的。位于印度东北部的乞拉朋齐被称为"世界雨极",雨季只有 5 个月,竟然能下超过 20 000 毫米的雨,这是来自印度洋和孟加拉湾的西南季风受地形抬升而造成的。位于美国夏威夷群岛考爱岛的怀厄莱阿莱被称为"世界湿极",平均每年有 335 天下雨,年降水量达 12 244 毫米,这是来自太平洋的东北信风受地形抬升而造成的。在欧洲和美洲,湿润的盛行西风受到山脉的阻挡,在大陆和岛屿的西岸迎风坡,也打造了不少年降水量超过 3 000 毫米的地区。我国台湾的火烧寮不仅是"中国雨极",也是"东亚雨极",年均降水量达 6 557 毫米,1912 年降水量高达 8 409 毫米。这个雨极同样是由地形雨造就的。火烧寮位于我国台湾省东北部的迎风面,除西南方海拔较高外,其西、北、东、东南等地势逐渐向外倾斜,特别有利于地形雨的形成,每年夏、秋季的台风,冬季的东北季风、夏季的东南季风都会在这里形成地形雨。

抛开豪雨地带不谈,随便一个地区,其降水量分布的空间差异,受地形雨的影响也是十分明显的。例如北京,降水量最多的地区位于西南部和东北部的山前迎风地带。据 1978—2010 年的气象资料统计,顺义、密云、平谷、房山是北京降水量最丰富的地区,多年平均降水量在 600 毫米以上;而降水量最少的地区位于山间的盆地或背风坡,如怀柔北部、延庆西部、门头沟西北部多年平均降水量不足 450 毫米[①],如图 3-36 所示。

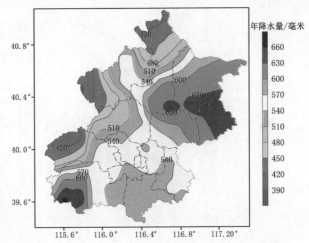

图 3-36　1978—2010 年北京地区平均年降水量空间分布

① 王佳丽,张人禾,王迎春.北京降水特征及北京市观象台降水资料代表性 [J].应用气象学报,2012,23(3):265-273.

3.3.3 气候类型的复杂性

气候类型的划分在很大程度上是见仁见智的事情，绝不能机械僵化地去学习。莎士比亚说，一千个读者眼中有一千个哈姆雷特。同样，一千个气候学家眼中也有一千种气候类型划分方法。因此，有些问题我们需要格外注意。

第一，要注意同一气候类型内部气候特征的差异。这是因为：中学阶段的气候类型划分是一种高度概括的简化版，将全世界划分为 11 种大的气候类型，非常有利于初学者认识不同气候之间的差异，突出气候的主要特征。但这种划分方法省略了很多细节，当我们在讨论具体区域气候的时候，还是需要在气候类型特征的大框架下，认识和把握当地气候的独特性。举个例子，在很多资料上，温带大陆性气候区覆盖的范围非常大，占了亚欧大陆和北美大陆的主要部分，在这种气候类型范围内，植被类型既有温带荒漠，也有温带草原，还有温带落叶阔叶林以及亚寒带针叶林。显然，这种粗略的划分没能体现出不同地区自然环境的具体差异。在这种划分之下，纽约、银川、莫斯科、雅库茨克同属于温带大陆性气候，然而，这些地区的气候差异非常明显，如图 3-37～图 3-40 所示。特别是纽约，其降水特征体现了突出的海洋性。

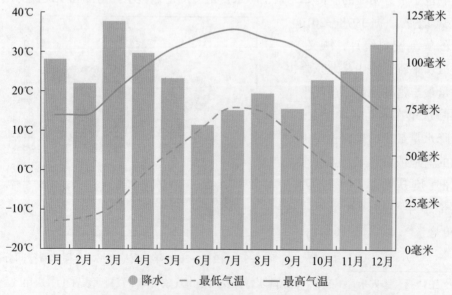

图 3-37　纽约（40.7° N，74.0° W，海拔 10 米）各月平均气温和降水量

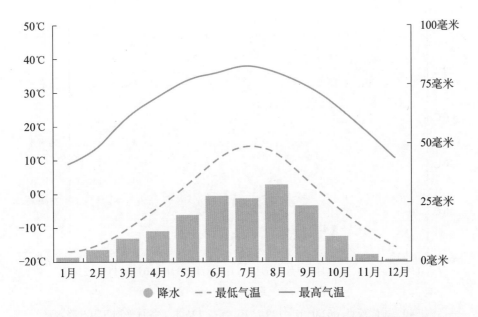

图 3-38 银川（38.5° N，106.3° E，海拔 1 113 米）各月平均气温和降水量

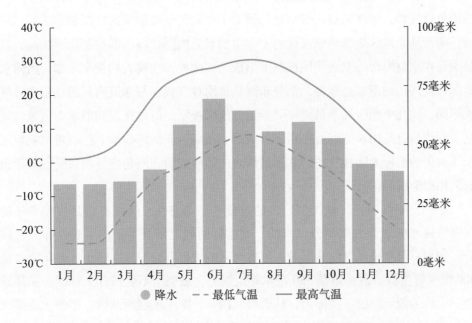

图 3-39 莫斯科（55.7° N，37.6° E，海拔 144 米）各月平均气温和降水量

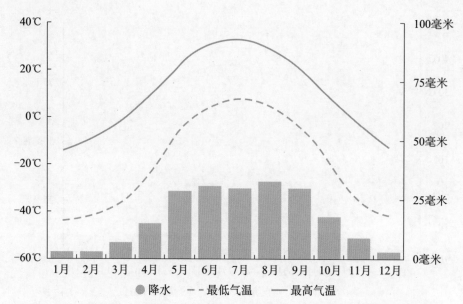

图 3-40　雅库茨克（62.0° N, 129.7° E, 海拔 126 米）各月平均气温和降水量

第二，要注意同一气候类型的不同地区，其气候成因不一定相同。如非洲的热带草原气候，雨林两侧热带草原气候的干季是受干燥信风的控制而形成的。然而，南非高原地区热带草原气候的干季主要是受副热带高压的控制而形成的，其湿季是在来自海洋的湿润信风控制下形成的。此外，在澳大利亚东北部、巴西东南部以及马达加斯加岛东部，都分布着热带雨林气候，与赤道附近的热带雨林气候不同，这几个地区并不是终年受赤道低压带控制，而是在湿润的东南信风、暖流、地形抬升等因素的综合作用下形成的。在南美洲的东南端，巴塔哥尼亚地区干旱少雨的温带大陆性气候，并不是深居内陆形成的，而是盛行西风受安第斯山脉阻挡而形成的。

第三，要认识到气候类型边界的过渡性和动态性。气候类型是按照多年的气温、降水的统计数据划分出来的，其指标的规定带有一定的主观性和经验成分。例如，温带季风气候和温带大陆性气候的边界到底应该在哪里，是年降水量400 毫米等值线合适，还是 350 毫米等值线更合适呢？不管按什么标准，那都只是一个人为规定而已。实际上，从沿海到内陆，降水量逐渐减少，植被也逐渐从森林演变为草原，自然环境中哪有那么截然清晰的界线呢？就算气候相对稳定，但从长期来看，气候也一直处在波动变化当中，具有动态性。近 30 年的气候数据和前 30 年的数据基本不可能一致。因此，不管是平均气温还是降水量，其等值线一直处在动态变化当中。所以，将气候类型的边界看成模糊的、动态的才符合自然规律。例如，温带季风气候条件下的基本农业模式是耕作，而相邻的温带大陆性气候区因天然雨量不足，更适合放牧，由于气候类型边界的模糊性和动态性，在我国北方季风气候和大陆性气候过渡区，就形成了一条农牧交错带。北方农牧交错带的总体走向与年均 400 毫米等降水量线大致相当。自古以来，受气候变化、战争、政策等因素影响，农牧交错带的位置、范围也在不断发生变化，如图 3-41 所示。

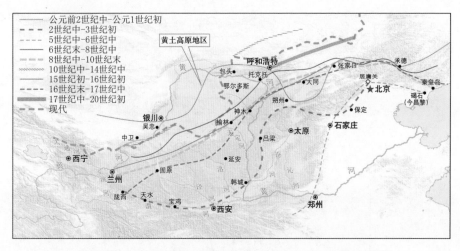

图 3-41　不同时期我国北方农牧交错带北界变迁示意图 ①

3.4　我国天气舞台上的主角

3.4.1　西太平洋副热带高压

西太平洋副热带高压（在我国通常简称西太副高或副高）对我国天气的影响

---

① 韩茂莉等 . 6 位学者，5 个关键词 解读农牧交错带之"变"[J]. 中国国家地理，2017，684（10）：292.

十分深刻，夏半年尤其突出。副高内部强大的下沉气流带来晴热高温，它西侧的北上气流是夏季风的水汽通道，副高的北侧形成我国的主雨带，副高的南侧是台风孕育的温床，如图 3-42 所示。副高的位置、强度和活动对我国的天气都会产生至关重要的影响。可以说，副高掌控着夏季风、台风，掌控着晴雨、旱涝，是我国诸多天气现象背后的"司令部"，是名副其实的"水热发动机"。其主要表现在以下几个方面。

图 3-42　西太平洋副热带高压对天气的影响示意图

　　第一，副高牵动着我国雨带移动。副高是一个反气旋，周围的气流做顺时针辐散运动，这样，就形成了东南季风和西南季风进入我国的水汽通道，虽然夏季风是水汽输送的主力，但是副高才是夏季风的总后台！在副高的北侧和西侧，源源不断的暖湿气流遇到冷空气，两者激烈交锋，就会形成大范围的阴雨天气，形成数千千米的巨型雨带，这就是气象部门经常提到的"主雨带"。我国主雨带的南北移动与副高的季节移动是一致的，通常主雨带位于副高脊线以北约 5～8 个纬度。

每年 4—6 月，副高脊线处在 18° N～20° N 之间的时候，我国华南地区出现连续阴雨天气，进入前汛期；当副高脊线稳定在 20° N～25° N 之间的时候，雨带位于长江中下游一带，这就是人们常说的梅雨季节。由于每年副高的势力强弱不同，其向北推进的速度也有快有慢，梅雨期的长短以及"入梅""出梅"的时间都会出现很大差异。梅雨可以出现在 5—7 月的各个时段，出现在 5 月的梅雨称为早梅雨，出现在 6—7 月的梅雨为正常梅雨。梅雨过后，到 7 月中下旬，副高会西伸、北抬，覆盖长江中下游的大片陆地，在副高下沉气流的控制下，难以降雨，出现晴热天气，雨带则进一步北进，转移到黄淮地区。从 7 月底到 8 月初，副高会完成最后一次北跳，脊线越过 30° N，雨带也会推进到最北的位置，到达华北和东北地区，而此时的华南地区，则处在副高南侧偏东风的控制下，进入华南后汛期，如图 3-43 所示。

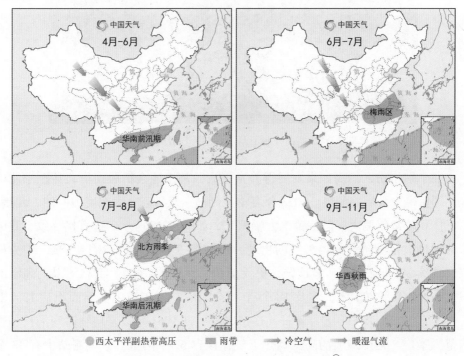

图 3-43　我国汛期主要雨带变动示意图①

————————

① 图片来源：中国天气网。

第二，副高覆盖的区域容易出现晴热高温的天气，如图3-44所示。副高是一个从高空到地面的深厚系统，其动力十分强劲，下沉气流从5 000多米的高空源源不断向地面倾泻，在这样无可匹敌的下沉气流打压之下，成云致雨简直难于登天，于是出现了晴热高温的天气，这样的天气感受犹如"吹空调室外机"。每年梅雨过后，副高的强大势力就会扩展到我国长江流域，如果副高稳定持久，就会造成明显的高温干旱，称为伏旱。副高带来的晴热如果有近地面湿润空气的配合，那就是妥妥的"桑拿天"了，让人极为不适。

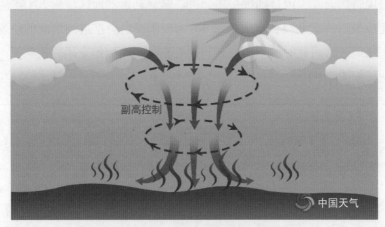

图3-44　副高控制下晴热高温天气成因示意图①

在个别年份，副高如果发展得异常强大，甚至还会扩展到华北甚至东北地区，那将带来极端的酷热。2018年夏季，副高一反常态，大幅度地西伸、北抬，不仅体积较常年偏大，其位置也大幅偏北，如图3-45所示。这直接导致了我国东部地区大范围持久高温天气的出现。2018年7月14日—8月15日，中央气象台连续33天发布了高温预警，史无前例。其中，7月20日35℃以上高温面积达159.8万平方千米，涉及18个省（区、市），38℃以上高温面积达13.4万平方千米。7月28日—8月4日，辽宁出现了自1951年以来持续时间最长、影响范围最广、强度最大的高温闷热天气，该省62个国家气象观测站中有33个站最高气温突破历史极值。7月19日—8月2日，吉林连续16天出现大范围高

---

① 图片来源：中国天气网。

温天气，持续时间之长、范围之大，历史罕见[1]。北京首都机场的气象站忠实地记录下了 2018 年夏季不同寻常的酷热，机场 2018 年和 2020 年的全年平均小时气温如图 3-46、图 3-47 所示。

图 3-45 2018 年 7 月下旬副热带高压与常年同期位置对比[2]

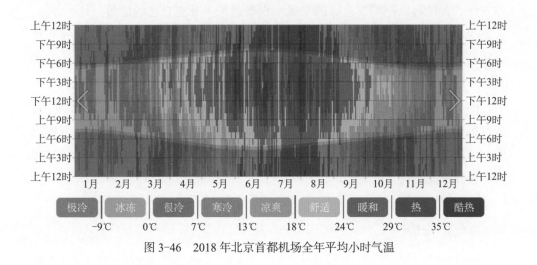

图 3-46 2018 年北京首都机场全年平均小时气温

---

① 资料来源：中国气象局网站。

② 图片来源：中国天气网。

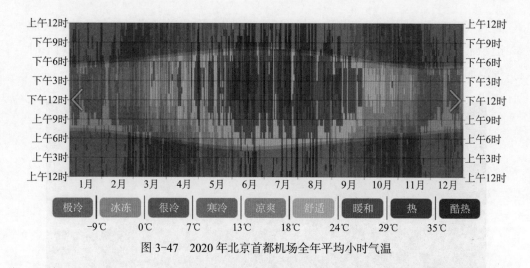

图 3-47　2020 年北京首都机场全年平均小时气温

第三，副高和台风相互作用，影响台风路径。副高是一个强大的高气压，而台风是一个强大的低气压，两者不能共存。因此，在副高控制的范围内是不会形成台风的，在副高控制下，海面虽然已经被太阳晒得很热，但近地面空气的任何上升企图都会被副高的下沉气流拍死。这样一来，台风就只能在副高管辖之外的海区，通常是副高的南侧一带生成。台风形成后，便开始了与副高的斗法过程。一方面，台风可以把副高边缘的季风水汽吸过来，补充自己的能量；另一方面，台风的动向也无时无刻不受到副高的制约。具体来说，当副高势力强大、呈东西带状且足够稳定的时候，其南侧的台风，面对铜墙铁壁一般的副高阻挡，无法北上，只能乖乖地一路向西；当强大的副高呈块状分布的时候，台风就有机会北上了，但只能贴着副高边缘绕着走，先向西北，再转向东北；如果副高比较弱，那么台风的势力就可以导致副高收缩甚至断裂，台风即可直接向北或西北方向挺进，如图 3-48 所示。研究副高的位置、强度和变化对于气象部门预测台风路径具有极其重要的指导意义。

3.4.2　台风

西北太平洋和南海一带是世界上热带气旋最多的地区，如图 3-49 所示。我国也成为世界上受热带气旋影响最为频繁且深远的国家。台风给我国带来的影响

图 3-48　影响我国台风的常见路径 [1]

———————
[1]　图片来源：中国天气网。

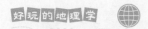

绝不仅仅限于它登陆时的狂风、暴雨和风暴潮，台风带来的灾害也不仅仅分布于沿海地区，当然，台风有弊也有利，随着大气科学的发展，人类对台风的认识也在不断深化。

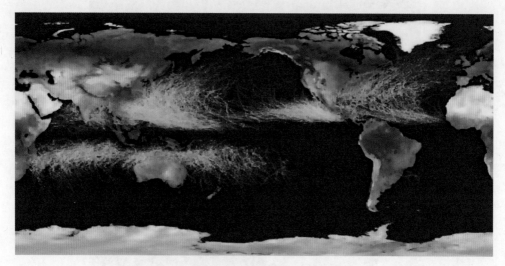

图 3-49　1985—2005 年全球热带气旋路径分布

如图 3-50 所示，台风在我国登陆的时间集中在 6—10 月，其中以 7—9 月最多，占总数的 75%。每年的 11 月至翌年 5 月，一般不会有台风直接在我国登陆。1949 年以来，登陆时间最早的是 2008 年的 1 号台风"浣熊"，于 4 月 18 日在海南省文昌市龙楼镇登陆，也成为最早的初台风（每年登陆我国的首个台风称为初台风）。最晚的初台风是 2007 年的 6 号台风"帕布"，于 8 月 8 日在台湾省的恒春镇登陆。我国登陆时间最晚的台风是 1974 年的 27 号台风"伊玛"，于 12 月 2 日在广东省台山市登陆。我国登陆最强的台风是 2014 年的 9 号台风"威马逊"，于 7 月 18 日登陆海南省文昌市，中心附近最大风力高达 17 级（70 米/秒），中心气压为 890 百帕。以上均是截至 2022 年 7 月的数据，随着时间推移，历史纪录还有被刷新的可能。

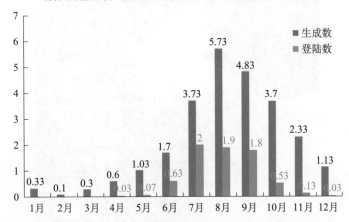

（台风泛指热带风暴、强热带风暴、台风、强台风、超强台风）

图 3-50 1981—2010 年西北太平洋和南海台风平均生成和登陆我国个数[①]

气象大数据显示，从 1949 年至 2019 年的 71 年里，共有 491 个台风登陆我国，从台风登陆地来看，南起海南三亚，北至辽宁营口，均能捕捉到台风的身影，如图 3-51 所示。不过，台风扎堆的登陆点是广东、台湾、福建和海南等地，其中台风在广东登陆最频繁。统计显示，从 1949 年到 2019 年，共有 189 个台风登陆过广东，由于部分台风存在多次登陆的情况，这 189 个台风共计登陆广东 194 次，个数和次数均为全国之首。此外，在这 71 年里，台风登陆台湾、福建、海南的次数均超过 100 次。从统计数据来看，我国北方地区也有台风登陆的情况，从 1949 年到 2019 年，曾有 14 个台风在山东沿海登陆，6 个台风在辽宁沿海登陆。其中，1997 年第 11 号台风"温妮"于 8 月 21 日以热带风暴级别登陆辽宁营口，为登陆我国最北的台风。河北省是 1949 年以来唯一没有台风登陆的沿海省份。河北、北京、吉林、黑龙江等地虽然没有台风正面登陆过，但均受过台风减弱后的低压、台风外围云系或台风变性后的温带气旋影响，甚至有台风途经的情况。

---

① 图片来源：中国天气网。

图 3-51　1949—2019 年台风登陆主要省区次数统计[①]

台风带来的影响首先是强降雨，不管是沿海还是内陆，只要在台风路径上，都有可能受到强降雨的袭击。2014 年 7 月 17—19 日，受台风"威马逊"影响，海南岛北部、中部、东部和西部地区普降大暴雨到特大暴雨，南部地区普降暴雨到大暴雨，其中 18 日 8 时—19 日 8 时，全岛共有 42 个乡镇雨量超过 300 毫米，22 个乡镇雨量超过 400 毫米，9 个乡镇雨量超过 500 毫米，昌江县有 3 个乡镇雨量达到 600 毫米以上。"威马逊"共造成广东、海南、广西、云南至少 88 人死亡，

---

① 图片来源：中国天气网。

1913 公顷农作物受灾，直接经济损失 443 亿元[①]。1975 年的 3 号台风 "妮娜"，于 8 月 3 日以超强台风级别首先登陆台湾花莲，之后穿过台湾海峡再次登陆福建，然后深入内陆，穿过江西、湖南、湖北到达河南。这个台风虽然性子慢，但威力很猛，一路倾泻暴雨，所到之处尽成泽国，尤其是在河南，它带来的罕见强降雨导致了严重的人员伤亡和经济损失[②]。

　　台风还具备 "隔空投送" 强降雨的能力。2021 年 7 月 20 日，郑州仅在下午 16—17 时这短短 1 小时之内，降水量就高达 201.9 毫米，相当于 1 小时下了 2020 年三分之一的雨，这也创造了全球小时雨强的最高纪录。不仅是郑州，就在当天，河南嵩山、偃师、新密、伊川、登封 5 个国家级气象站均突破建站以来日降水量、3 日降水量的历史极值，在原纪录基础上翻倍，3 天下了半年的雨[③]。在当天的卫星云图上可以看到河南一带出现了庞大浓密的降水云团，但这个云团与台风 "烟花" 远隔数千千米，根本看不出两者之间的联系，如图 3-52 所示。但是，一旦你看到从近地面到高空的气流运动情况，两者的关系便一目了然。

图 3-52　2021 年 7 月 20 日 10 时 45 分风云四号卫星云图[④]

---

① 资料来源：中国气象局。
② 资料来源：中国天气网。
③ 资料来源：中国天气网。
④ 图片来源：中国天气网。

原来，台风"烟花"就像一台高速运转的水泵，其北侧强劲的偏东风形成了一条从大洋到内陆长达数千千米的水汽输送急流，为河南暴雨提供了极为充沛的水汽，如图3-53所示。而且，当天为陆地输送水汽的台风还不止一个，远在南海的"查帕卡"东侧的强劲偏南风，也使得南海水汽疯狂涌入内陆。台风的这种远程输送水汽的能力被称为"水泵效应"，这种效应成为我国东部地区强降水的重要诱发因素之一。

图3-53　2021年7月20日台风"烟花"向陆地输送水汽示意图[①]

郑州暴雨的案例刷新了大众对台风的认知，让我们不得不重新审视之前的暴雨案例。在我国历史上，内陆地区受台风影响而形成的暴雨曾多次出现。那些表面上"受其他天气系统影响的暴雨"是不是也可能与台风的"水泵效应"有关？这还有待进一步的研究。

台风的远程控制能力除了表现在降水上，还体现在气温上。台风这一强大低气压的存在，对周边的空气产生了自然而然的抽吸作用，如果在台风的偏北方向有冷高压存在，那么台风的这种抽吸作用就很容易诱导冷空气深度南下，从而给我国东部地区带来大范围的降温。

---

① 　图片来源："中国气象爱好者"微博。

3.4.3　锋面气旋

锋面气旋又称温带气旋，它是气旋与锋面结合在一起的一种常见天气系统。如图 3-54 所示，所有的锋面气旋都有着共同的特点，都是西侧为冷锋，东侧为暖锋。这是怎么回事呢？我们知道，气旋又称低气压，北半球的气旋，气流在水平方向上做逆时针辐合运动，如果这个气旋在温带地区生成，就会造成冷暖空气同时被低气压中心吸引过来，彼此相遇的情况。这样一来，就形成了锋面。在气旋的西侧，是冷空气推动暖空气运动的态势，于是形成冷锋；而在气旋的东侧，则是暖空气推动冷空气运动，于是形成暖锋。这样，冷暖空气被低压中心一起吸引过来并一起旋转，仿佛冷暖气团两股力量扭打在一起，一边是冷空气占优势，而另一边则是暖空气占优势，于是就形成了锋面气旋的结构。当然，这只是近地面的情况，从高空的情况来看，锋面气旋的生成通常跟高空的低压槽有关，其移动也受高空西风带的气流引导，和低压槽一样，自西向东移动。

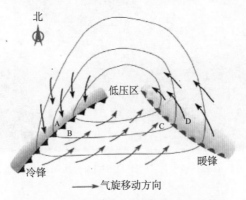

图 3-54　北半球锋面气旋地面形势示意图

锋面气旋会带来什么样的天气呢？这个问题其实不难回答。因为不管是低气压，还是冷锋、暖锋，都是大家熟悉的知识。总的来说，受锋面气旋影响，常常会出现阴雨、刮风以及气温的起伏变化等天气现象。至于具体的天气，不同的地方所处锋面气旋的位置不同，出现的天气现象也会有所差异。例如，受冷锋影响的地区，降温会比较明显；而受暖锋影响的区域，可能暂时不会出现降温的现象。

春季北方大范围的沙尘天气堪称锋面气旋代表性天气的经典范例。

2008年5月26—29日，在锋面气旋的影响下，我国内蒙古多地出现了能见度不足100米的强沙尘暴，北方多省受到影响，出现不同程度的沙尘天气。

2020年5月12日，在锋面气旋的影响下，沙尘与降水一起落下，华北多地下起了"泥点雨"。

2021年3月14—16日，在锋面气旋的影响下，我国出现了近10年来最强的一次沙尘天气过程，影响面积超过380万平方千米，我国西北、华北大部、东北地区中西部、黄淮、江淮北部等地均受到了不同程度的影响，如图3-55所示。

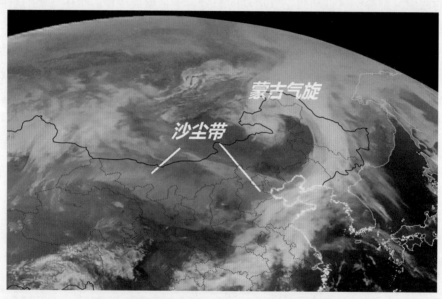

图3-55　2021年3月15日11时15分风云四号卫星云图

2021年3月28—29日，在锋面气旋的影响下，我国北方又出现了一次沙尘天气过程。

像这样的例子还有很多，不胜枚举。可以说，锋面气旋是导致我国北方出现大范围沙尘天气的头号元凶。1961—2000年的气候资料显示，在我国北纬40°一线，晋陕峡谷以西地区平均每年春季出现沙尘天气20~40次，其中塔克拉玛干沙漠多达60次以上；晋陕峡谷以东地区平均每年春季出现沙尘天气也有1~20次不等。那么，为什么会有这样的规律呢？

大范围沙尘天气首先要有沙源，而锋面气旋的道路上遍布着风沙源地。在春季，锋面气旋在北纬 45°一带比较活跃，而这一带，从中亚到我国内蒙古，遍布着风沙的源地，特别是春季，降水少、气温回升快，地表干燥，一遇大风便非常容易出现扬沙。

大范围沙尘天气还需要强风将沙尘吹起来，而锋面气旋中的冷锋起到了大风扬沙的作用。在锋面气旋的后方，往往有冷高压存在；高压中心与低压中心之间是密集分布的等压线，因此，锋面气旋过境必有大风。大风成为起沙的关键。

大范围沙尘天气还需要上升气流的配合，这样才能将沙尘长时间托起。这个任务由锋面气旋中的上升气流完成。沙尘会在气旋的影响下一边旋转一边向高空扩散，范围不断扩大。

最后，要想进一步扩大沙尘的影响，天气系统还得移动。这个条件，锋面气旋照样具备！在高空西风的引导下，锋面气旋一律自西向东移动，这样，沙尘也跟随天气系统一起移动，从而扩大影响范围。

由此可见，在春季，锋面气旋在我国北方的移动路径上，沙源、大风、上升和东移的条件同时具备，因此，锋面气旋成了大范围沙尘天气的标配。

第 4 章
沧海桑田的力量

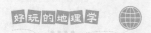

人类生活在地面，然而，地面状况的本原却隐藏在地下，这便是问题所在。这使得地理学和地质学形成了无法割裂的关系。要想学好地理学，我们必须学习一点地质学知识，最起码需要了解一些基本的原理。

4.1 地貌由内外力共同塑造

4.1.1 地球内部潜藏巨大能量

"仰望星空，脚踏实地。"我们身边的绝大部分人一生都踩在坚实而稳定的地面上，根本不会去想地下是什么样子。然而，看似坚实平静的大地，其实只是地球表面一层薄薄的"壳"而已，在这个薄壳之上是冰冷的太空，在这个薄壳之下则是炽热的熔岩。岩石圈的平均厚度约 100 千米，这还不到地球平均半径的 2%。人类虽然不能直接进入地球内部进行查看，但聪明的人类通过对地震波的研究已经得知：地下约 300 千米的深处普遍存在着熔融态的物质。在地球上，有为数不多的几个可以直接看到熔岩的窗口，在那些地方，我们能真真切切地感受到地球内部潜藏的巨大能量。

位于埃塞俄比亚的尔塔阿雷火山就是其中之一，如图 4-1 所示。这座火山有两个火山口，其中一个火山口拥有熔岩湖。自 1906 年以来，这个熔岩湖一直处于活跃状态，直径约 50 米。游客甚至可以借助专业设备到达火山口数米远的地方，感受滚烫的热浪，吸一口满含硫黄味的烟，看到如热粥一样翻滚冒泡的熔岩。

如图 4-2 所示，位于刚果（金）境内的尼拉贡戈火山，则拥有一个

图 4-1　尔塔阿雷火山口的熔岩湖

直径达 250 米的、目前世界最大的熔岩湖。

此外，南太平洋岛国瓦努阿图的马鲁姆火山、夏威夷的基拉韦厄火山、尼加拉瓜的马萨亚火山、智利的比利亚里卡火山，甚至南极洲的埃里伯斯火山，都拥有或曾经拥有熔岩湖。

图 4-2　尼拉贡戈火山口的熔岩湖

壮观的熔岩湖其实只是庞大地球内能的"冰山一角"。地球内能的释放有火山爆发、温泉（见图 4-3）、地热等多种形式。其实，不管在地球的什么地方，只要我们深入地下，就能感受到地下的热量。在一般的钻井深度（不超过 10 千米）范围内，每向下 100 米，温度会升高 2~5℃，平均为 3℃。这被称为地热增温率。在地下更深

图 4-3　温泉（辽宁兴城）

处，增温率会下降。目前研究认为，在地下 100 千米处，温度约 1 300℃；在地下 2 900 千米（地幔与地核界线附近）处，温度约 3 700℃；地心的温度约 4 500℃。

地球内部的巨大能量来自哪里？科学家认为，一部分能量来自地球形成早期大小碎块吸引、碰撞的机械能；更大的一部分能量则来自地球内部放射性元素衰变产生的热能。有些放射性元素的半衰期非常长，能在数十亿年间给地球内部提供热能，例如铀 -238 的半衰期高达 44.68 亿年。这些能量如此巨大，以至于地球形成的早期，整个地球呈熔融态长达几亿年之久[1]，如图 4-4 所示。熔融态的地球造成了地球上物质的重力分异，这使得地球从地

图 4-4　地球形成早期熔融态的想象图

① 吴泰然，何国琦 . 普通地质学 [M].北京：北京大学出版社，2011：20-27.

壳到地核的总体密度越来越大。

　　地球内能的意义十分重大。首先，如果没有地球内能的建造作用，陆地就可能不复存在。地球上凡是高出海面的部分，无时无刻不被各种外力破坏——风吹、日晒、雨淋，重力的拉扯、风沙的打磨、河流的搬运，等等，一旦有条件，陆地便会落入海中。于是，漫长的地质年代过后，地球上所有高出海平面的部分都将消失，地球将被平均深度超过 800 米的海洋彻底覆盖，变成一个实实在在的"水球"。然而事实并非如此——目前地球表面依然有高达 29％ 的比例为陆地，不仅如此，还有正在崛起的高山高原。这一切便是地球内能的功劳。科学家们认为：地球内能是推动大陆漂移、板块运动的基本动力（见图 4-5），正是因为有了内力作用，地球的面貌才会出现沧海桑田的巨大变化，地球的历史才会如此丰富多彩，包括人类在内的陆地生物才有了可以扎根立足的大地。

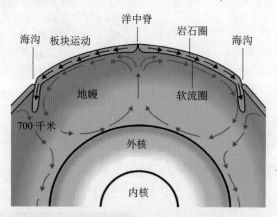

图 4-5　地球内能是板块运动的基本动力

　　其次，地球内能维持了地球的磁场。目前科学界普遍认为：地磁场是因地核内液态物质的流动而产生的，在地核和地幔交界的位置，液态的外核物质形成对流，构成一个巨大的发电机。地磁场就是由这个地磁发电机的电流激发形成的。正是地球内能维持着这个地磁发电机的运转。实际上，巨大旋转导电流体强劲有序的运动是所有行星产生磁场必不可少的条件。

　　地磁场形成于 34.5 亿年前，恰好和地球生命诞生的时间相符。研究者认为，如果那时候没有地磁场的庇护，致命的太阳辐射就会撕开大气层，蒸干海洋，高能粒子将直达地表，生命的演化将无法开展。30多亿年来，地磁场为地球生物屏蔽了来自太阳的高能粒子，并且把这些粒子引导到南北极的高空形成极光，如图4-6所示。科学家推测，一旦地核冷却，地磁场就会消失，在之后的100年里，大气层就会被太阳风吹散，地球生命也将趋于灭绝。根据对火星陨石的研究，科学家发现，早在39亿年前，火星的磁场就因其内部的冷却而消失。没有了磁场的保护，早期可能拥有液态水甚至生命的火星，其大气层在太阳风的剥离下迅速逃逸，表面的液态水也被吹散殆尽，最终变成现在死寂荒凉的状态。那么有人会问，地核会不会冷却？地球内能还能维持多久？据推测，地球内部的放射性物质还可以在接下来的23亿年时间里维持地核的高温，因此人类根本不必担心地磁场突然消失的问题。

图 4-6　地磁场为地球提供保护示意图

　　地球内部的能量也是一种开发潜力巨大的新能源，这就是地热能。地热能的储量十分巨大，理论上，地表以下10千米范围内的地热能是全球油气资源所含能量的5万倍。同时，地热能还具有绿色低碳、可再生、分布广、稳定可靠等特点。特别是与风能、太阳能、水能等相比，地热能不受天气、昼夜、季节、旱涝等因素的影响，十分稳定。如图4-7、图4-8所示，根据地热源温度的不同，地热能开发利用的方式多种多样。

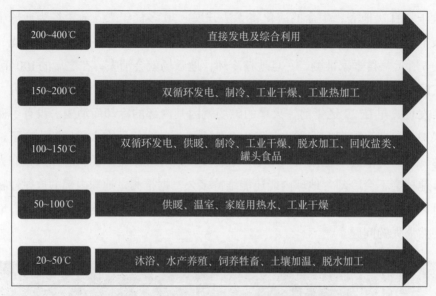

200~400℃	直接发电及综合利用
150~200℃	双循环发电、制冷、工业干燥、工业热加工
100~150℃	双循环发电、供暖、制冷、工业干燥、脱水加工、回收盐类、罐头食品
50~100℃	供暖、温室、家庭用热水、工业干燥
20~50℃	沐浴、水产养殖、饲养牲畜、土壤加温、脱水加工

图 4-7　不同温度条件下地热能的主要利用方式

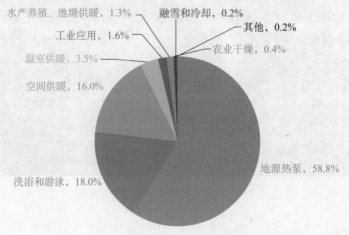

水产养殖、池塘供暖，1.3%　　融雪和冷却，0.2%
工业应用，1.6%　　　　　　　其他，0.2%
温室供暖，3.5%　　　　　　农业干燥，0.4%
空间供暖，16.0%
地源热泵，58.8%
洗浴和游泳，18.0%

图 4-8　2020 年全球地热能各领域直接利用量占比[①]

据 2021 年第六届世界地热大会发布的数据显示，截至 2020 年年底，中国地热直接利用装机容量达 40.6 吉瓦，占全球 38%，连续多年位居世界第一。其中，地热供暖装机容量为 7.0 吉瓦，地热热泵装机容量为 26.5 吉瓦，分别比 2015 年

① 图片来源：2021 年世界地热大会。

增长 138％、125％。北京冬奥会场馆也采用了地热能进行供暖、制冷。不过，地热能不管是在我国还是在世界的能源消费结构中占比依然很小，还不到 1％，未来依然有巨大的发展潜力。

　　西藏的羊八井地热电站是我国最大、运行最久的地热电站，也是世界上海拔最高的地热电站，自 1977 年建成发电以来，一直在安全稳定地运行，为拉萨提供了近一半的电力资源。羊八井地热田位于拉萨市西北约 90 千米处，属于拉萨市当雄县羊八井区，地热田东西长约 20 千米，南北宽约 5 千米，海拔约 4 300 米。这里温泉、热泉、沸泉、喷汽孔、热池、热爆炸穴星罗棋布，一股股蒸腾的雾气随处可见，最为壮观的要数蒸汽井开闸放喷的景象，只要闸门一开，滚烫的热水和蒸气直冲百米高空，十里之外便可听见喷发的吼声，如图 4-9 所示。滚滚热流的羊八井蒸汽田在白雪皑皑的群山环抱之中，形成了一个引人入胜的天然奇观。目前，羊八井地热站已成为重要的旅游胜地。

图 4-9　西藏羊八井地热电站的蒸汽井

　　2021 年 9 月 10 日，国家能源局发布了《关于促进地热能开发利用的若干意见》[1]，提出了我国地热开发的目标：到 2025 年，各地基本建立起完善规范的地热能开发利用管理流程，全国地热能开发利用信息统计和监测体系基本完善，地热能供暖（制冷）面积比 2020 年增加 50％，在资源条件好的地区建设一批

---

① 　关于促进地热能开发利用的若干意见，国能发新能规〔2021〕43 号 – 国家能源局网站（nea.gov.cn）。

地热能发电示范项目，全国地热能发电装机容量比 2020 年翻一番；到 2035 年，地热能供暖（制冷）面积及地热能发电装机容量力争比 2025 年翻一番。

4.1.2　风化作用滋养生命

风化与风其实没有什么关系。风化是指地表或近地表的岩石在温度、水、生物等影响下发生的崩解破坏作用。从风化的定义可以看出，风化作用的对象是岩石，其最终结果是使岩石崩解。具体来说，它涉及物理、化学和生物等方式与过程。

岩石是热的不良导体，在温度变化的过程中，表层与内部会出现受热不均的现象。白天的时候，在太阳辐射的作用下，岩石表层很快升温，受热膨胀，然而其内部由于受热较慢，暂时还没发生膨胀变化；而到了夜晚，白天吸收的太阳辐射终于传导至岩石内部，内部开始受热膨胀，然而岩石表层降温较快，已经转为收缩，这样一来，岩石不同部分不同步的膨胀和收缩，就会导致岩石内部不同部分之间产生力的作用，长期作用的结果就会使岩石发生崩解破碎、表层脱落、棱角逐渐消失。这就是因温度而造成的物理风化，如图 4-10 所示。经过长时间的风化，花岗岩会慢慢变得外表浑圆，向球状发展，这被称为花岗岩的球状风化，如图 4-11 所示。

图 4-10　温度变化导致岩石崩解示意图　　　　图 4-11　花岗岩的球状风化

冻裂风化又称冻融风化或冰劈作用。当水进入岩石裂缝冻结后，冰块会向裂缝两侧施加力的作用，使得裂缝不断加深、加宽。这是因为水在冻结后体积会有

11％左右的增加。当冰融化后，水会再流入裂缝加深的地方，如果温度重新降低至冰点以下，水便会再次结冰膨胀，裂缝就会进一步扩大。这一过程不断重复，最终岩石就会碎裂，如图 4-12、图 4-13 所示。

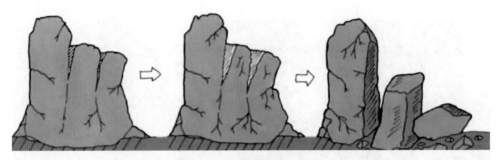

图 4-12　冻裂风化示意图

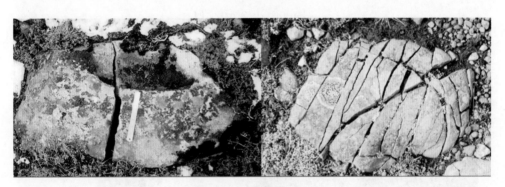

图 4-13　冻裂风化实例

　　冻裂风化在温度接近冰点的寒冷地区十分常见。此外，在干旱区，当岩石裂隙中的水溶解着大量的盐类矿物时，一旦水分蒸发，浓度达到饱和，盐类的结晶也会对其周围的裂隙产生力的作用，使裂隙扩大加深。这种作用与冻裂风化的机理是相似的。

　　生物风化是指在生物生长、活动等因素影响下而对岩石产生的破坏作用，如图 4-14 所示。这种作用既包括物理作用，也包括化学作用。一方面，生物可以导致岩石的机械破坏，如树根的生长可以深入岩石裂缝，劈开岩石；另一方面，植物的根分泌出的有机酸也可以对岩石产生化学作用，促使岩石分解破坏。此外，植物死亡分解可以形成腐殖酸，这种酸分解岩石的能力也很强。动物也是生物风化的重要力量。例如，田鼠、蚂蚁等的穴居特性都会促使岩石破碎、土粒变细。从广义上理解，人类活动也是生物风化的组成部分，尤其是工程建设，如开挖隧道、修路、采矿、建水坝等，都会大大加速工程地区岩石的风化过程。

图 4-14　生物风化实例

风化作用的意义十分重大，风化作用使得地球表面形成了一种既有矿物质又有有机质的特殊物质——土壤，如图 4-15 所示。如果没有土壤，陆地上将很难有生物生存。

有机层
腐殖质层
淋溶层
淀积层
母质层
母岩层

图 4-15　风化是土壤形成的必要条件

风化作用滋养生命，对陆地和海洋都是如此。陆地岩石风化形成了沙尘等富含矿物质的小颗粒，只有把这些物质源源不断地输送至海洋，海水才能得到各种营养元素，生态系统才能维持繁盛状态。许多研究表明，海水中的铁和磷元素作用尤其重大。大洋中部的很多地方，由于铁元素或磷元素的匮乏，浮游生物难以生长，食物链无法建立，于是，这类海域的生产能力跟陆地上的沙漠差不多。而那些近岸的海域，往往容易成为海洋生物的乐园，如图4-16所示。这是因为，近岸海域通过沙尘暴、地表径流等方式接收了来自陆地风化的营养元素，支撑起了庞大的食物金字塔。例如，亚洲的沙尘暴使西北太平洋沿岸海区形成了全球海洋中土壤沙粒沉降量最大的海域，中亚沙尘暴所提供的尘埃使中国东南沿海直到阿拉斯加之间的海域产生了极其丰富的渔业资源。又如，撒哈拉沙漠扬起的沙尘通过信风输送到大西洋，使得非洲西海岸形成了广阔的渔场。

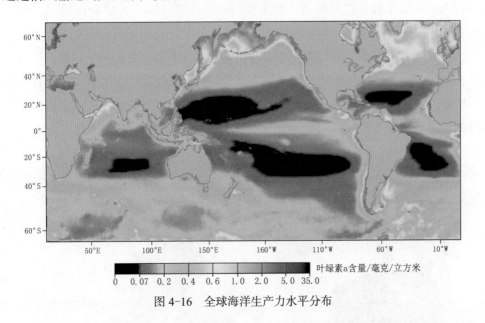

图4-16　全球海洋生产力水平分布

"陆地风化物输入海洋—营养元素丰富—浮游生物繁盛—食物链建立—渔场形成"这条逻辑链在太空中清晰可见：在那些生产力高的海区，规模庞大的浮游生物在海洋表层形成了一条条蓝绿色的条带，在遥感图中一目了然。人们甚至可以通过观察这些浮游生物的分布特征来跟踪鱼群，提高捕捞的精准度。

4.1.3　砂纸、喷枪和推土机

与风化慢条斯理的作用方式不同，侵蚀是指各种外营力借助"运动"过程造成的破坏作用，其作用对象既可以是岩石，也可以是岩石的风化物。侵蚀因运动而产生，因此那些被侵蚀掉的碎屑物质会被立即搬运带走，并不像风化那样停留在原地，这是侵蚀与风化的重要区别。造成侵蚀的，可以是地球表面的各种动态的外营力：风、流水、冰川、海浪等。这些外营力仿佛是看不见的手，操控着砂纸、喷水枪或推土机等工具，在不停地改造地貌。

在干旱区，风是塑造地貌的主要外营力。这些地区风沙活动频繁，大风裹挟不同大小的沙尘颗粒掠过地表，就像在用砂纸打磨一样。如图4-17所示，接近地表的气流中含沙量大、颗粒较粗，导致岩石的低处受风沙打磨得更为强烈，往往容易形成上大下小、形似蘑菇的岩石，称为风蚀蘑菇。由此可见，风力侵蚀在很多情况下其实是风沙侵蚀。除了风蚀蘑菇，风力侵蚀还可以形成风蚀垄脊、风蚀城堡、风蚀洼地等不同的地貌形态。上述各种风蚀地貌组合在一起，构成了独特的雅丹地貌，如图4-18所示。"雅丹"是维吾尔语，原意是"具有陡壁的小丘"，后泛指风蚀垄脊、土墩、风蚀沟槽及洼地的地貌组合。20世纪初，中外学者在罗布泊西北部的古楼兰附近联合考察时，发现这种奇特的地貌，并根据维吾尔族人对它的称呼来命名，译成了"雅丹地貌"。

蘑菇石

沙砾

搬动沙砾的风

砾石荒漠

图4-17　风蚀蘑菇及其成因示意图

图 4-18 雅丹地貌（甘肃敦煌）

在湿润区和半湿润区，流水是主要的侵蚀力量。其实，流水是地球表面最为强大而普遍的一种外力作用。水流对地表的侵蚀冲刷如高压水枪一般，不论是常年流淌的河流，还是因降水而出现的暂时性径流，对地表的侵蚀力都是强大的。如图 4-19 所示，黄土高原上的沟壑就是在降水集中、多暴雨的气候背景下，因坡面径流的侵蚀而形成的。流水的侵蚀造成了水土流失，使得水和土壤资源同时受损，这是全球许多农业区面临的一个严重问题。

图 4-19 黄土高原上的沟壑

降雨形成的坡面径流，其侵蚀力不容小觑。有研究表明，几千万年来，随着喜马拉雅山的隆起抬升，其迎风坡对水汽的阻挡也逐渐加强，年复一年的降雨对山体造成了巨量的侵蚀，外力的侵蚀与内力的抬升不停对抗，尽管内力作用造成的抬升量高达 2 万米，但侵蚀竟然消耗了其中的 1.2 万米！发源于喜马拉雅山的恒河，每年能将 10 亿吨的岩石侵蚀成粉末，搬运到印度洋中。

V 形河谷是流水下切侵蚀的杰作，巨大的 V 形河谷往往出现在地表强烈隆起的区域。如图 4-20 所示，在青藏高原的边缘，内力的抬升与河流下切相互配合，形成了不少深达几千米的壮观峡谷。

图 4-20　香格里拉大峡谷
（云南迪庆）

流水侵蚀的强大作用还体现在溯源侵蚀上，其表现是瀑布的位置不断向其源头方向移动。如图 4-21 所示，北美洲尼亚加拉大瀑布的强大水流常年冲蚀下方的岩石，使得崖壁不断坍塌，致使瀑布逐步向上游方向后退。据 1842—1927 年的观测记录，瀑布平均每年

图 4-21　尼亚加拉大瀑布

后退 1.02 米，落差也在逐渐减小，这样下去，再过 5 万年左右，瀑布将完全消失。为了挽救尼亚加拉大瀑布，20 世纪 50 年代以来，美国、加拿大两国政府耗费巨资，采取了控制水流、用混凝土加固崖壁等措施，才终于遏制了流水侵蚀，使瀑布后退速度下降到每年不到 3 厘米。

在地势低平的平原地带，河流的下切力量已经很弱，但流水侧向侵蚀的力量依然十分强大，特别是在河流凹岸，侵蚀更加显著，如图 4-22 所示。

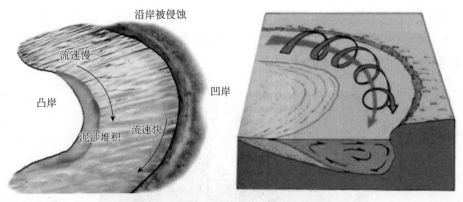

图4-22 流水侵蚀在河流凹岸更显著

以黄河为例，每到汛期，奔腾的河水对其下游河岸、堤防的冲击、侵蚀突然加剧，又因为黄河携带泥沙多，原有的河道容易淤积，水位上涨也更明显。水位上涨与侵蚀、淤积相互配合，形成了黄河下游频繁改道、变迁无常的特点。在1946年以前的几千年中，黄河决口泛滥达1 593次，较大的改道有26次。改道最北的经海河，出大沽口；最南的经淮河，入长江。在黄河下游流传一句俗语：三十年河东、三十年河西。这是黄河下游"善淤""善决""善徙"特征的真实写照。

与流水相比，冰川的破坏力就更强大了。冰川可以携带并推动大量的砂石一起前行，扫清其前进道路上的一切障碍，对地表的作用简直就像推土机一样。被冰川刨蚀过的地方，可以出现宽阔的U形谷、巨大的冰斗、洼地、波状起伏的平原等各种形态；被冰川刮擦过的岩石表面，会留下深深的伤痕。在末次冰期冰盛期，全球冰川总面积达4 500万平方千米，约占全球陆地面积的30%，相当于现代冰川面积的3倍。

北美洲著名的五大湖，就是冰川刨蚀作用形成的。在末次冰期，五大湖地区的冰盖厚度达2 400米左右，巨大的压力和冰川的运动使原有低洼谷地松散的沉积层和较软的岩层被带走，谷地不断拓宽、加深，五大湖以南即冰川的南缘，冰川所携带的泥沙和大小石块在这里不断堆积，形成终碛丘，这样就形成了五大湖巨大的湖盆。五大湖只是北美大陆上千千万万冰川湖的代表，在加拿大，我们还可以找到数万个类似的冰川湖。

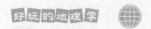

　　在美国纽约中央公园的基岩上，我们可以轻松地找到冰川擦痕，如图 4-23 所示。面对着身边的高楼大厦，再想象一下冰河世纪的场景，我们不得不感叹气候的巨变和自然力的强大。

图 4-23　美国纽约中央公园基岩上的冰川擦痕

　　在亚欧大陆的中高纬度特别是欧洲地区，冰川留下的痕迹也十分普遍。

　　首先是北欧的峡湾。如图 4-24 所示，斯堪的纳维亚半岛西侧的海岸线具有明显的锯齿状特征，海岸线十分曲折，分布着大量深入内陆的海湾，这些海湾通常呈条带状、相互交错分布，分割着海岸陆地，这些海湾就是峡湾。冰川在滑向大洋的过程中向下侵蚀，后来冰川消融，海平面上升，峡湾便出现了。在历史上，这片地区是维京人生活的区域，而多海湾的峡湾地貌成了维京海盗天然的藏身之处。

图 4-24　从遥感图上看斯堪的纳维亚半岛西侧的峡湾

其次是北欧数以万计的冰蚀湖。被称为"千湖之国"的芬兰，其境内大大小小的湖泊总共约有 18.8 万个，数量排名世界第一。

冰川曾在欧洲广泛分布的另一个有力证据是西欧平原、波德平原等地波状起伏的地貌特征，如图 4-25 所示。这种现象十分独特，与世界上主流的平原差异明显。因为世界上其他地区的平原多为河流冲积而成，十分平坦。而欧洲西部的平原则是冰川侵蚀而成，冰川扩张和流动的过程有点像压路机碾压与推土机前进的相互配合，由于地表软硬不均和冰川侵蚀的差异，加上冰川携带物质在冰川前缘的堆积，造成了欧洲平原波状起伏的地貌。

图 4-25　德国北部波状起伏的平原

4.2　地层和岩石诉说着过去的故事

4.2.1　凭什么相信

地球已有 46 亿年的历史，在如此漫长的地质年代里，发生过很多我们无法亲眼看见的事件。有人说地球曾经历过"雪球地球"状态，有人说地球历史上曾出现过长达200万年的暴雨，有人说地球曾经历过数百年的森林大火，还有人推测地球曾遭遇大量陨石的"集中轰炸"……那么问题来了，我们凭什么相信？这是摆在所有人面前的一个大是大非的问题。

1830—1833年，英国地质学家莱伊尔发表了三卷本的《地质学原理》，提出了几个影响极其深远的观点。第一，改变地球面貌的力在全部地质历史中就其性质和强度看是一样的，即同一性原则；第二，这些力的作用缓慢，但从不间断；第三，这些缓慢变化经过漫长地质历史的累积，就导致了地球面貌的巨大变化。莱伊尔学术思想的重要意义在于地质学家可以通过对现在地质过程的研究，推断地质历史中曾经发生的地质过程，这一思想使地质学的研究发生了质的飞跃[1]。这一"将今论古"的思想被英国地质学家盖基概括为一句格言：现在是理解过去的一把钥匙。

举例来说，现代造礁珊瑚主要生存在热带浅海中，在年平均温度低于18℃的海域只能生存，不能造礁。根据这一现象，我们运用"将今论古"的思想，就有理由相信地层中此类珊瑚礁化石的存在意味着当时的沉积环境为热带浅海。同理，有滴水尖的大叶是热带雨林的特征，披毛犀的长毛意味着气候寒冷，厚煤层的出现一般表明气候环境温暖湿润，树木年轮的宽窄对应着水热条件的变化，等等。

除了生物，还可以利用矿物的性质推断地质史上的故事。如伊利石和高岭石均属于黏土矿物。伊利石在赤道地区土壤中的含量低，其含量随纬度升高而增高，高岭石则相反，在赤道强烈化学淋溶地区含量最高。根据这一特性，研究不同地层中沉积的伊利石和高岭石的含量就可以推测当时的环境。有人调查了亚马孙河口地区不同时期的沉积物，结果发现：全新世时期的沉积物中高岭石含量较高，而末次冰期时期的沉积物中高岭石含量较少、未分解的方解石含量较多。这说明该地从全新世直到今天都是湿热的雨林环境，而在末次冰期曾是相对干燥的热带草原。

除此之外，我们借助放射性同位素来测年，其本质依然是"将今论古"思想的运用。因为同位素测年的前提是：我们相信放射性同位素的半衰期是恒定不变的，其衰变规律不管是在现在还是过去，都没有任何区别。用同位素的衰变规律

① 吴泰然，何国琦.普通地质学［M］.北京：北京大学出版社，2011：1.

测年，这一天才的想法是居里夫人于 1902 年首先提出的。1907 年，美国化学家和物理学家博尔特伍德提出了"铀—铅测定法"，因为铅是铀放射衰变的最终产物，只要知道一块岩浆岩中铀和铅的比例，就可以计算出这块岩石自形成开始历经了多长时间的衰变，也就是岩石的年龄，这就是同位素定年法。从那时起，同位素定年法就成了地质学家手中的利器。1956 年，加州理工学院的克莱尔·帕特森采用陨石的铅同位素定年法首次测得了地球的准确年龄——（45.5±0.7）亿年，这与目前公认的地球年龄十分接近。

"将今论古"的思想还体现在对沉积地层相对地质年代的分析当中。在研究地球演化或者地质过程的时候，有时候并不一定需要知道地质事件发生的准确时间，而只需要搞清楚它们之间的先后顺序。丹麦人斯坦诺将生物学知识应用到化石研究上，创立了生物地层学的原理，也就是同一套化石对应相同年代的地层，如图 4-26 所示。他还提出了三个定律，从而奠定了相对地质年代研究的基础：一是地层层序律，也就是先沉积的在地层下部，后沉积的在地层上部，原始沉积地层越往下越古老；二是原始连续性定律，即沉积过程如果没有干扰因素，则原始的沉积地层一定是连续的；三是原始水平性定律，即原始条件下形成的沉积地层一定是水平的。

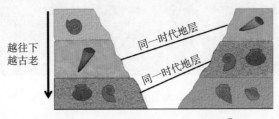

越往下
越古老

同一时代地层

同一时代地层

图 4-26　相对地质年代分析示意图 [1]

这种只确定地质事件发生先后顺序的方法称为相对地质年代分析。在没有条件确定绝对年龄的时候，地质学家一直采用的就是这套分析方法，时至今日，相对地质年代依然是分析地层、研究地质过程的主要手段。

有了相对地质年代和绝对地质年代的相互配合，我们才得以拥有地质年代

---

[1]　据人民教育出版社《普通高中教科书 地理 必修 第一册》第 15 页图 1.23 修改。

表。如图 4-27 所示，这张表的一些细节仍在跟随着科学进展的脚步而不断地更新、完善。

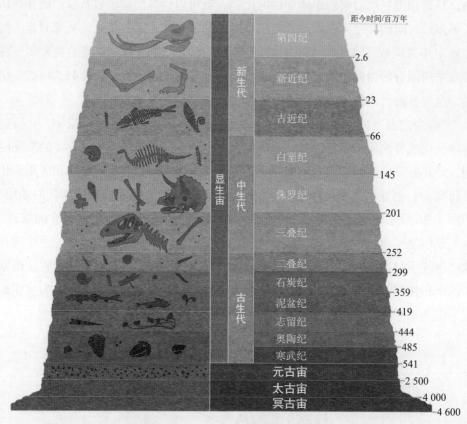

图 4-27　地质年代表①

4.2.2　地球的史书

如图 4-28 所示，沉积岩就像地球的史书，其层理如书页一般，让人有一种想翻开看的冲动。特别是沉积岩中的化石，就像书籍里的插画一样引人入胜。人

---

① 人民教育出版社，课程教材研究所，地理课程教材研究开发中心. 普通高中教科书 地理必修 第一册［M］.北京：人民教育出版社，2019：15.

类正是由于翻开了沉积地层这部史书，才了解到地球历史上那些难以置信的、具有画面感的场景。

图 4-28　沉积岩的层理（山东山旺国家地质公园）

　　1984 年 6 月中旬，刚刚从中国科学院南京地质古生物研究所硕士毕业的侯先光，来到云南省澄江县（现澄江市）的帽天山，寻找曾经生存于寒武纪的高肌虫化石。他住在野外地质勘查人员的工棚里，天天早出晚归，爬过崎岖的山路，到选点搜寻古生物化石，每天劈开的石头常常有两三吨重。然而，他这样辛苦工作了一个多星期却依然两手空空、一无所获。7 月 1 日下午 3 点左右，侯先光一抬脚，突然碰掉了一片松动的岩层，一块形状奇特又保存完整的化石露了出来，欣喜若狂的他立即判断出这是一块寒武纪早期的无脊椎动物化石。他再接再厉，当天就发现三块具有重要研究价值的化石，经过进一步鉴定，这三块化石分别是纳罗虫、腮虾虫和尖峰虫。这如同打开了一扇古生物宝库的大门，在此后的数天里，侯先光陆续发现了节肢动物、水母、蠕虫等许许多多同时期的古生物化石。返回南京后，他与导师张文堂教授一起撰写了论文《纳罗虫在亚洲大陆的发现》，在论文中将澄江的动物化石定名为"澄江动物群"。论文一经发表便轰动世界。此后，诸多科学家们从未见过的奇特古生物陆陆续续重见天日，如图 4-29 所示。中国科学院南京地质古生物研究所陈均远教授、西北大学舒德干教授等人陆续加入研究行列，科学家们在《自然》和《科学》等国际权威学术刊物上发表了一系列文章，向世界展示了 5.3 亿年前的寒武纪生命大爆发的壮观场景。1991 年 4 月 23 日，美国《纽约时报》以头版头条并附配精美图片介绍中国帽天山动物群的发现，指出："澄江动物群的发现是 20 世纪最惊人的科学发现之一。"2012 年 7 月 1 日，第 36 届世界遗产委员会会议宣布：澄江化石地被列入世界遗产名录。这是亚洲唯一的化石类世界遗产。截至 2022 年，澄江化石地已发现 20 个门类、280 余个物种的化石，且有 80% 是新种。澄江化石群是迄今为止地球上发现的分布最集中、保存最完整、种类最丰富的"寒武纪生命大爆发"的例证。

图 4-29　澄江化石地发现的古生物化石

　　门类丰富的澄江动物化石之所以能完好地保存下来，得益于极其特殊的自然环境和契机。在寒武纪早期，滇东、黔西、两广一带是温暖的海域，澄江位于靠近陆地的浅海。在温暖的海洋中，海绵、蠕虫、节肢动物等底栖动物，水母等浮游动物以及多门类的游泳动物与藻类植物欢聚一堂，呈现一片生机盎然的景象。突然某天发生了某个事件，也许是地震，也许是突如其来的滑坡或洪水、风暴等，这些海洋生物被意外涌来的大量淤泥瞬间掩埋，隔绝了空气和各种扰动，就连水母的软体组织都留下了清晰的印痕化石。这一下就保存了 5 亿多年，直到被人类发现，不得不说是个奇迹。如图 4-30 所示，澄江化石地已建立世界自然遗产博物馆，这里不仅是科研的圣地，也是科普教育的课堂。

图 4-30 澄江化石地世界自然遗产博物馆

保存在沉积岩中的化石，拥有穿越时空的力量，帮助人类看到了亿万年前地球上的景象。除了云南澄江，我国著名的化石发现地还包括辽宁朝阳北票、山东临朐山旺等地。

除了化石，沉积岩本身就在诉说其形成的环境。例如，砂岩由直径介于0.05~2毫米的砂粒压实胶结而形成，其组成成分主要是石英和长石，与现在的河口或浅海沉积的细沙差不多。因此，砂岩的形成与大江大河的沉积或浅海的沉积关系密切。如图 4-31 所示，在天津的蓟县大红峪组，可见砂岩上呈现出 16 亿年前留下的清晰波痕，暗示了当时位于浅海的沉积环境。

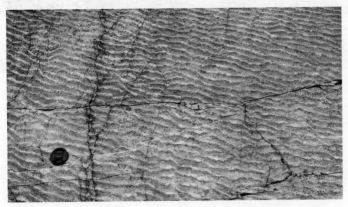

图 4-31 天津蓟县大红峪组砂岩地层上的波痕[①]

① 图片来源：https://blog.sciencenet.cn/blog-39317-1139189.html.

砾岩是指由30％以上直径大于2毫米的颗粒碎屑组成的岩石。实际上，组成砾岩的碎屑大小差异可以很大，一块砾岩可以同时含有直径几毫米到10厘米的碎屑。由此可见，砾岩在形成之前往往分选比较差，这反映了其强大的搬运动力和快速的堆积过程。在高山的隆起过程中，其山麓地带往往容易形成巨厚的砾岩层，那是由于伴随着山体的抬升、风化和侵蚀加剧，碎屑物质不断随洪流在山下快速堆积而造成的。在天山、昆仑山、祁连山的山麓地带，都能找到一套晚新生代洪积相砾岩层，称为"西域砾岩"。这套地层生动地记录了西北造山带的隆升过程。如图4-32所示，云南丽江古城的铺路石是一种五彩砾岩，这套砾岩是伴随着青藏高原的隆升，在玉龙雪山的山麓地带因冰川堆积压实固结而成的。

图4-32　丽江古城用来铺路的砾岩

石灰岩又称灰岩，其化学成分是碳酸钙，形成于海洋环境。由于海洋中钙质丰富，很容易形成碳酸钙沉淀下来，经过漫长的地质年代，就形成了石灰岩。有些石灰岩则直接由海洋生物的钙质遗体层层叠叠堆积在一起而形成，被称为生物骨架灰岩。2021年4月，贵阳龙洞堡国际机场（简称贵阳机场）的洗手间突然火了，起因是中国矿业大学地质系主任陈尚斌出差时，在贵阳机场洗手间发现洗手池台面上布满化石，随手拍照并发到朋友圈，后经专家鉴定这是4亿多年前志留纪的五房贝化石，如图4-33所示。原来，五房贝介壳灰岩磨光后很美观，有点像青花瓷，如图4-34所示。很多石友们将它作为观赏石欣赏，有的石材厂将它加工成装饰板材出售。贵阳机场洗手间的台面正是当地石材厂加工销售的。其实，在石灰岩当中看到古生物化石是再正常不过的事情。

图4-33 贵阳机场洗手间台面

图4-34 经过打磨抛光作为观赏石的五房贝介壳灰岩

4.2.3 凝固的痕迹

所有的岩浆岩皆由岩浆冷凝而成，由于冷凝的过程不同，就产生了不同的凝固痕迹，弄懂了这些痕迹的含义，我们就能了解过去发生的故事。

"柱状节理"是一种不难见到的地质景观，在我国比较有名气的有香港西贡石柱、南京六合桂子山、福建漳州滨海火山国家地质公园（林进屿、南碇岛）、浙江临海桃渚、云南腾冲柱状节理等，如图 4-35～图 4-37 所示。世界上比较著名的有北爱尔兰的巨人之路、冰岛的黑沙滩柱状节理带、韩国济州岛柱状节理带等。这些无一例外都是岩浆快速凝结的产物，通常是玄武岩柱状节理，以六棱柱为多。其形成过程大体如下：炙热熔岩流不断从火山口涌出并向四处流溢，随着流动逐渐停止，表面的岩浆迅速冷却，下面的岩浆则因温度逐渐降低呈半凝状，岩浆内部出现多个温度压力中心，岩浆向温度压力中心逐渐冷却、收缩，产生张力场，在垂直岩浆冷却面方向上形成一个个裂隙面，最终完全固结成为紧密排列的多棱柱体集群。

图 4-35　玄武岩柱状节理之一（福建漳州）

图 4-36　玄武岩柱状节理之二（广东徐闻）　图 4-37　玄武岩柱状节理之三（云南腾冲）

　　形成玄武岩柱状节理的冷却凝固速度已经很快了，如果玄武岩冷却凝固的速度更快，就会形成气孔构造、枕状熔岩、绳状熔岩、火山弹等。

　　具有气孔构造的玄武岩形成于饱含气体的岩浆快速流动和冷凝的过程中，有的气孔占比之大，甚至能让玄武岩在水中浮起来，形成所谓的"浮石"。岩浆喷出后大量气体逸出的现象，类似于打开啤酒或可乐时出现气泡的过程。那些气体原本在高温高压的条件下溶解潜伏在岩浆当中，一旦到达地表，压力释放，便争相逃逸。许多小气泡还没来得及浮到表面，就已经被冷却的岩石封锁，足见冷却凝固的速度之快。玄武岩这个名字来自日本，玄的意思就是黑。玄武岩因含有大量铁镁化合物，多呈现黑色、黑褐色或暗绿色。但有些饱含气孔的玄武岩却呈现红棕色，这是因为其形成于岩浆的最上部，与空气接触充分，其中含有的铁元素被氧化成了三价铁而显红色。如图 4-38 所示，在山西大同火山群国家地质公园，这样的气孔状玄武岩随处可见。

图 4-38　具有气孔构造的玄武岩

火山弹是火山激烈喷发的产物，如图4-39所示。伴随火山喷发，熔岩像炮弹一样被抛射到空中，一边飞行，一边旋转、冷却，于是形成岩石团块，这就是火山弹。它的形态多种多样，常为面包状、纺锤形、椭球形、梨形、麻花形、流弹形和不规则形等，

图4-39　火山弹

一般长度为2～50厘米，越大的火山弹越是降落在离火山口近的地方，如火山口附近及火山锥的斜坡上，地质学家据此可以确定古火山口的位置。国内外火山弹的产地很多，主要为新生代火山分布区。中国北起黑龙江省的五大连池、山西大同，南至海南岛都有产出，但由于人为采集和破坏，十分完整的已不多见。火山弹可以直接反映岩浆的成分和物质来源，是有科学价值的观赏石种之一，越来越受到观赏石收藏者的青睐。

绳状熔岩则为我们生动展现了岩浆在地表流动推行的状态，如图4-40所示。在流动的过程中，岩浆表层快速冷却凝结形成薄壳，但内部还是熔融状态，仍具有塑性，表层薄壳受到下方流动熔岩的推挤拖曳，发生塑性变形，于是形成绳状形态。如图4-41所示，熔岩流表面的皱纹多呈弧形，弧顶所指方向一般就是熔岩流动方向。现在，在夏威夷活跃的火山口附近依然能看到正在形成的绳状熔岩。

图4-40　绳状熔岩（黑龙江五大连池）

图4-41　正在冷却凝固的绳状熔岩

如图 4-42 所示，枕状熔岩是火山在水下（多为海底）喷发形成的，外形浑圆，形似堆叠在一起的枕头。其形成原理如图 4-43 所示，当熔岩从水下流出时，低温的水导致熔岩快速冷却，使熔岩流表面形成有一定韧性的固体外壳。随着熔岩流内部压力增大，外壳破裂，就会像挤牙膏一样，挤出新的熔岩，随后再次形成外壳；如此循环往复，便产生一个个枕状熔岩堆积在火山口附近。由于地壳运动，曾经的海底也可能升至海平面以上，因此枕状熔岩便可能出现在陆地上，人们也可以据此判断，这里曾是一片海洋。

图 4-42　枕状熔岩（夏威夷）

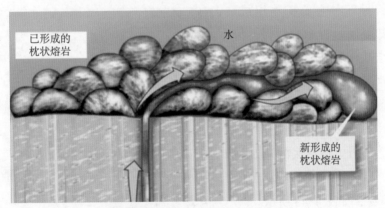

图 4-43　枕状熔岩形成原理示意图

　　1980 年 6 月，在西藏那曲市安多县东巧区附近第一次发现了一套保存很好的枕状熔岩。后来，科学工作者在西藏日喀则市江孜县群让乡发现了规模更大的枕状熔岩，核心区面积达 1.4 平方千米，如图 4-44 所示，这里保存了完整、典型的海底熔岩地貌，是喜马拉雅—特提斯海最终闭合的一次大规模板块俯冲事件的直接产物，是学术界公认的亚欧板块与印度板块碰撞的主要物证，现已建成"西藏群让枕状熔岩自然保护区"①。

喷出型岩浆岩冷却速度快，岩浆内部的物质还来不及分异和结晶就已凝固，因此很难形成肉眼可见的晶体结构，只能用显微镜才能分辨出矿物晶体颗粒。这种状态被称为"隐晶质"，玄武岩就是这类岩石的代表。而侵入岩是岩浆侵入岩石圈内的某一部分并经过缓慢冷却而形成的，由于岩浆中的矿物有充足的时间形成结晶，因此其晶粒粗大，这种结晶类型称为"显晶质"。

图 4-44　工作人员在拍摄一块枕状熔岩（西藏群让）

最常见的侵入岩是花岗岩。花岗岩是大陆地壳的主要组成部分，是岩浆在地下深处冷却凝固而形成的，由石英、长石、云母三种主要矿物组成。由于冷却凝固过程十分缓慢，因此矿物结晶十分充分。花岗岩的语源是拉丁文的 granum，意思是谷粒或颗粒。花岗岩质地坚硬、耐磨、耐压、耐火、耐酸、耐碱、抗腐蚀，是历史最悠久的建筑材料，建筑界公认的上等石材，应用极其广泛，如图 4-45 所示。

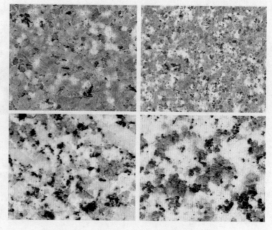

图 4-45　常见的花岗岩石材

---

① 资料来源：http://society.people.com.cn/n1/2018/0810/c1008-30220272.html.

4.2.4　变化的玄机

大部分石灰岩都其貌不扬，但如果接触到岩浆经过变质作用，就会摇身一变形成大理岩，身价马上就不一样了。变质作用是指地壳内原有岩石在地球内能作用下，在基本保持固态的情况下，其结构、构造和矿物成分发生变化，成为一种新的岩石的转变过程。石灰岩变为大理岩，虽然其化学成分基本没变，但是大理岩的颜色、花纹、质地与原来的石灰岩相比都发生了显著的变化。大理岩因其著名产地（云南大理）而得名，是具有粒状变晶结构的碳酸盐质变质岩，所含的晶粒大小不一，大多为微晶或细晶，但有的也可以达到粗晶甚至巨晶状态，这是由变质作用的程度所决定的。从颜色上来分辨大理岩并不难，它的颜色通常较浅，一般以白色和灰色居多，但也会因为含有蛇纹石、透辉石、金云母、橄榄石、氧化铁等矿物而出现不同程度的绿色、黄绿色、褐色、粉红色等颜色。在建筑方面，由于大理岩软硬适中，便于铁器雕琢且不易崩裂，被认为是雕刻佛像、人物、动物、石碑、栏杆等的优良石材。

如图 4-46 所示，产于云南大理的带有白色、黑色花纹的大理岩，其剖面可以形成一幅天然的水墨山水画，自古以来就深受人们喜爱，被制作成画屏用于观赏。如图 4-47 所示，大理岩也因其漂亮的花纹而被广泛用于高档住宅、豪华酒店的装修当中，在石材市场上大受欢迎。纯白的大理岩被人们称为汉白玉，被大量用于明清故宫的建造和装饰上。如图 4-48 所示，意大利的许多经典雕塑，也是选用纯白的大理岩作为原料，石材细腻的质地与人类精湛的技艺完美结合，让坚硬的石材宛若肌肤，让冰冷的雕塑栩栩如生。

图 4-46　用大理岩制作的画屏

图 4-47 大理岩的开采

图 4-48 大理岩雕像名作《摩西》

变质岩的玄妙之处在于变化。在一些特殊的条件下，原有的岩石会转化成价值不菲的玉石。和田玉和翡翠都是人们熟知的玉，它们都是在极其特殊的条件下经过变质作用而形成的。

和田玉在我国历史文化中占有重要的地位。如图 4-49 所示，珍藏于陕西历史博物馆的西汉国宝级文物"皇后之玺"是和田玉中的名品，其质地为新疆和田羊脂玉。如图 4-50 所示，2008 年北京奥运会会徽徽宝"中国印"也是采用新疆和田玉作为材料。和田玉的矿物组成为透闪石，是一种由微晶透闪石集合体构成的单矿物岩，杂质矿物极少，且透闪石微晶粒度均匀，交织成毡毯一般，这是和田玉质地细腻、致密坚韧的重要原因，而这种结构在其他玉石中少有。和田玉在其矿脉中也有其独特的有序分布：靠近侵入岩的一侧为青玉，随着氧化亚铁含量的减少，依次过渡为青白玉和白玉。而世界其他软玉多呈绿色，还没有发现能达到和田白玉这种级别的玉石。和田玉独特的性状和其稀有的特点来源于其形成过程的复杂性。

图 4-49 "皇后之玺"玉印

图 4-50 2008 年北京奥运会会徽徽宝——"中国印"

在十几亿年前，昆仑山脉北部是一片浅海，海底沉积了大量的碳酸盐，其中含有镁质的白云岩是和田玉得以形成的基础。后来地壳运动，浅海地带慢慢隆起，在广泛的区域变质作用中，白云岩变质为白云石大理岩。再后来，到了两亿多年前的古生代晚期，地壳运动再次活跃，岩浆上涌，白云石大理岩接触到中酸性岩浆，在温度处于 300~400℃、压力处于 2 500 个标准大气压的条件下再次发生接触交代变质作用，最终形成了和田玉。由此可见，新疆和田玉的形成条件极其苛刻、复杂，这种地质背景造就了和田玉的稀缺和独特。

4.3　矿产资源与地质灾害

4.3.1　"厚此薄彼"是常态

人类从石器时代一路走来，对岩石、土壤和矿产的利用一刻都没有停止。对金、银、铜、铁等金属的开发伴随着整个人类文明进程；对煤炭、石油、天然气等能源矿产的利用推动着工业革命和世界经济的大发展。直到目前，人类依然在努力探寻地下的宝藏。大量的研究表明：矿产资源的分布虽然有一定的规律可循，但总体上是极其不均衡的。例如，南非的一个金矿就拥有了世界黄金储量的一半，一个波斯湾地区就拥有了世界石油储量的一半，这样的例子比比皆是。可以说，"厚此薄彼"是各种矿产资源分布的基本状态。矿产资源分布的不均衡性深刻地影响了人类历史的进程，影响了当今世界的经济格局和地缘政治格局。

以南非为例，它的矿产资源种类繁多，并且储量巨大，品质极优。其资源总量占非洲的 50%，居世界第 5 位。南非境内现已发现矿产达 60 多种，并且多种矿物的储量在世界上名列前茅，其中以黄金最为著名。据世界黄金协会公布的数据，截至 2019 年底，人类已开采出了 19.8 万吨黄金，其中南非的兰德金矿就贡献了 4 万吨以上，这个金矿的可开采储量目前仍高达 1.8 万吨，是世界上最大的金矿区。如图 4-51 所示，该地区于 19 世纪 80 年代首次发现黄金，这些黄金嵌在一种砾岩中，随后开采规模不断扩大，发现的矿区越来越大。兰德盆地含金砾岩位于元古代地层，金矿带总长 480 千米，含矿面积 2.07 万平方千米，最大的主矿带长达 190 千米，含矿层 200 多层，含矿层总厚度为 100 多米，主矿层 10 层，厚度为 0.15~1.14 米，含金品位高达 7~20 克 / 吨。上天为何如此眷顾南非？地质学家们研究后发现了南非地质环境的独特性。首先，南非拥有一块稳定、巨厚的古老地壳，其年龄可达 36 亿年，这种古老的地壳为多种矿产的富集提供了基础条件。其次，南非经过了一系列复杂的板块撞击和岩浆活动，通过这些内力作用，岩浆把各种矿产带到了地表附近，又经历了地壳运动、陨石撞击等一系列复杂作用，形成现在矿产富集的状态。

图 4-51　南非兰德金矿

人类开采出来的黄金，被用于以下几种用途：一是加工成珠宝，约 50.5%；二是私人投资，约 18.7%；三是各国央行的储备资产，约 17.4%；四是工业、化学、电子等用途，约 13.4%。如图 4-52 所示，大量的黄金被妥善保管在各国央行的金库中。作为一种战略储备资产，黄金储备对于抵抗风险、稳定币值都发挥着重要作用。

图 4-52　存放在英格兰银行地下金库中的黄金

石油也是一种对人类发展意义重大的矿产。同样，石油的分布也是极不均衡的。2019 年 12 月，美国《油气杂志》发布了 2019 年全球石油产量和油气储量报告。报告中指出，从国家层面而言，石油探明可采储量呈现出明显的集中分布。如图 4-53 所示，储量前 5 强依然是委内瑞拉、沙特、加拿大、伊朗和伊拉克，总储量为 1 422.4 亿吨，占全球储量的 61.7%，真正主导着世界石油开发的基本格局。

图 4-53　石油 5 大储量国全球占比（2019 年）

从地区上看，中东地区依然以 48% 的份额享有全球石油的最大储量，如图 4-54 所示。

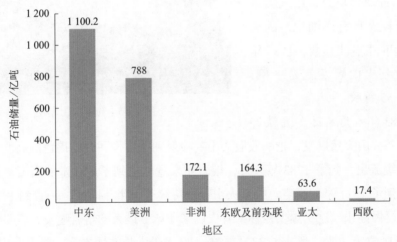

图 4-54　世界 6 大地区石油储量（2019 年）

家里有矿的感觉当然是惬意的，不过，历史事实表明：矿产资源的富有并不一定给所在国家或地区带来福祉。正所谓"君子无罪，怀璧其罪。"资源的富有给地区带来的更多是生态破坏、环境污染、战乱和犯罪。不论是在南非、中东还是在美国加州，也不论是因为钻石、石油还是因为黄金，人类为追求财富而上演了一幕幕残酷而复杂的斗争，这些历史让人痛心疾首，无法忘记。我们应当思考如何合理地开发利用这些地球的馈赠，让这些资源不仅给矿产地带来幸运和富足，而且能提升全人类的幸福感。

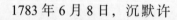

4.3.2　火山有过也有功

从较小的时空尺度来看，火山爆发主要体现了对人类的威胁。人类历史上经历过许多重大的火山爆发事件，每一次都是考验或灾难。7.4 万年前的多巴火山大爆发，差点导致人类的祖先灭绝。公元 79 年，意大利维苏威火山突然爆发，炽热的火山灰将山下的庞贝城快速掩埋，大量来不及逃生的人在痛苦中死去。近现代史上，给人类带来灾难较大且有详细记载的火山爆发事件不计其数，1783 年冰岛拉基火山爆发就是一例，如图 4-55 所示。

图 4-55　拉基火山爆发

1783 年 6 月 8 日，沉默许久的拉基火山突然爆发，把一股股火山灰喷射到空中，同时红褐色的高温熔岩从火山缓缓流出，到了 1783 年 8 月，熔岩喷泉竟然达到了 800 米的高度，火山气体上冲到了 15 千米的高空。拉基火山爆发持续了大半年时间，一直到 1784 年 2 月初才慢慢停止。这次爆发被称为有史以来地球上最大的熔岩喷发，岩浆喷发量为 12～14 立方千米，形成了 32 千米宽、70 多千米长的熔岩流，覆盖面积为 565 平方千米。所幸的是，拉基火山地处偏僻地带，并没有直接造成人员伤亡。然而，火山爆发带来的灾难才刚刚开始。

首先是在喷发过程中，火山灰如雨点一般降落在冰岛各地，覆盖了土地和农作物，火山喷出的大量含硫气体形成酸雨，同火山灰一道破坏了牧场，这导致 1.15 万头牛、2.8 万匹马和 19.05 万只羊饿死。接着来临的冬季对冰岛人来说是严酷难挨的。他们吃完了储备食品，发生了饥荒。全岛五分之一的人口（约9 500人）活活饿死，当时冰岛隶属丹麦管辖，当发生饥荒的消息靠着往返两地的渔民传到了丹麦国王的耳畔时，国王调集了资金与物资救济，但冰岛几乎没有基础设施来确保粮食能运到环岛各处居民点的饥民手里。

灾难不仅仅在冰岛发生，这次火山爆发的气候效应绵延几年才逐渐平息，影响范围波及全球。在法国，除去当年的极寒、极热事件外，拉基火山的气候效应还体现在连续几年的极寒的冬天，这些事件引起的灾荒和农民的贫困成为1789年法国大革命的诱因之一。在北美洲，1784年的冬天是有史以来最漫长、最寒冷的，强烈的暴风雪还导致墨西哥湾结冰。与此同时，印度于1783—1784年出现大饥荒，地点是德里、庞哲普东部一直到克什米尔一带，损失人口1 100多万。在中国，据史料记载：1784—1786年（清乾隆四十九年至五十年），山东、河南、湖北、安徽、江苏、上海、河北、山西、陕西、湖南、广东等省市大范围地区连续两季或三季不下雨，田地龟裂，麦稻尽枯，而后许多地区又出现蝗灾，造成遍地无收，粮价飞涨，贫民只能以草根、树皮等充饥，灾情极其严重，几乎每个重灾区都有大批灾民死亡，大部分地区出现大饥荒。全球各地的气候异常和饥荒事件可能都指向了一个共同原因，那就是冰岛的拉基火山爆发。这次事件无疑是人类历史上最大的灾难事件之一。

不过，从宏观层面上来看，火山在带来灾害的同时，也有造福的一面。

火山能给人类带来土地资源。如图4-56所示，冰岛本是大西洋中脊的一部分，原本一直在海底，但由于这里地处板块张裂地带，海底火山喷发和熔岩溢流持续不断，形成的岩石和土地不断堆积加高，逐渐高出海平面，最终形成了面积达10万平方千米的岛屿。顺便说一句，冰岛是世界上最大的火山岛。

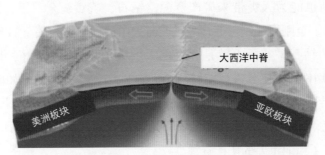

图 4-56　冰岛的形成

直到现在，火山造陆在冰岛还完全没有停下来的迹象。1963 年 11 月 14 日清晨，一艘捕鱼船上的船员在冰岛海岸发现了令人心惊胆战的一幕。在渔船的西南方向，黑暗的烟柱从水中腾空而起。船长觉得这可能是另一艘船发生火灾的迹象，于是指挥船员向现场靠近。然而，到了"失火"现场后，他们并没有发现任何船只，只看到不断向海面喷涌灰烬的剧烈爆炸。这显然是水下靠近水面的地方发生了火山爆发。船员们尽管意识到潜在的危险，但在好奇心的驱使下仍希望一探究竟，于是开船在附近游弋。他们目睹的这一幕其实是一个异常事件的一小部分，经过两天左右，人们才逐渐从浓烟之中依稀看到了一座新的岛屿浮现在海面，如图 4-57 所示。

图 4-57　海底火山爆发形成了苏特西岛

这次喷发始于海面以下 130 米处的海底，随着火山不断喷发，形成了一个全新的岛屿，人们将这座岛命名为苏特西岛。实际上，这次火山喷发持续了很久，断断续续地喷发，直到 1967 年 6 月 5 日，该岛屿的面积达到了 2.7 平方千米。现在，苏特西岛这个典型的火山岛是地质学家、植物学家和海洋生物学家从事科学研究的理想地点，已被联合国教科文组织宣布为世界自然遗产。

火山活动也能为人类带来矿产资源，钻石、硫黄、金、银、铜、铀、铁、铝、锌、沸石、金刚石、刚玉等许多矿产与火山活动密切相关。如图 4-58 所示，南非金伯利的钻石矿实际上就是一个巨大的火山岩筒，从 1866 年至 1914 年，5 万名矿工使用铁铲等工具进行挖掘，共挖掘出 2 722 千克钻石。如图 4-59 所示，我国山东省昌乐县的蓝宝石矿也是位于玄武岩火山通道之中。如图 4-60 所示，在印度尼西亚，100 多座活火山源源不断地喷出含硫气体，在火山口附近凝结成了硫黄，这成了当地重要的矿产资源。

图 4-58　南非金伯利钻石矿坑

图 4-59　中国山东昌乐蓝宝石

图 4-60　印度尼西亚火山口附近的硫黄

　　火山活动喷出的火山灰富含多种矿物质，容易形成肥沃的土壤。以火山岩作为成土母质发育的土壤养分丰富，对农业发展十分有利。意大利的火山土壤孕育了不少高品质的葡萄酒，不管是著名的维苏威火山还是埃特纳火山，其山麓地带都分布着历史悠久的葡萄园。如图4-61 所示，人们用"山上火光冲天，山下酒香四溢"来形容埃特纳火山下的葡萄园。

图 4-61　埃特纳火山下的葡萄园

　　目前，"火山葡萄酒"已成为意大利葡萄酒的一大特色。如图 4-62 所示，人们相信，是特殊的土壤赋予了火山葡萄酒特殊的"结构和复杂度"、"神秘的矿物质感"以及过硬的"陈年能力"。

图 4-62　火山土壤

在中国，火山土壤同样成就了不少的地方特产，如海口火山荔枝、镜泊湖大米、无锡阳山水蜜桃等。

火山带来的好处除了土地资源、矿产资源和肥沃的土壤，还有地热、温泉以及独特的旅游景观。另外，从地质史和生命演化方面来看，火山也有不可磨灭的贡献。当地球陷入长久的冰期之后，太阳辐射被地表的冰雪大量反射回太空，其加热能力十分有限。在这种危险的境遇之下，只有大规模的火山爆发释放大量的热量和温室气体，才能改变地表的冰冻状态，将地球和生命从冰期的极寒当中拯救出来，重返温暖世界。

4.3.3 地震来了怎么办

如图 4-63 所示，板块交界地带地壳运动活跃、地震频繁。但地震的准确预报是一件非常困难的事情，完整的地震预报包括三个要素：时间、地点、震级，要同时弄清楚这三点对人类来说挑战实在太大了。学术界近年来有个观点得到了较多人的认同，那就是关于地震的"沙堆理论"：上方持续落下的沙子形成一个沙堆，沙堆增大到一定程度必然坍塌，某一局部的小型坍塌也可能引发更大的坍塌。然而，到底是哪一粒沙落下的时候会引发沙堆坍塌呢？坍塌到底会如何发展？如果沙堆有意识，在崩塌开始时，它自己都不知道坍塌会有多大规模。地震如同沙堆崩塌，只有断层上某点的构造应力达到临界状态，断层才会滑动，这个滑动可能正如一粒沙子落下会让处于临界状态的沙堆出现无法预测的结果一样，滑动之后，下列情况均可能发生：其一，断层滑动就此停止；其二，把应力传递下去，引发新的断层滑动，触发更大的地震；其三，应力被传递下去，但还未达到邻近断层的临界状态，还需若干年的应力积累才能在相邻位置继续发生地震。所以，地震是一种非线性的复杂过程。一个经验丰富的地震专家能较有把握地预测某一地区地震可能发生的大概地点与震级，却无法预知地震具体会什么时候发生，因为人的寿命相对于断层的寿命，毕竟太短了。另外，人类尚无法触及强震发生的深度，岩石对于我们人类来说是不透明的。综上所述，在目前的科学认知程度上，我们只能说地震是无法预报的[①]。

[①] 嵇少丞. 地球的奥秘：岩石、地震与人的关系 [M]. 杭州：浙江教育出版社，2017：150.

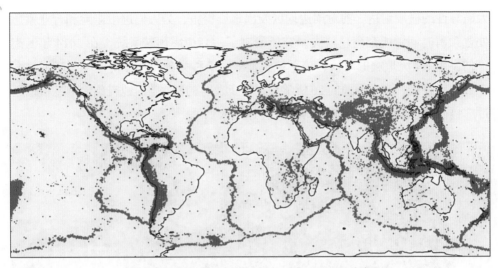

图 4-63　2000—2020 年全球 5 级以上地震分布

　　地震难以预报，但是世界各国科学家致力于探索地震机制、提高地震预报和预警能力的研究却从来没有放弃和停止过。而且，地震预报也不是没有成功案例。1975 年 2 月 4 日 0 时 30 分，辽宁省地震办公室根据 2 月 1—3 日营口、海城两县交界处出现的小震活动特征及宏观异常增加的情况，向全省发出了带有临震预报性质的第 14 期地震简报，提出小震后面有较大的地震，并于 2 月 4 日 6 时多向省政府提出了较明确的预报意见。4 日 10 时 30 分，省政府向全省发出电话通知，并发布临震预报。4 日 19 时 36 分，辽宁海城附近发生里氏 7.3 级强烈地震。由于预报措施比较成功，而且震前广泛开展了防震减灾的宣传教育，使广大干部群众掌握了应急防震的知识，有效减轻了伤亡和损失。不过，由于地震本身的复杂性，这个案例的成功经验还不能简单推广到其他地震预报当中。目前，地学界较普遍地认为，通过对刚发生过大地震的活动断裂带进行科学钻探，可以获得最直接的、更有效的信息和科学数据，帮助人类理解地震的机理，捕捉余震直接信息和查明地震的可靠前兆。

　　在与地震斗智斗勇的过程中，人们发明了地震预警系统。如图 4-64 所示，地震预警是借助电磁波比地震波速度快以及纵波比横波速度快的原理来实现的。大地震发生后，预警中心通过震中附近的地震仪捕捉到纵波，利用地震波信息快速计算出地震参数（时间、地点、震级）、影响程度和预警时间，并抢在具有更大破坏性的横波到达之前对周边地区发出地震警报，为人们逃生避险和行业紧急处置预留时间。成都高新减灾研究所研制了一套地震预警系统，在 2014 年云南鲁甸发生 6.1 级地震的时候，该系统提前 6～37 秒为分布在云南昆明、昭通、丽江、四川宜宾、凉山等地的 26 所学校提供了及时的警报[1]。地震预警信息可以通过广播、电视、手机应用软件等方式传递给人们。

P波
最早自震源传出，以每秒约7千米的速度前进

S波
以每秒约4千米的速度前进，但震幅往往是P波的3～10倍

■ 根据早到达的P波计算地震参数，对S波的到达提出预警

图 4-64　地震预警系统工作原理

防御地震还有一个重要的思路，就是提高建筑物的抗震性。实践证明，把房子建结实最管用，房子坚实牢固能抗震，在地震发生时，居民才能从容不迫、应对自如。

---

① 嵇少丞.地球的奥秘：岩石、地震与人的关系 [M].杭州：浙江教育出版社，2017：155.

第 5 章
大自然的纽带——水

水是自然地理环境中最活跃的因子，它参与各种自然过程，在自然环境的形成和发展中起着不可替代的作用。水是联系各个圈层的纽带，是生命之源，是能量交换的载体，也是物质迁移的媒介。水无形，却无处不在、不可或缺；水有限，却循环流动，万世不竭。不论是对于自然环境还是对于人类社会，水都是其稳定运行和繁荣兴旺所必需的物质。在传统文化中，水象征着货币和财富。这充分体现了古人对水的深刻理解，同时也提示我们，人类的很多大智慧并不是从书本中习得的，而是来自对大自然的观察。

5.1 水概述

5.1.1 水球缺水

从太空中看地球，地表的大部分都被水覆盖；特别是从太平洋的方向看，几乎看不到陆地，地球就像一个"水球"。

水覆盖了地表 71% 以上的面积，但如果以体积来算，整个地球上的水实在是少得可怜。地球的直径是 12 742 千米，而海洋的平均深度还不到 4 千米。这意味着：如果把地球看成一个直径为 12.7 米的大球，那么海洋的水深还不到 4 毫米！如果把地球上的水全部抽干汇聚在一起，则该水体跟地球相比只是一个小水滴而已。这个水滴的直径只有地球直径的十分之一左右，体积只有地球的 1/780。但要是没有这"一滴水"，地球表面的一切生机、活力和繁荣都将不在，地球将变得面目全非。

水是大自然的溶剂、纽带和润滑剂，在地理环境中起到不可或缺的关键作用。水更以其灵活多变的特性，深入地球表面的各个部分：海洋、冰川、河湖、大气、生物体、土壤、地层……我们几乎可以在地表的任何部位发现水的踪迹。

海洋是水的最大贮存库，以 96.5% 的比例占据了地球水体的绝大部分。其次是冰川，占据了地球水体的 1.74%。两者加起来超过了 98%，关键是这两个水体目前还不在一般意义的"水资源"范畴之内。目前，人类容易开发利用的水资源主要是河流水、淡水湖泊水和浅层地下水，这些水量非常有限，加起来还不到地球总水量的 0.01%。

联合国数据显示，2022 年有近 1.6 亿儿童面临严重且持续的缺水问题，全球超过 23 亿人面临供水不足的问题。预计到 2040 年，全球四分之一儿童可能受水资源短缺影响。到 2050 年，全球将有超过四分之三的人口可能受因干旱导致的缺水的影响。根据这份报告，当前全球有大约 36 亿人口生活在每年至少有一个月缺水的地区，今后这一数字可能扩大到 48 亿～57 亿人。

其实，全球数亿人面临缺水问题已是多年的常态。地球上水资源总量的有限性是上述现象出现的宏观背景。

5.1.2　水的运动

如图 5-1 所示，地球表面的水处在永不停息的运动当中。海洋是水体的主要贮存地，也是全球水汽最主要的来源，太阳辐射为水蒸气提供了离开海面并运动到全球各地的能量，而重力是驱动水体由高处流向低处的基本动力。太阳辐射与重力作用相互配合，推动水体永不停息地循环运动。

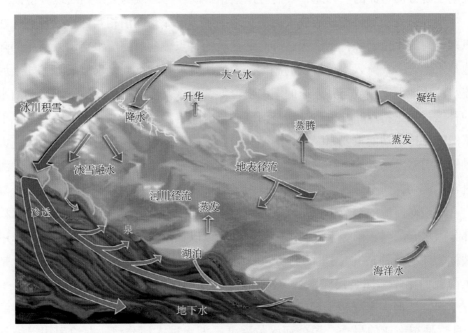

图 5-1　水的循环运动示意图

地球上 13.86 亿立方千米的水是不是每年都能参加水循环呢？答案是否定的。根据研究，每年全球只有 57.7 万立方千米的水参与水循环，如果按此速度计算，地球上全部水量都参与一次水循环，理论上平均需要大约 2 400 年。不同的水参与水循环的时间长短也是不一样的，其中时间最长的是极地冰川和终年积雪，参与一次水循环的时间大概是 1 万年；时间最短的则是生物水，只需要几个小时。其他如大气水需要 8 天，河流水需要 16 天，土壤水需要 1 年，沼泽水需要 5 年，湖泊水需要 17 年，深部地下水需要 1 400 年，高山冰川需要 1 600 年，世界大洋需要 2 500 年。

正是由于水循环的速度是有限的、有差异的，因此，在特定的时空范围内，水资源完全有枯竭的可能。尽管我们将水资源称为"可再生资源"，但水资源的再生是有条件的，那就是人类对水资源的消耗速度不能超过水资源的循环速度。

在空中，水汽的运动主要受控于气压和风；在地面，水的运动受控于重力，也就是那句人们熟知的话——水往低处流。在等高线图中，河流的流向与等高线的弯曲方向永远是相反的，这是因为河流通常位于河谷或山谷，而谷地的等高线是向上游方向弯曲的。因此，我们可以根据等高线与河流的关系判断地势特征。

水往低处流的特点还造成了河流与地下水、河流与湖泊相互补给的特点。在汛期，河流水位上涨，由于水具有向低处流的特点，此时河流水会渗入河岸的陆地补给地下水或流入水位较低的湖泊；等到河流进入枯水期，水位下降，如果河流水位比地下水位或与其连通的湖泊水位低，那么就反过来接受地下水或湖泊水的补给。这个特点非常重要，这是河流在长时间得不到雨水或融水补给的情况下依然能保持流动的重要原因。我国昆仑山、天山的冰雪在春、夏季大量融化，大量的冰雪融水渗入地下，形成地下径流源源不断地补给河流，这才使得山麓的河流常年流动，而不是像山洪一样，暴雨过后很快消失。

湖泊对河流的调节作用尤其明显。位于河流中下游的湖泊，洪水期可以蓄积部分洪水，削减、延缓干流的洪峰，枯水期可以补给河流，维持水量，这种作用被称为"削峰补枯"。洞里萨湖与湄公河就体现出这种关系。每年 5—10 月，是东南亚的雨季，湄公河涨水，河水进入洞里萨湖，湖泊面积能增加到 1.6 万平方千米，从而大大减轻了湄公河下游地区的洪水威胁。而每年 11 月到第二年的 3 月，是东南亚的旱季，湄公河水位降低，湖水进入湄公河，湖泊面积退缩到

2 400 平方千米，水量骤减。因此，湄公河水位在旱季不会降得太低，有利于维持航行并保证下游地区的灌溉。

那么，如果河流上没有天然的湖泊，该如何实现这种调节作用呢？如图 5-2 所示，聪明的人们通过修建水库实现了这一功能。水库其实是人工湖泊，不仅可以有效调节径流，控制洪水，还可以获得发电、航运、养殖等综合效益。

图 5-2　水库是一种人工湖泊

水往低处流的本质是重力作用的体现，这种重力引发的运动也是洋流循环的动力之一。如图 5-3 所示，北大西洋暖流流入北冰洋以后，温度不断降低，密度逐渐增大，特别是到了冬季，海水表层结冰，由于海冰含盐量非常低，这导致了冰层附近的海水盐度增高，密度增大。于是，在重力作用下，又冷又咸的海水不断下沉，在大洋底部形成了一股底层洋流，这股底层洋流在一些特定的区域又通过上升流回海洋表层，与表层的洋流系统融为一体。由于这个环流的驱动机制是温度、盐度的变化和差异，因此它被科学界称为"温盐环流"或"温盐输送带"。研究表明，温盐环流循环的周期约为 1 000 年[①]。尽管这个循环速度比河流慢得多，但温盐环流是促进全球水热交换的重要系统，它不仅影响了全球气候，而且

---

① 陈效述.自然地理学原理［M］.北京：高等教育出版社，2006.

对海洋生态系统的维持具有重大意义。

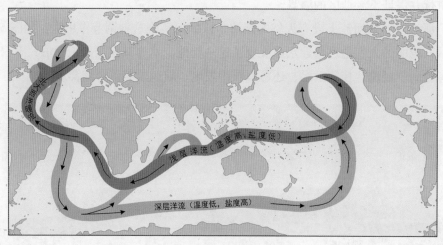

图 5-3　温盐环流示意图

许多海洋生物，如利用阳光进行光合作用的浮游植物和以浮游植物为生的动物等，都生活在近海面的水层中。这些海洋生物在活着的时候充分利用海洋表层的阳光和水中的养分，死亡之后往往沉入海底腐烂分解，这类"鲸落"事件每天都在发生，使得表层海水中的养分日益匮乏，大洋底层则由于不断接收海洋生物的残体分解而养分丰富。温盐环流的形成使得海底的养分得以回流输送到表层，完成了海洋中的物质循环，这一作用使得那些上升流海域中的渔业资源异常丰富。

水往低处流的特点，还体现在"咸潮"上。咸潮是指在潮汐、气象等因素的影响下出现的海水倒灌进入河流的现象。一般来说，如果河流的流量正常，海水倒灌是不容易发生的，但是如果河流进入枯水期，或遇到旷日持久的干旱，河口的水位就会大幅下降，在涨潮的时候，海平面就会高于河流的水面，海水就流入了河道，发生咸潮。咸潮来临时，对居民生活用水、工业生产用水以及农业灌溉都有影响。在我国长江口、珠江口一带，这样的案例并不罕见，长江口的咸潮通常发生在每年 11 月到次年 4 月，珠江口的咸潮通常发生在每年 12 月到次年 2 月。在 2022 年，受长江流域罕见干旱的影响，长江口在 9—10 月咸潮频发。

5.1.3 水的特性

水的第一个重要特性是其巨大的比热容。比热容又称比热或比热容量，是指单位质量的物质温度变化 1℃ 所需要释放或吸收的能量，单位是焦耳/（千克·摄氏度）。水是常见物质中比热容最大的，是砂石泥土的 4～5 倍，如表 5-1 所示。这一特点对地理环境产生了极为深刻的影响。

表 5-1　几种物质的比热容　　[单位：焦耳/（千克·摄氏度）]

水	4.2×10^3	铝	0.88×10^3
酒精	2.4×10^3	干泥土	0.84×10^3
煤油	2.1×10^3	铁、钢	0.46×10^3
冰	2.1×10^3	铜	0.39×10^3
蓖麻油	1.8×10^3	水银	0.14×10^3
砂石	0.92×10^3	铅	0.13×10^3

在同样的太阳辐射作用下，陆地比水体、海洋温度变化更快、更明显，这使得陆地相比于海洋夏季更热、冬季更冷，昼夜温差也更大，而海洋呈现出冬暖夏凉的特征。在每年 5 月，印度半岛的陆地气温动辄上升到 40℃，个别地区甚至可达 50℃，而同纬度的海水温度很难上升到 30℃ 以上。

陆地变温快、海洋变温慢的特点不仅直接导致了大陆性气候和海洋性气候的差异，更深刻地影响了全球大气环流，而海陆热力性质差异又受到海陆分布的影响。现代的亚洲季风是在当前的海陆热力差异背景下形成的，而海陆分布不是一成不变的，印度半岛与亚欧大陆原本并不相连，随着印度洋板块持续向北运动，才形成了今天的印度半岛以及隆起的喜马拉雅山和青藏高原。显然，由于海陆分布的变化，亚洲的季风也应该存在一个发展演变并逐步加强的过程。对亚洲季风的形成机制、发展演变的研究，一直是学术界的热点。经学者们的不懈努力，目前普遍认为：亚洲季风起源于 6 600 万～3 400 万年前，后伴随青藏高原的快速隆升而明显加强[1]。

对亚洲季风的研究其实可以推而广之，在更遥远的地质时期，由于海陆分布与现代完全不同，海陆热力差异对大气环流的影响必定也有不同的呈现方式。

---

① 资料来源：http://www.itpcas.cas.cn/new_kycg/new_kyjz/202209/t20220922_6515926.html.

水的另一个重要的特性是结冰膨胀。常见的大部分物质由液态变为固态的时候体积都是缩小的，而水是一种很特别的物质，它在4℃时密度最大，即体积最小，继续降温到0℃直到结冰，体积反而膨胀起来。这对生命来说非常关键。冬天，温度降低，河湖或海洋里的水从表面开始逐渐冷却，水变冷之后由于密度增大而向深处流动，只要时间足够，整个空间的水体温度就会因冷水流的不断下沉而达到均匀的水平。不过，这样的冷却过程和运动机制在4℃以上才有效。一旦整个水体都降温到4℃，如果水体表面继续降温，表面的水就会膨胀变轻，仍然浮在表面，直到结冰。表层的冰将外界的冷空气与冰下的水隔离开来，当冰面达到一定厚度时，外界不管多冷都跟冰下的水没关系了，生命得以潜伏在4℃的水中继续存活。正是因为水的这种特性，在寒冬或冰期（距今8.5亿~6.35亿年）到来的时候，生命才能在海洋深处或没有结冰的水体中存活下来①。

5.2　宝贵的陆地水

5.2.1　河流开发注意事项

从古至今，人类的发展一直都离不开河流。借助河流，人类不仅可以得到赖以生存的水，也可以得到渔获、水力、运输之便和优美景致，还可以抵御外敌入侵。随着人类的发展，河流的开发程度也在逐渐加深，越来越多的问题也逐渐浮出水面。在探讨这些问题之前，我们有必要了解一下"公共地悲剧"。

1968年，英国的哈丁教授在《科学》杂志上发表《公共地悲剧》（*The Tragedy of the Commons*）一文，首次提出了"公共地悲剧"的理论模型。他说，作为理性人，每个牧羊者都希望自己的利益最大化，在公共草地上，每增加一只羊会同时带来两个后果，一方面增加了牧羊人的收入，另一方面也加重了草地的负担。但由于收入增加是私人的，草地负担是公共的，于是，人们都在公共草地上增加自己羊的数量，由于羊的增加不受限制，所以草地必然被过度利用而迅速恶化，这就是公共

---

① 德韦弗.地球之美：一部看得见的地球简史［M］.秦淑娟，张琦，译.北京：新星出版社，2017：64.

地悲剧。公共地作为一种资源，每个人都有使用权，但每个人都没有权力阻止别人使用，从而造成资源的过度使用和枯竭。之所以称为悲剧，是因为尽管每个当事人都知道资源将由于过度使用而枯竭，但每个人对阻止事态的继续恶化都感到无能为力，而且都抱着一种"及时捞一把"的心态加剧事态的恶化。因此，公共资源因其产权难以界定而被竞争性地过度使用是一个必然的结果。除了自然资源的过度使用以外，恶化的环境、拥挤的交通其实都带有公共地悲剧的性质。

河流在很多情况下具有公共资源的属性，许多河流问题的本质是公共地悲剧的表现。这是因为：河流的势力范围（流域）是大自然划定的，而人类的权力范围（边界）是人为划定的，两者天然产生了矛盾。

黄河流经了青海、四川、甘肃、宁夏、内蒙古、山西、陕西、河南、山东共9个省（自治区）级行政区。在没有统一管理的时候，流域内各地都希望能充分利用黄河的水资源，这就造成了黄河水资源的匮乏，甚至产生了下游断流的现象。

据 1919 年以来的水文观测资料统计，黄河下游在 1972 年以前，除 1938 年在花园口扒口改道、1960 年 6 月花园口大坝截流以及 1960 年 12 月三门峡大坝关闸蓄水这几次特殊情况外，没有出现过因过度用水而导致的断流现象。但是，从 1972—1999 年，黄河山东段频繁断流，特别是从 1987 年之后几乎连年断流，其断流时间不断提前，断流范围不断扩大，断流频次、历时也不断增加。1995 年，地处河口段的利津水文站，断流时间长达 122 天，断流河段上延至河南开封市以下的陈桥村附近，长度达 683 千米，占黄河下游河道长度的 80% 以上。1996 年，地处济南市郊的泺口水文站于 2 月 14 日就开始断流。利津水文站该年先后断流 7 次，长达 136 天。1997 年，黄河断流达 226 天，为历时最长的断流。黄河断流愈演愈烈，甚至引发了"黄河是否会演变为季节河甚至内流河"的讨论。黄河断流有自然方面气候干旱的原因，但更主要的原因是人为的过度用水。黄河流经了我国北方重要的农业区，农业灌溉用水一度占到黄河用水总量的90% 以上，特别是在枯水年份或枯水季节，黄河沿岸各地纷纷引水、蓄水，甚至争水、抢水，这直接导致了下游的缺水断流。黄河断流除了造成部分地区无水可用，还产生了河道淤积加重、洪水威胁、防洪难度增加、河口地区生态环境恶化和生物多样性减少等问题，严重制约了经济、社会、生态的协调发展。

按照水利部的统一部署，从 1999 年开始，黄河水利委员会对黄河实施了水量统一调度。结合来水、蓄水、气候预测以及各地、各部门耗水量等情况，黄河水利委员会于每年 10 月提出下一年度水量分配方案，经水利部审批后发布执行。水量统一调度以后，黄河再未发生断流情况，河口生态环境也明显改善。

在河流开发中，公共地悲剧还有其他表现形式。

例如，渔业资源的过度开发。以长江为例，长江流域的鱼类有 400 种以上，特有生物 100 种以上，长江流域的捕捞量曾占全国淡水渔获量的 60%。1954 年，长江流域的渔获量为 42.7 万吨，然而在这之后再也没超过这一数字，1956—1960 年的渔获量为 30 万～40 万吨，20 世纪 80 年代降到了 20 万吨，90 年代以后只有 10 万吨左右。长江刀鱼、鲥鱼、河豚并称"长江三鲜"。鲥鱼在 1974 年的产量曾有 1 575 吨，到 1986 年降至 12 吨，1989 年 10 月 28 日，《中国环境报》刊登了《安徽日报》驻铜陵站的记者的报道，文中说"鲥鱼在长江已基本绝迹"。直到今天依然如此。长江刀鱼在 1973 年的产量曾有 3 750 吨，到 1983 年降至 370 吨，到了 2002 年已不足百吨，2010 年为 80 吨，2011 年则仅为 12 吨。为扭转长江渔业资源枯竭的趋势，我国已于 2020 年 1 月 1 日起全面实施长江流域十年禁渔计划。

还有一个常见的问题——流域内的水土流失。河流上游地区因山高坡陡，一旦植被遭破坏，就容易出现水土流失，这会导致河流含沙量增加。到了中下游地带，地势变得低平，流速减缓进而导致泥沙淤积、河床抬高、水位上涨。因此，上游的水土流失与中下游的泥沙淤塞、洪水泛滥关系密切。然而，当上游地区砍伐森林、开垦坡地的时候，没有人会在意下游的航运安全和洪水威胁。这本质上还是公共地悲剧。

除了以上提到的问题，河流开发还有诸多"公共地悲剧"，如水体净化和维护、水电开发、航运、湖泊利用、灌溉系统建设等。但万变不离其宗，只有认识到河流的公共地属性，认识到不同河段实际存在的紧密联系，看到流域和行政区域的矛盾，我们才能把握"全流域统一管理"思想的真谛，才能找到解决问题的正确途径。

5.2.2 水平衡原理

地球上的水时时刻刻都在循环运动，从整体来看，全球水的总量没有变化。但是，对一个地区来说，有的时候降水量多，有的时候降水量少，水的收支情况一直是动态变化的。所谓水平衡，是指某个地区储水变化量等于其水量收支的差额。从本质上说，水平衡原理是质量守恒定律在水循环过程中的具体体现。

举例来说，如果水库水位不变，则说明入库水量与出库水量是平衡的。又如，雨季之前，将水库中的水放掉一部分，待雨季时水库有空间容纳来水，这就保持了水量的平衡。再如，如果一个内陆湖的水量稳定，说明该湖泊接纳的降水和径流正好抵消了湖水的蒸发。在实际应用中，我们运用水平衡原理能厘清一些容易引起思维混乱的问题。

一个经典问题就是，沼泽的蒸发到底是弱还是强？为什么西西伯利亚平原的沼泽蒸发弱，而扎龙湿地的沼泽蒸发强？下面我们运用水平衡原理来探讨这一看似矛盾的问题。

众所周知，沼泽是地面大量积水的地区。如果沼泽水量不变，则说明沼泽的水处于收支平衡的状态。基于水平衡原理，我们首先来看西西伯利亚平原沼泽的情况。该地沼泽的水源之一是河流的凌汛，水源之二是大气降水（包括雨水和冰雪融水）；而水的支出主要是蒸发。尽管凌汛每年两次，但毕竟是暂时性的，而西西伯利亚平原年降水量十分有限，只有 300 毫米左右，因此西西伯利亚平原沼泽的来水并不丰富，在来水并不丰富的情况下，沼泽水量得以维持平衡，这就说明水的支出也不大。因此可以得出结论，西西伯利亚平原纬度高、气温低、蒸发弱，这与当地沼泽较少的来水实现了平衡。

我们再来看看扎龙湿地的情况。扎龙湿地位于松嫩平原，其主要水源来自乌裕尔河以及沼泽内的大气降水，其水量的支出主要是蒸发。需要注意的是，乌裕尔河流域属于内流区。扎龙湿地的沼泽，就是该流域水体的最终汇集地。运用水平衡原理，如果湿地保持稳定、水量不变，则可以推得湿地蒸发的水量与其收入的水量是平衡的。那么，该地收入的水量有多少呢？乌裕尔河多年平均径流量是 5.7 亿立方米，年际变化很大，最大年径流量约 19 亿立方米。我们不妨把乌裕尔河的水量和北京密云水库的水量进行对比。近 30 年来，密云水库水位较低的时候，如 1994 年 11 月，蓄水量为 8.8 亿立方米；水位较高的时候，如 2021 年 8 月，蓄水量为 33.7 亿立方米。对比来看，乌裕尔河的年径流量还是比较可观的，差不多几年的径流量就相当于一个密云水库。从扎龙湿地的降水情况来看，该地多年平均降水量有 418 毫米。在"几年就是一个密云水库"这种规模径流量注入

的情况下，在 400 多毫米的年降水量的补给之下，扎龙湿地竟然形成了水量稳定的内流区，这就说明这里的蒸发量也达到了"几年就蒸发掉一个密云水库"的规模。这就是我们判断"该地蒸发能力强、蒸发量较大"的基本依据。

5.2.3 淡水还是咸水

自然界中没有纯水，各种水体多多少少都混有一些杂质，溶解了一些盐类等物质，特别是地表的水体，随时随地受到岩石及其风化物的影响，肯定含有微量的矿物质。人们把单位体积水体内溶解物质的总质量称为水的矿化度，其单位为克／升，通常以水烘干后所得残渣来确定。淡水和咸水通常以矿化度 1 克／升为界，矿化度低于 1 克／升的水称为淡水，反之称为咸水。不同的淡水水体，其矿化度也有差异，通常情况下，雨水的矿化度只有 0.02～0.05 克／升，我国东南沿海河流水体矿化度约 0.05 克／升；而西北干旱、半干旱地区河水矿化度可以接近 1 克／升。地下水因与地层充分接触，所含矿物质通常比当地的地表水更多。例如，我国南方地下水矿化度一般为 0.06～0.9 克／升，而我国北方地下水矿化度可能大于 1 克／升；华北平原许多地区的地下水可以品尝出咸味，到了西北内陆盆地，地下水的矿化度甚至可高达几十克／升。

从水循环的角度来讲，水脱离地表的过程就是淡化的过程，不论是从海面蒸发还是从陆地蒸发，又或是从植物的气孔蒸腾出来，这都是使其矿化度下降、变为淡水的过程。而一旦水体回到地球表面，就会以各种各样的方式接纳各种离子、分子与化合物，矿化度便会提高。如果陆地水体汇入了一个较为封闭的空间进一步蒸发、浓缩，还会使得矿化度进一步提升，由淡水变为咸水，直至蒸发殆尽，在地表留下固体残渣。

有人认为所有的内流湖都是咸水湖，还有人认为所有的淡水湖都是外流湖，其实这两种说法都经不起推敲，通过一个案例我们就会明白。在我国新疆北部，有一个乌伦古湖，这是一个标准的内流湖，也是一个标准的咸水湖。这个湖泊的补给主要来自阿尔泰山脉的冰雪融水和山地降水，由乌伦古河汇入。仔细看地图就会发现，乌伦古河在流入乌伦古湖之前，要经过一个小湖泊——吉力湖，显然，吉力湖属于乌伦古湖水系的一部分，也是内流湖，然而，吉力湖却是标准的淡水湖，这是怎么回事呢？原来，对吉力湖来说，淡水流入又流出，湖泊中的水始终处在循环流动的状态，其含盐量其实跟乌伦古河没有多大区别，由于吉力湖不具备盐分浓缩的条件，因此一直保持淡水的状态。而当水最终汇入乌伦古湖之后，就到达了流域的最低点，无法流出，水要想从湖中出来，只有蒸发一条路，这个过程就把盐分留在了湖里，提高了湖水的盐度。从这个案例我们可以看到：水体的含盐量主要取决于浓缩条件，而浓缩的关键在于蒸发，只有蒸发成为区域水平衡的主导力量，才能让水中的盐越积越多。

地处亚欧大陆内部的巴尔喀什湖，是一个著名的一半淡水一半咸水的特殊湖泊。尽管注入该湖的河流不止一条，但水量最大、起决定性作用的，只有伊犁河。伊犁河提供了该流域 80% 的水源。在卫星照片上，我们可以看到被伊犁河丰沛水量滋润的大片绿洲。巴尔喀什湖形状狭长，东西长 605 千米，而南北最窄处仅 8 千米，中部向北凸出的半岛成为水体交换的阻碍，使得湖泊东西两部分相对独立，这是湖泊不同部分盐度差异巨大的重要原因。伊犁河丰富的淡水源源不断地从湖泊西部注入，不仅降低了湖泊西部的水体盐度，也提高了湖泊西部水体的水位；而在湖泊东部，由于来水有限，蒸发成为影响水位的主导力量，湖水不断蒸发浓缩，这不仅使得湖泊东部水体盐度升高，也使得湖泊东部水位下降。这样一来，湖泊西部的水位常年高于东部，西部的淡水就会向东流动，淡水流入的同时也带来盐分，尽管淡水中含盐量很少，但经过漫长地质年代的积累，湖泊东部的水就会越来越咸，而由于水位差，东部的高盐度湖水根本无法逆流向西，从这个角度来看，巴尔喀什湖的西段甚至可以理解为伊犁河的延长部分。

盐度取决于蒸发浓缩，这个规律不仅适用于陆地水体，还适用于海洋。在世界海域的含盐量排名表上，红海以 41‰ 的含盐量高居榜首，原因在于其得天独厚的蒸发浓缩条件：第一，纬度低、气温高、光照强、蒸发量大；第二，无河流的淡水注入；第三，气候干旱，降水稀少；第四，水体较为封闭，与其他海域沟通不畅，从而保持高盐度。世界上盐度最低的海是波罗的海，其盐度只有 7‰～8‰，其形成原因与红海形成了很好的对比：第一，纬度高、气温低、光照弱、蒸发量小；第二，有大量河流的淡水注入；第三，气候湿润多雨；第四点与红海相同，即水体较为封闭，与其他海域沟通不畅，只不过，这一点在波罗的海起到了维持其低盐度的作用。

5.2.4　湿地的效益

提到湿地，很多人只会想到蚊虫滋生的沼泽，这种认识是非常片面的。实际上，"湿地"是一个通称，包含了多种类型。如图 5-4 所示，凡是那些被地表水适度浸淹的、在正常环境下能够生长喜湿植被的区域都属于湿地。根据《湿地公约》的分类系统，湿地可分为三大类，即海洋 / 滨海湿地，如海草层、滩涂、珊瑚礁、红树林等；内陆湿地，如湖泊、河流、泥炭地、灌丛沼泽等；人工湿地，如水库、水稻田、盐田甚至废水处理场所等。湿地给人类带来的效益包括提供资源、减少灾害、防控污染、保护生态等多个方面。

图 5-4　湿地的主要类型示意图

如图 5-5 所示，湿地的生态环境效益体现在许多方面。湿地能为人类提供水资源，这毋庸置疑。同时，湿地可以作为水产养殖的场所，提供水产品。湿地还是许多物种赖以生存的栖息地，可以认为湿地提供了物种资源。同时，湿地可以调节气候，可以认为湿地影响了气候资源。此外，湿地也能为人类提供休闲游憩的空间以及科研、教育的场所，丰富旅游资源的类型。湖泊和沼泽是大自然提供的蓄水池，可以调节河流径流量、增加地下水，起到削峰补枯的作用，减少洪涝和干旱的威胁。红树林被称为"海岸卫士"，对海浪和潮汐的冲击有着很强的适应能力和阻挡作用，可以护堤固滩、防风消浪、保护农田、抵挡海水入侵等，对保护海岸起着重要的作用。此外，湿地还具有净化水质的功能。在这些功能中，有两大功能尤其应该引起人们重视：一是净水，二是固碳。

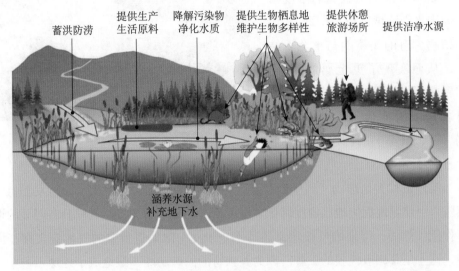

图 5-5 湖泊湿地综合效益示意图

湿地被称为"地球之肾"，具有强大的净化水质能力。湿地净化水质主要借助两个原理完成。一个是湿地水体的低流速特征，这十分有利于水中各种固体杂质的沉降。我们知道，水流的搬运能力与其流速关系十分密切，如图 5-6 所示，一旦流速降低，其携带的泥沙就会纷纷沉积下来。

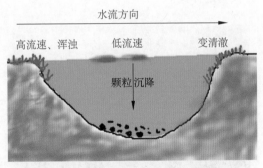

图 5-6 湿地的低流速有利于颗粒沉降

实际上，很多湿地的水体流速近乎为零，这样一来，再细小的颗粒也会沉降，水就变得清澈了。

湿地净化水质的另一个独门绝技是水生植物的吸收吸附作用。人们研究发现，湿地具有很强的降解和转化污染物的能力，以至于世界许多地方都通过建立人工湿地净化污水，如图 5-7 所示。湿地中有许多水生植物，它们的组织中富集重金属的浓度可比周围水中浓度高出 10 万倍。许多植物含有的物质能与重金属结合，从而实现了重金属的解毒。实践表明，水浮莲、香蒲、芦苇对含高浓度重金属（如镉、银、铜、锌、钒等）的污水处理效果十分明显。

图 5-7　利用人工湿地进行污水处理

湿地被称为地球的"气候调节器"。如图 5-8 所示，湿地的水分蒸发和植物蒸腾，可使湿地周边地区温度降低、湿度增大、降水增加，对气候具有明显的调节作用。然而，湿地的气候意义还远不止于此。湿地更重要的气候意义在于固碳，这才是其调节气候的王牌。因为其独特的固碳功能，湿地成了地球上一个举足轻重的碳库，也正因如此，在应对气候变化方面，湿地发挥着不可替代的、极为关键的作用。

图 5-8　湿地具有调节气候的能力

湿地是地球上最重要的碳库之一。湿地中植物种类丰富、植被茂密，植物通过光合作用使无机碳（大气中的二氧化碳）转变为有机碳，植物死亡后，这些有机碳就积累在湿地土壤中。由于湿地的土壤通常被水淹没，处于缺氧环境，所以，这些有机碳可以长期保存，甚至可能在漫长地质年代之后转化为煤。这样一来，通过湿地植物的吸收，大气中的二氧化碳就可以源源不断地被固定在湿地土壤的泥炭层中，如图 5-9 所示。研究表明，湿地是陆地上碳元素积累速度最快的自然生态系统。尽管全球湿地面积仅占陆地面积的 4%～6%，但湿地的碳储量高达 3 000 亿～6 000 亿吨，占陆地生态系统碳储存总量的 12%～24%。泥炭地、红树林、海草床等都储存了大量的碳。以泥炭地为例，它只占地球陆地面积的 3%，但其储存的碳却是森林的两倍！如果这些碳全部释放到大气中，则大气二氧化碳的浓度将增加 200ppm，全球平均气温可能因此升高 0.8～2.5℃[1]。

图 5-9　重要的碳库：湿地土壤

① 刘子刚. 湿地生态系统碳储存和温室气体排放研究 [J]. 地理科学，2004，24（5）：634–639.

5.3 强大的洋流

5.3.1 北大西洋暖流

早在美国建国之初，就有人发现：从英国到美国的海上航线，英国邮轮的航行竟然比美国商船慢两个星期之久！而实际上两者走的路线十分接近，路程基本相当，这一现象令人十分费解。后来人们发现，美国商船的船长提前摸清了洋流的规律，而英国邮轮却一直在逆流航行。随着时代发展，欧美之间的大西洋航线日趋繁忙，人们对世界表层洋流的分布情况已十分清楚，如图 5-10 所示。

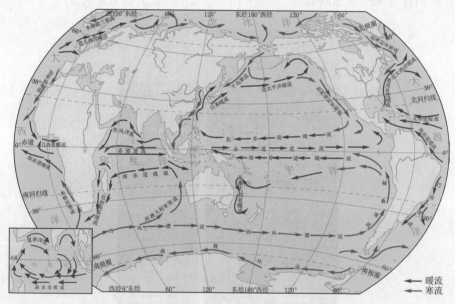

图 5-10　世界表层洋流的分布（北半球冬季）

1855 年，英国海军上尉莫瑞在他的《海洋自然地质学》一书中写下了一段赞美墨西哥湾暖流的诗[①]："大洋中有一条河，在最干旱的季节里，它从未消失过，在最严重的洪泛期，也从未泛滥过。它置身于冰冷的水体中，而它自己却温暖融融。墨西哥海湾是它的源泉，北冰洋是它的出口，它就是墨西哥湾暖流。"

① 韦纳 . 地球的奥秘 [M]. 张生，高建中，译 . 长沙：湖南教育出版社，2011：63–66.

在所有的洋流之中，对人类影响最深刻的，毫无疑问是北大西洋暖流，它是墨西哥湾暖流在北大西洋的延续。墨西哥湾暖流经常被简称为湾流，这股暖流从美国东南部的佛罗里达州沿海岸线向北而去，起始温度可达 26～32℃，宽度为100～200 千米，深度为 200～800 米，流速约 2 米 / 秒，流量约 0.7 万亿～1 万亿立方米 / 秒，是全世界河流流量总和的 15～30 倍。湾流在北纬 45° 的纽芬兰群岛以东洋面折向东流，改称北大西洋暖流。

　　北大西洋暖流像一条永不停息的热水输送带，携带着巨大的热量，温暖了所有经过地区的空气，并在西风的吹送下，将热量传送到西欧和北欧沿海地区，使那里成为暖湿的海洋性气候。正是因为北大西洋暖流给予了欧洲无与伦比的热量资源，欧洲才得以拥有温暖宜人的气候，如果北大西洋暖流不存在，那么人类历史将被改写。在北大西洋暖流的影响下，欧洲西部成了同纬度冬季最温暖的地区。1 月 0℃等温线在我国位于北纬 34° 附近的秦岭——淮河一带；而在北大西洋，0℃等温线向北弯曲到了北纬 60° 以北地区。

　　地处北纬 60° 以北、挪威西部沿海的卑尔根，最冷月平均气温竟然在 0℃ 以上，年降水量高达 2000 多毫米。

　　北大西洋暖流一路挺进北冰洋，使得位于北极圈内、北纬 68° 58′ 的摩尔曼斯克成为不冻港，如图 5-11 所示。

图 5-11　北极圈内的不冻港——摩尔曼斯克

那么，北大西洋暖流为什么这么强大呢？这还得从湾流说起。我们都知道，盛行风是表层洋流形成的最主要推动力，信风的常年吹拂，推动了北赤道暖流和南赤道暖流源源不断向西流动。不过，影响洋流分布的因素还包括地转偏向力和海陆分布，在湾流的形成过程中，海陆分布起到了一个关键的作用。由于南美洲特殊的地理位置及其东部尖角的存在，使得南赤道暖流被分出一部分向西北方向流去，然后与北赤道暖流汇合。这不仅使得湾流的势力异常强大，还削弱了巴西暖流的能量。南半球的热水流向了北半球，这要了南大西洋热带气旋的命！如图 5-12 所示，由于海水能量北多南少，大西洋的热带气旋几乎全都在北半球生成。据统计，南大西洋热带气旋的生成数量多年来近乎为零。

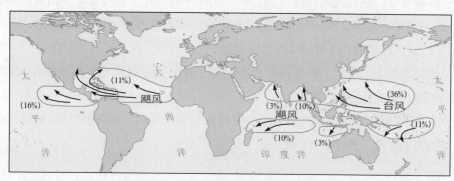

图 5-12　全球热带气旋主要活动区域统计

在遥感图中，我们可以清晰地看到大西洋的热水集中分布在北半球的趋势。海洋表面温度的分布虽然受到洋流性质的直接影响，但海水的热量归根到底还是来自太阳辐射。低纬度海区特别是副热带海区强烈的太阳辐射，是暖流能量的根本来源。

5.3.2　秘鲁寒流

北大西洋暖流是暖流中的巨无霸，而秘鲁寒流则是寒流中的王者。秘鲁寒流的强大，同样离不开南美大陆的作用。南美洲的南部像一只大手，拦住了西风漂流的去路。导致这股环绕南极的冰冷海水一路向北冲去，途经智利、秘鲁、厄瓜多尔等国，一直到达赤道海域的加拉帕戈斯群岛附近。在遥感图上我们可以清晰地看到南美洲西部海域那一片冷凉的颜色。该洋流长 3 700～5 500 千米，宽 370 千米以上，平均流速为 0.25 米 / 秒。如图 5-13 所示，秘鲁寒流在向北流动的过程中，由于受地转偏向力影响，加以沿岸盛行东南风，表层海水向西偏离海岸，使平均深约 100 米的中层冷水上泛到海面，这是秘鲁寒流常年保持 14～16℃ 低温的重要原因。

图 5-13　秘鲁寒流的上升补偿流示意图

由于洋流的温度比周围气温低了 7～10℃，表层海水的冷却作用十分明显，这使得近岸洋面水汽冷凝、多云雾、日照弱；同时，近地面的冷却使得空气难以上升，因此降雨极难出现，这加剧了沿岸的干旱。如图 5-14 所示，生活在沿岸的人们为了利用雾中的水，发明了"捕雾网"，当雾气穿过时，水汽就会附着在网上积

图 5-14　秘鲁沿海的捕雾网

173

聚成水滴，成为当地人生产生活的重要水源。

南美洲西岸拥有世界上最狭长的热带沙漠气候区，著名的阿塔卡马沙漠就分布于此，这里经常出现连续多年无降雨的记录，号称"世界干极"。秘鲁西海岸的港口城市伊基克，多年平均降水量近乎为0。

其实，寒流"降温减湿"的真正含义是"降温减雨"。从沿岸地区多雾的特征来看，这里根本不缺水汽，而且，雾的存在说明空气湿度是足够大的，并不干燥。这与深居内陆、缺乏水汽的那种"干燥而少雨"并不一样，这里的极端少雨是"水汽无法上升"造成的少雨，而寒流造成的近地面逆温则是阻碍水汽上升的罪魁祸首。这种因寒流影响而形成的沙漠具有明显的少雨、多雾特征，除了南美洲西部，在非洲和澳大利亚的西岸，也都有这种"多雾型沙漠"。

秘鲁寒流的巨大影响力还体现在生态方面，从加拉帕戈斯群岛的独特环境中可见一斑。加拉帕戈斯群岛位于东太平洋海域，距南美大陆约1 000千米，属于厄瓜多尔。群岛由火山熔岩凝固形成的13座主要岛屿和众多岩礁组成。群岛虽然被赤道穿过，但受秘鲁寒流影响，形成了与世隔绝的独特小气候，这里生活着各种奇花异草、珍禽异兽，罕见物种层出不穷，被称为"生物进化活的博物馆"，也被联合国教科文组织宣布为"世界自然遗产"。最让人拍案叫绝的是：企鹅竟然也出现在这里！如图5-15所示，这里的加拉帕戈斯企鹅是世界上唯一生活在赤道地区的企鹅。

图 5-15　加拉帕戈斯企鹅

提到企鹅，很多人直接联想到南极。事实上，南极只是企鹅的最大分布区，有着最多的企鹅数量。在全部的 20 种企鹅中，完全生活在南极的只有两种。绝大多数的企鹅都分布于南半球的沿海地区，适合冷水环境。调查发现，从南极向北经由南美西岸，一直延伸到加拉帕戈斯群岛，都有企鹅分布。这不得不让人想到秘鲁寒流的作用。事实上，正是秘鲁寒流的冷凉海水和丰富鱼类，给各地企鹅的生存繁衍、独立进化提供了得天独厚的地理条件，也孕育了独一无二的赤道企鹅。

　　秘鲁寒流带来的生物资源支撑了企鹅种群，同样也慷慨地给予了人类。由于海水上泛带来了大量硝酸盐、磷酸盐等营养物质，促使浮游生物大量繁殖，为鱼类提供了丰富饵料，因此秘鲁沿海成为世界著名渔场之一。这里的渔获量约占全球总量的 20%。

5.3.3　小鸭子周游世界

　　1992 年 1 月，一艘货轮从中国出发，计划穿越太平洋到美国华盛顿州的塔科马港。不巧的是，货轮在国际日期变更线附近的太平洋中部遇到猛烈风暴，一个装着 28 800 只小黄鸭的集装箱坠入大海并摔裂，令所有玩具鸭漂浮在海面上。如图 5-16 所示，这些原本为浴缸

图 5-16　海滩上的小黄鸭

准备的小玩具，一下子见了世面，它们把海洋当成了一个超级大浴缸，开始了漫长的漂流。

　　如图 5-17 所示，最初的 3 年中，约 9 000 只鸭子，以平均每天 11 千米的速度走完了它们在太平洋中的旅程，分别到达了堪察加半岛、日本、印度尼西亚、澳大利亚、南美洲和夏威夷等地。另 1 万只鸭子，沿着北太平洋暖流向北，经白令海峡，进入了严寒的北冰洋。在那儿，它们遇上了浮冰的围困。身不由己的鸭子们，在海豹好奇的凝视下，随着浮冰漂流了 3 200 千米，经格陵兰海进入北大

西洋。2001 年，小鸭子已到达"泰坦尼克"号沉船地点。2003 年 7—12 月，小鸭子开始在美国、加拿大和冰岛等地的海岸出现。当年订购这些玩具的美国公司 The First Years 甚至表示，愿意以每只 100 美元的高价将鸭子收回。2007 年，一些小鸭子经过了 15 年漫长的漂流最终到达了英国和爱尔兰。这一结果把整个事件推向了高潮！世界各大媒体争相报道了这群小鸭子的"历险记"。这些消息让许多英国人期待不已，在英国的幼儿园和小学里，孩子们谈论的话题总是离不开这群充满传奇色彩的小黄鸭。还有人在网上张贴出小黄鸭的悬赏启事，声明愿意用每只 1 000 英镑的价格，购买这些原来单价为 5 英镑的小鸭子。更有趣的是，这支"鸭子舰队"在全世界范围引发了"小黄鸭热"。一批海洋爱好者自发组成了"追鸭族"，专门监视"鸭子舰队"的行踪。每当"鸭子舰队"即将抵达某个海岸时，"追鸭族"们就会疯狂地涌向海滩，争抢这些著名的鸭子。

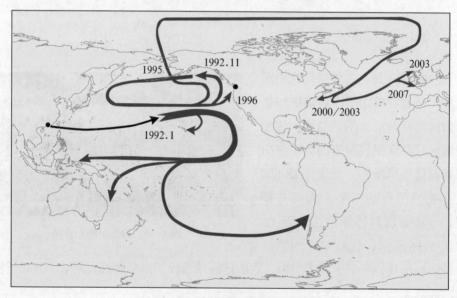

图 5-17　小黄鸭的漂流路线示意图

　　借助洋流的力量，这些小黄鸭一颠一浮地继续着它们的环球旅行，给意外的拾获者们平添了不少欢乐。它们的漂浮路线也给海洋学家们研究洋流动向提供了重要的信息。美国海洋学家艾伯斯迈尔研究过许多漂游物，包括人造卫星跟踪浮标、迁徙的鲑鱼和海龟、乐高积木、被弃船只、几百只耐克鞋、曲棍球手套以及漂流瓶等。在他眼中，海洋中的这些漂浮物体是非常有价值的教学工具，它们可以清晰地显示出洋流和季风的运动情况。这位自称是"捡破烂司令"的科学家，呼吁每个在沙滩上的人注意那些金黄色的小亮点，因为"洋流就像水里的幽灵，人类无法触摸，你能看见的，只是它们搬运着什么"。

鸭子舰队的故事给人类上了生动的一课，人们认识到，洋流就像一个巨大的传送带，连接了海洋的每一个角落。这一方面让小黄鸭、漂流瓶成为人们津津乐道的话题，另一方面也在警示人类，洋流也会对污染产生巨大影响。

2011 年 3 月 11 日，日本大地震引发福岛核电站发生泄漏，大量核废水流入海洋。借助洋流，这些核废水将像小黄鸭一样在全球范围内逐步扩散。2021 年，一项刊登在《海洋污染通报》上的最新研究显示，福岛核废水入海后 4～5 年即可到达北美西海岸，10～15 年后随洋流返回西太平洋，还有一部分废水会在运动过程中被洋流甩出，向南或向北扩散，或做下沉运动而在海面之下潜行，这些污染物经过 2～3 年即可侵入中国海域。通过这样的传输和扩散，核废水的污染物浓度已大大下降，但其影响范围也随之扩大了。这些放射性核素的潜在生态影响仍需长期连续的科学监测与评估。

第 6 章
自然地理的视角

地理学是一门综合性的学科。光是自然地理，就涉及天文学、气象学、气候学、地质学、地貌学、岩石学、水文学、海洋学、土壤学、生态学等多学科的内容。然而，随着科学的逐渐发展，这些学科内容日益丰富，专业性也越来越强，于是纷纷从地理学中分流出去，形成了各自独立的一门学问。那么，大家不禁会问，地理学还剩下什么呢？自然地理的核心思想是什么？自然地理学存在的价值又是什么？其实，自然地理学包罗万象，其核心并不在于研究自然环境某个单一的方面，而是将地球表层系统作为一个整体来看待和研究。只有弄懂了自然地理各要素之间的相互关系，明白了自然环境整体的运作机理，才算是真正拥有了自然地理的视角。

6.1 自然环境是一个整体

6.1.1 植被是自然环境的一面镜子

气候是自然地理要素的核心。而植被是对气候特征的直接反映，被称为自然环境的一面镜子。因此，我们会发现，植被类型分布图、气候类型分布图以及自然带分布图三者呈现出很大的相似性。具体来说，植被特征的每一个细节，都体现出其对自然环境特别是对气候特征的适应。

热带雨林是高温多雨地区分布的常绿、高大、多层次的植被类型，它也是地球上最古老的森林，在地质史上很少受到冰川影响，在现代受人类干扰也相对较少。热带雨林的分布与热带雨林气候的分布大体一致，赤道两侧是其最主要的分布区。此外，在澳大利亚东北部、巴西东南部、马达加斯加东部、中南半岛、中国华南和西南等地也有小范围的分布。

如图 6-1、图 6-2 所示，热带雨林的典型特征是植被繁茂、种类繁多、层次性明显。这些都是靠热带雨林地区充沛的水热条件来支撑的。有时候，雨林植物密度大到难以通行，为了获取耕作生活的土地，人类不得不采用"刀耕火种"的方式。以我国云南南部的西双版纳热带雨林为例，从林冠到林下，大小树木一应俱全，彼此互相套叠，高矮搭配，错落有致，构成五到六个植物层次。最上层多为高达 30 米以上的望天树等，它们树冠高举，凌驾于万木之上，是热带雨林的巨人；第二层由 20 余米高的乔木构成，它们树冠郁闭，是构成森林天棚的重要林层；第三层高 10～20 米，多为木奶果、长叶楠木等中小乔木，树木密度也很大，形成又一蔽光的天幕；第四层则多为美登木、萝芙木、紫金牛等中小树及灌木；第五层通常为疏密不等的各类杂草、大叶植物、苔藓等。

图 6-1　热带雨林内部繁茂的植被

由于受到层层树木的遮蔽，雨林底部的光照已经很弱。这样，生活在雨林下层的植物不得不演化出硕大的叶子来收集阳光，于是出现了海芋、芭蕉之类的大叶品种。如图 6-3 所示，海芋的巨大叶片可以让人在下方避雨。如图 6-4 所示，芭蕉的巨大叶片被人们用来盛放食物。

图 6-2　热带雨林植被分层结构示意图

图 6-3　海芋的巨大叶片

图 6-4　芭蕉的大叶被用来盛放食物

高大的树木需要强有力的支撑。因此，热带雨林中一些高大乔木的底部延伸出奇特的基根，形如板墙，称为板根，如图6-5所示。这是高大乔木的一种附加支撑结构，类似于三脚架。板根通常作辐射状伸出，最大的板根能延伸十多米长、十多米高，既奇特又壮观。同时，热带雨林高温多雨，生态循环极其旺盛，落在地面的枯枝落叶很快就会腐烂分解，营养元素在土壤表层容易随水流失，板根与地面接触面积大，能最大限度地吸收土壤表层的营养。

图6-5　热带雨林内高大乔木的板根

如图6-6所示，在热带雨林还能看到独木成林的现象。一些树木会从茎干或枝节上长出不定根或气生根，从潮湿的空气中吸收水分。随着树木的生长，这些不定根也逐渐长大、下垂，触及土壤后，它们便能扎下根来，继续生长，成为支柱根。与板根的功能类似，这些支柱根也有吸收养分和支撑树干躯体的双重功能。支柱根越来越多、越来越粗大，最终就形成了独木成林的奇观。

热带雨林下层的树木、灌木和草本植物，其叶子普遍具有尾状的尖端，因便于滴水而被称为滴水叶尖，如图6-7所示。这一特征是对雨林多雨潮湿环境的适

图 6-6　热带雨林内的独木成林现象

应。热带雨林中降雨频繁，空气中水汽丰富，特别容易在植物叶片表面结成一层水膜，从而影响叶片的光合作用和蒸腾作用。因此，雨林中的植物必须具备超强的排水能力，以保持叶面的干爽。滴水叶尖不仅能让雨水汇集落下，还能使叶片分泌出的水分沿着叶脉汇集到叶尖滴落排出。

图 6-7　滴水叶尖

　　热带雨林只是案例之一，其实，各地的自然植被特征都能体现出当地的气候特点。

　　如图 6-8 所示，油橄榄的叶片呈革质、小而硬、能反光、蒸腾量小，这很好地适应了地中海气候区夏季强光、少雨、炎热干燥的气候特点。

图 6-8 地中海沿岸的油橄榄

如图 6-9 所示，纺锤树拥有硕大的树干，最粗的地方直径可达 5 米，而其叶子却十分稀少、细小。这使得纺锤树不仅能在雨季疯狂吸水存水，还能极大地减少蒸腾作用造成的水分损失，熬过持续数月炎热干燥的旱季。

如图 6-10 所示，胡杨生长在亚欧大陆的荒漠地带，人们常常用

图 6-9 纺锤树

"活着千年不死，死后千年不倒，倒后千年不朽"来形容它顽强的生命力。人们研究后发现，胡杨有许多适应沙漠环境的特点。首先，胡杨的根系非常发达，主根可深达 10 米，侧根和水平根则向四周延伸，构成密集的根网，吸收水分的能力极强。其次，胡杨的叶子能有效减少蒸腾作用。如图 6-11 所示，同一株胡杨树上会长出形状和大小各异的叶子，幼树嫩枝上的叶片狭长如柳，而大树老枝上的叶子却圆润如杨。另外，胡杨叶子表面反光能力很强，这有利于适应强光、干燥的环境。此外，胡杨还具有一项独特的排盐碱功能。如图 6-12 所示，它可以通过自身的过滤，将体内多余的盐分从树干的节疤和裂口处自动排出，形成白色或淡黄色的块状结晶，人们形象地称之为"胡桐泪"或"胡杨碱"，一棵成年胡杨树每年能排出数十千克的盐碱，这使得胡杨能够适应沙漠地带的盐碱土壤。

图 6-10 沙漠中的胡杨

图 6-11 形态各异的胡杨叶子

图 6-12 胡杨排出的盐碱

各地植物都呈现出对当地环境的适应，这提醒我们在进行引种栽培的时候，一定要考虑不同地区自然环境的差异，否则可能出现水土不服的问题。例如，将欧洲的冷季型草坪布局在我国西北地区，就会出现常年缺水、夏季疯长、土地盐碱化、维护成本高等一系列问题。此外，植物的引种不当还可能导致外来物种入侵，破坏当地原有的生态平衡。

在地球演化史上，许多植物因不能适应环境的变化而走向了灭绝。那些存留下来的都是经历过各种复杂考验的强者。植物尚且具有这样的演化和适应能力，不得不说，这对人类有深刻启示。

6.1.2　河流特征是整体性的集中体现

河流特征包括水文特征和水系特征。水文特征包括河流的流量及其季节变化、流速、含沙量、结冰期、汛期、水位等。水系特征包括河流从哪里发源、注入哪里、流程长短、流向、流域面积、支流多少、水系形状等。如图 6-13 所示，河流特征反映的是自然环境整体的特征，是自然环境各个要素相互联系、相互影响、相互制约的集中体现。可以说，如果知道了一个地区的河流概况，就相当于了解了该地区自然环境的全貌。

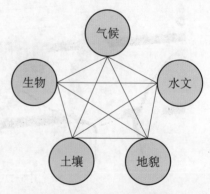

图 6-13　自然环境五要素的关系

地形是河流之父，气候是河流之母。地形主要影响水系，气候主要影响水文。可以说，水文特征中的任何一项，都或多或少受到气候特征的影响。

气候对河流的流量往往具有决定性的影响。世界上流量较大的河流，都具有流域面积大、支流多、流域内降水丰富的特点。亚马孙河是当之无愧的世界第一大河。其流域面积达 691 万平方千米，支流数量超过 1.5 万条，河口流量可达每秒 22 万～28 万立方米，大约相当于 7 条长江的流量，占世界全部河流流量的 20%。巨大的流量来自亚马孙河流域内丰沛的降水，亚马孙河流域以热带雨林气候为主，年平均降雨量普遍超过 2 000 毫米。可以说，世界上最大面积的热带雨林气候区成就了世界上最大的河流。

　　雨水是大多数河流最重要的补给方式，因此，河流流量的季节变化往往对应降水量的季节变化。例如，我国长江流域以亚热带季风气候为主，降水集中在夏季，所以长江表现为夏汛；而地中海沿岸的河流，如意大利的波河，其流域内降水主要集中在秋冬季，表现为秋冬汛。

　　在有冰川的高山地带，冰川融水成为河流的补给。冰川融水量深受气温影响，夏季融水量最大，这依然体现出气候对流量的影响。如黄河、长江发源于青藏高原，其夏季洪水中的一部分是冰川贡献的，越到上游，冰川融水所占的比例越大。在缺乏降水的干旱地区，冰川融水往往成为河流最重要的补给水源，如中亚的阿姆河、锡尔河。如图 6-14 所示，我国最大的内流河塔里木河，其补给主要来自昆仑山和天山的冰川融水，气温是其流量的决定因素，因此，6—9 月来水量占全年总径流量的 70%～80%。

图 6-14　塔里木河

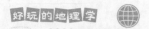

在那些冬季漫长、降雪量大的地区，季节性积雪融水成为河流重要的补给，这种补给出现在积雪融化的春季，这仍然是气候影响河流的体现。黑龙江、松花江、嫩江有明显的春汛。西伯利亚的三条著名大河——鄂毕河、叶尼塞河及勒拿河，都以积雪融水补给为主，春汛成为一年中最主要的汛期。以叶尼塞河为例，其4—6月的径流量能占到全年径流量的50%以上。

其实西伯利亚这三条大河还有一种特殊的汛期——凌汛。在广袤的西伯利亚，洪水涌入森林的事情司空见惯，我们甚至能在俄国的画作中发现不少洪水在森林中泛滥的写实主义作品。凌汛又称冰凌洪水，是指因冰凌阻塞河道而造成水流不畅、水位上涨，甚至洪水泛滥的现象。只要河流有明显的结冰期，又从低纬流向高纬，就会出现春季融冰时上游河段先融化、入冬结冰时下游河段先结冰的情况。这样一来，由于不同的河段融冰、结冰不同步，河道里就会出现大量的冰凌，一旦冰凌淤塞，就会出现凌汛，冰凌移动的巨大力量甚至可能威胁桥梁的安全。2021年3月29日，在松花江支流蚂蚁河冰凌的撞击下，哈尔滨方正县境内的新兴大桥出现了垮塌事故，如图6-15所示。我国主要的凌汛河段包括黄河的宁夏段、河套段、山东段（见图6-16）；松花江、黑龙江以及长江上游的部分河段也有凌汛发生。为防御凌汛带来的灾害，通常采用空投炸冰或冰上爆破的方法来破冰、疏通水流，如图6-17所示。

图6-15　冰凌撞击导致大桥垮塌

图 6-16 黄河山东段的凌汛

图 6-17 冰上爆破

河流的流速主要受地形影响。山区的河流水流湍急，平原的河流往往流速缓慢。一般来讲，河流上游落差大、流速快；到中下游落差变小，流速逐渐减缓。例如，长江在攀枝花河段流速为 3~5 米 / 秒，到了重庆流速为 2 米 / 秒，到江西九江已下降为 0.5~1.5 米 / 秒。

河流的含沙量与流域内的土壤、植被覆盖密切相关。例如，黄河流域土质疏松、易被侵蚀，植被覆盖较差，因此黄河流过黄土高原之后含沙量可达 35 千克 / 立方米；而闽江流域植被覆盖率高，水土流失十分有限，因此闽江多年平均含沙量仅为 0.13 千克 / 立方米。

河流的水系是地形特征的反映，水系特征从短期来看是稳定不变的，但如果把眼光放长远，从地质演化史的角度来看，水系也会随着地形的演变而发生巨大的变化。如图 6-18 所示，河流不断溯源侵蚀可能将分水岭破坏，从而把分水岭另一边的河流"抢夺"到自己的水系当中，这样一来，水系就发生了变化，这被称为河流的袭夺。地形影响河流，河流也反过来影响地形。这个案例其实体现了地理学中的一个基本规律："格局影响过程，过程改变格局。"

从河流特征的分析可以看到，自然环境的各个要素之间永远是一种相互联系、相互影响、相互制约、动态变化的关系。

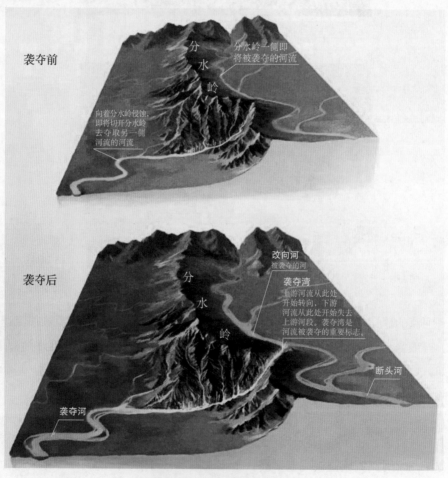

图 6-18 河流袭夺示意图[1]

① 单之蔷. 重庆啥模样? [J]. 中国国家地理，2014，639（1）：33.

6.1.3　土壤的养分从哪里来

土壤的养分是指土壤中能被植物吸收利用的营养元素，如图 6-19 所示，包括氮、磷、钾、钙、镁、硫、铁、锰、铜、锌、硼、钼、氯、镍等。那么，这些养分来自哪里？这需要从土壤的形成过程中寻找答案。

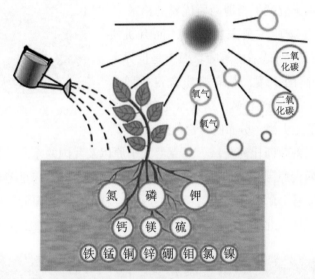

图 6-19　植物所需化学元素来源示意图

影响土壤形成的主要因素包括成土母质、生物、气候、地貌、时间以及人类活动。土壤的养分正是来自这些方面。

成土母质是土壤形成的物质基础，是大多数矿物质养分元素的最初来源。土壤的矿物组成和化学组成深受成土母质的影响。不同岩石的矿物组成有明显差别，这使得其风化后形成的土壤也出现明显差异。发育在玄武岩母质上的土壤，含角闪石、辉石、黑云母等深色矿物较多；发育在花岗岩母质上的土壤，含石英、长石和白云母等浅色矿物较多；发育在冰碛物和黄土母质上的土壤，含水云母和绿泥石等黏土矿物较多；发育在河流冲积物母质上的土壤也富含水云母，而发育在湖积物母质上的土壤还含有蒙脱石。从化学组成方面来看，发育在玄武岩母质上的土壤一般铁、锰、镁、钙含量较高；发育在花岗岩母质上的土壤一般硅、钠、钾含量较高；发育在石灰岩母质上的土壤，钙的含量最高。

如图 6-20 所示，我国四川盆地的紫色土是由中生代紫红色砂页岩母质发育而来的，富含钙、磷、钾等矿物质，这是其土壤肥沃的重要原因。

我国黑龙江五大连池地区，发育在玄武岩上的火山土壤，富含钙、镁、钾、锌、硒等矿物质元素，优质的水土成就了当地品质优异的稻米。

土壤中的矿物质主要来自母质，而有机质主要来自生物，特别是枯枝落叶。黑土是世界上有机质含量最高的土壤，其有机质含量一般为3%～10%，最高能达到15%，是其他类型土壤的10倍。世界上有三大黑土分布区，都在北纬45°附

图 6-20 四川盆地的紫色土

近，分别是美国密西西比河流域、乌克兰大平原以及我国的东北平原。这些地区黑土的形成有两大原因，一是有大量的植被提供枯枝落叶，二是冬季寒冷，土壤中的腐殖质难以被分解利用。经过漫长的时间，就形成了深厚肥沃的黑土层。如图 6-21 所示，我国东北平原的黑土层厚度一般为 0.3～0.7 米，最厚可达 1.5 米以上。

图 6-21 我国东北平原的黑土剖面

自然界中最肥沃的土壤出现在冷凉的温带，这并不是偶然的。因为，水热条件充沛的地方，生态循环旺盛，土壤中的养分要么被生物快速吸收利用，要么因淋溶而流失。尽管高温多雨的环境能促使岩石快速风化而释放养分，但释放出的养分并不会长期存留在土壤里。如图 6-22 所示，一派繁荣的热带雨林之下，土壤往往十分贫瘠。

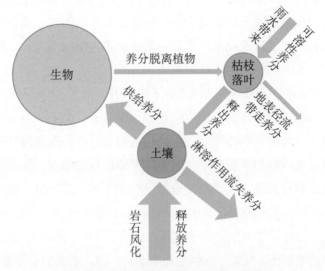

图 6-22　热带雨林土壤养分循环示意图

　　从以上案例可以看出，土壤中的养分不仅与生物紧密相关，还受制于气候、地质地貌、水文等多方面因素，体现了各自然要素之间的紧密联系和相互制约。如图 6-23 所示，在一些资料中，会把土壤放在自然环境整体性示意图的中间位置，这种示意图更能突出土壤的特殊地位，有助于理解土壤的形成过程以及土壤所发挥的作用。

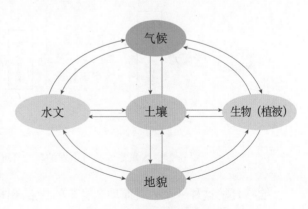

图 6-23　自然环境整体性示意图

6.1.4 牵一发而动全身

自然环境整体性的一个重要体现就是所谓的"牵一发而动全身"。意思是，自然环境既然各个要素紧密联系成一个整体，那么，其中一个要素发生改变，就会引发其他要素跟着发生改变。这种现象在地球历史上一再上演。

以青藏高原为例，5 000 万年前，印度次大陆与亚欧板块的碰撞才刚开始，青藏高原还不存在，青藏地区连同中亚一带还是大片的海洋。盛行西风将海上的暖湿气流输送到陆地上形成降水，中亚一带还是较为湿润的气候，陆地上草木繁茂、动物成群，水中饵料充足、鱼翔浅底。

随着印度次大陆不断北进，青藏高原不断抬升，到了 1 000 万年前已基本形成今天的格局。与此同时，非洲板块也配合着一起北上，中亚一带的海洋走向了消亡，水汽的减少与高山高原的隆起、阻挡相互配合，使得亚洲内陆逐渐走向了干旱化。伴随着亚洲内陆的气候变干，风蚀风积地貌开始出现，那些适应干旱环境的生物特征得以留存延续，自然环境逐渐演变成了今天的模样。如图 6-24 所示，在青藏地区，强烈隆起的地形造成了高寒的气候，在地势高、气候寒冷的影响下，动植物演变成了耐高寒的类型，大量的降雪变成了冰川，冰川又成了河流的源头。总之，地形的变化改变了气候，气候进而影响了生物、水文、土壤等各个方面。

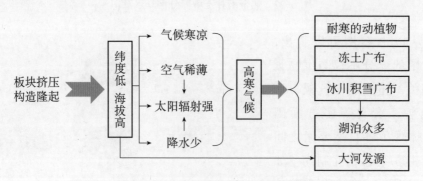

图 6-24　青藏高原抬升引发的自然环境要素关系示意图

自然环境这种"牵一发而动全身"的特点还体现在生态问题之中。例如，黄土高原在古代曾经覆盖大片森林，气候宜人，地貌稳定。当人类把森林砍伐掉之后，水土流失开始出现，沟壑和陡坡越来越多，肥力最高的表土被冲走，河流含沙量增加，水量变化加剧，土壤的蓄水能力下降，水土资源的流失反过来也影响了植被的生长恢复，从而引发更为严重的水土流失，如图 6-25 所示。缺少了土壤水分和植被覆盖，地区的温差会增大，水分会减少，小气候发生变化。在这个案例中，我们看到，随着植被这一个要素的变化，黄土高原的地貌、水文、土壤、气候都发生了改变。这就是典型的"牵一发而动全身"。

图 6-25 黄土高原局部地区的植被覆盖与水土流失

俗话说，解铃还须系铃人。既然生态问题的成因属于"牵一发而动全身"式的恶性循环，那么生态问题的治理就要让自然环境进入"牵一发而动全身"式的良性循环。还是以黄土高原为例，治理水土流失的一个有效举措就是修建淤地坝，如图 6-26 所示，这是人为改变地貌的做法。淤地坝修建之后，侵蚀沟被拦截，当暴雨洪水

图 6-26 用淤地坝治理水土流失

来袭、水土流失出现的时候，由于淤地坝的拦截作用，流失的洪水和泥沙会先在淤地坝上游的沟谷内停滞，在这个停滞的过程中，因流速下降，洪水的侵蚀搬运能力会大幅降低，携带的泥沙纷纷沉降。如果洪水量大，将有一部分洪流漫过淤地坝，不过这不要紧，因为下方还有淤地坝的拦截。这样，通过一系列的淤地坝拦截，泥沙就会大量沉降，洪水也会在沟谷内大量下渗。这样一来，沟谷最终被填平，变成肥沃的耕地，地下水因下渗而得到补充，河流含沙量减少，植被更容易生长，小气候也会改善。从这个案例可以看到，只需改变地貌这一个要素，就会引发水文、土壤、植被、气候等要素跟随改变。这就是活学活用自然环境整体性的体现。

在与自然环境打交道的过程中，我们要善于运用整体性思维，善于抓住解决问题的"牛鼻子"，这样才能起到事半功倍、牵一发而动全身的良好效果。

6.2 地域分异有规律

6.2.1 水热条件的制约

当我们审视自然带或植被分布图的时候，能明显地看出从赤道向两极、从沿海到内陆的地域分异规律。

从低纬度到高纬度，随着热量这个主导因素的变化，植被类型也会出现相应的变化。例如在我国的秦岭—淮河一带，南方以常绿阔叶林为主，北方以落叶阔叶林为主。显然，北方树木的落叶和休眠是对最冷月平均气温低于0℃的适应。不过实际上，仅仅看到南方和北方的区别还不足以体会纬度地带性的深刻影响。我们不妨看看下面的实际案例。

咖啡树是典型的热带树种，我国引种的小粒种咖啡原产于非洲的埃塞俄比亚高原，适合在年平均气温19～21℃、降水量800～1 500mm的地方生长，如果极端最低气温低于0℃，就会有被冻死的风险。因此，这种咖啡树在我国只分布在南亚热带和热带地区，包括云南南部、海南岛、台湾岛、两广和福建的局部地区。

又如，柑橘在我国分布的最北地区是陕西和甘肃的南部，恰好位于秦岭—淮河一带，由此可见，最冷月平均气温0℃线似乎阻挡了柑橘北上的脚步。实际上，如果极端最低气温低于-9℃，大部分的柑橘树就会被冻死。

到了华北，只有更为耐寒的树木品种才可以存活。如石榴、无花果可以忍受-15℃左右的极端最低气温，可在华北南部安全越冬，在北京则有被冻死的风险；而柿子树可以忍受-20℃的极端最低气温，板栗树可以忍受-24℃的极端最低气温，可以在北京安全越冬，但是到了东北平原，这类暖温带的树木就难以存活了。

从这些案例可以看到，极端的热量条件，特别是极端的最低气温，往往成为制约不同树种分布范围的决定性因素。如果我们自己查阅资料，还能发现很多这类案例。

　　同理，从沿海到内陆的分异规律，主要体现水分条件的制约作用。例如，森林的存在是水分充足的体现，一般对应湿润地区，如图 6-27 所示。随着水分条件逐渐变差，森林带会逐渐过渡为草原带和荒漠带。这种现象在亚欧大陆的中纬度地区表现得最为明显，这是因为宽广的陆地形成了足够明显的水分差异。

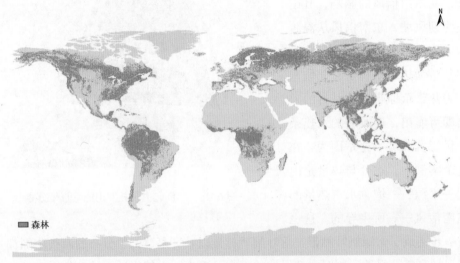

图 6-27　全球森林分布状况图（2019 年）

　　在我国，森林带和草原带的过渡区大体上位于年降水量 400 毫米等值线附近，而草原带和荒漠带的过渡区大体上位于年降水量 200 毫米等值线附近。自然环境的变化也进一步影响了人类活动，形成了从农耕区到畜牧区再到灌溉农业区的变化。

6.2.2　冷暖干湿的不同组合

　　在地域差异的分析中，垂直地带的分析较为复杂，一方面是因为水分条件随海拔的变化存在一定的不确定性，另一方面是由于不同坡向可能形成冷暖干湿的

不同组合，这进一步加大了垂
直地带分析的复杂程度。

下面通过几个典型案例来
探讨这个问题。

首先来看非洲乞力马扎
罗山的情况。如图 6-28 所示，
乞力马扎罗山位于南纬 4° 附
近，受东南信风的影响，其南
坡为迎风坡，东南信风从温暖
的印度洋带来水汽和热量，南
坡基带为热带雨林带，北坡基
带为热带草原带。从基带的差
异即可看出，迎风坡的水热条
件优于背风坡。这是因为，在
这个案例中，水分与热量是由
同一来源——饱含水汽热量的
东南信风——所主导的。这也

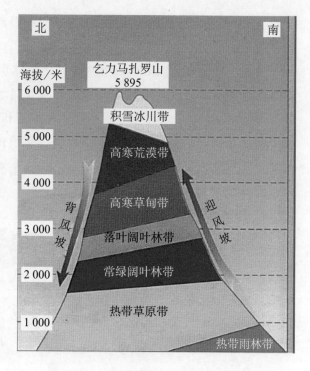

图 6-28　非洲乞力马扎罗山的垂直带分布

进一步造成了常绿阔叶林带、落叶阔叶林带以及高寒草甸带分布的海拔范围都是
迎风坡高于背风坡。同时，迎风坡的降水量更大，也使得这个坡向的雪线处于更
低的位置。

再来看喜马拉雅山的情况。如图 6-29 所示，珠穆朗玛峰将南北坡自然带的不
对称演绎到了极致，这反映出的是南北坡巨大的自然环境差异。喜马拉雅山像一
堵高墙一样挡住了来自印度洋的暖湿气流，导致南坡不仅降水量远远超过北坡，
而且天气特征也跟北坡很不一样。南坡虽然位于阳坡，但因其雨雪和云雾更多，
太阳辐射量可能低于同一海拔的北坡。在南坡，降水量在海拔 2 000 米、海拔
5 000 米附近出现了两个高峰，如珠穆朗玛峰南坡海拔 2 745 米的羌利卡尔气象站，
年降水量为 2 283.6 毫米；到海拔 3 355 米的南遮巴沙尔村，年降水量只有 939 毫
米；到海拔 4 420 米的拉均村，年降水量减为 582.8 毫米；而到了孔布冰川海拔
5 600 米以上的粒雪盆，年降水量则又上升到了 1 700 毫米。而在珠穆朗玛峰北坡，

年降水量随着海拔的降低而减少。如绒布冰川上部海拔 5 900 米处的粒雪盆，年降水量为 800 毫米左右；海拔 5 000 米的绒布寺年降水量仅为 335 毫米；海拔 4 300 米的定日地区年降水量仅为 243 毫米。这种差异导致了以下结果：由于南坡降水量更大，因此珠穆朗玛峰雪线南坡低于北坡。这进一步影响了位于高山冰雪带下方的"高山寒冻冰碛地衣带"，其在南坡的分布范围是海拔 5 200～5 500 米，而在北坡的分布范围是海拔 5 700～6 000 米，这说明，北坡因缺乏水汽等因素，只有在更高的海拔，才可以形成与南坡相似的水热组合条件，同时，北坡充足的太阳辐射可能在某种程度上平衡了海拔升高而造成的降温效应。在类似的规律作用下，"高山寒冻草甸垫状植被带"也体现出了类似的南北分布差异。

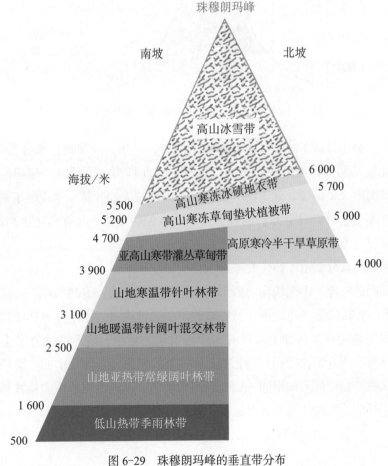

图 6-29　珠穆朗玛峰的垂直带分布

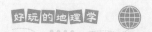

再来看看天山博格达峰的垂直带分布（见图 6-30），我们还会有新的发现。首先，南北坡均有的垂直带，都是北坡处于更低位置；其次，山地针叶林带仅分布在北坡，在南坡缺失。这些现象又该如何解释呢？

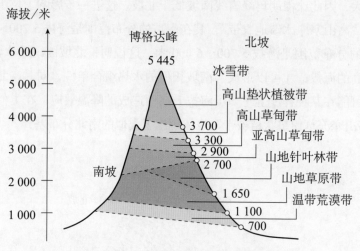

图 6-30　天山博格达峰的垂直带分布

原来，天山地区的水分主要来自西北气流，北坡是迎风坡，水分条件更好；同时，北坡是阴坡，与同一海拔的南坡相比，北坡形成了偏冷、偏湿的气候特征，南坡则形成了偏暖、偏干的气候特征。南坡缺失针叶林，这说明了南坡的暖干气候并不适合针叶林分布。同理，由于南坡偏暖偏干，只有到达更高的海拔，才能形成与北坡类似的自然环境，所以在温带荒漠带之上，山地草原带、高山草甸带等都是南坡分布范围高于北坡。

在不同的山地，不同坡向可能形成不同的气候组合，有时候是一边暖湿、另一边冷干；有时候是一边冷湿、另一边暖干。之前说过，由于降水随海拔变化还存在一些不确定性，再加上天气对太阳辐射量的影响，实际的垂直带会更为复杂。但万变不离其宗，我们只需把握一个规律：植被是自然环境的一面镜子，植被特征反映气候特征。如果同一山地、不同坡向、不同海拔地区的植被相同，通常说明这两地的气候环境是相似的。

6.2.3　生物多样性丰富之地

生物多样性是指一定地区的各种生物以及由这些生物所构成的生命综合体的丰富程度。从整个地球范围来看，生物多样性分布明显与纬度有关，南北两极是生物多样性最少的区域。相反，在热带地区则集中了大部分的生物种类。处于这两个典型地带中间区的温带，其生物多样性少于热带而多于寒带。例如，在国土面积大致相等的委内瑞拉和法国，其哺乳动物的种类数相差 3 倍以上，前者有 350 种，而后者只有 113 种[①]。进一步来说，充足的水热条件是生物多样性的基础。因此，热带雨林是地球上生物种类最丰富的地区。热带雨林面积只占地球表面积的 6%，却拥有世界一半的物种。世界上 25 万种有花植物，其中就有 17 万种生活在热带雨林。尽管如此，有些地方的生物多样性程度还是可以超过热带雨林，那就是高山、海洋、雨林并存的地区。因为高山的存在，在原本热带雨林的情况下又多了一个垂直地带性的影响，如果山体足够大，从山麓到山顶，就可以呈现出类似从热带到寒带的变化；同时，海陆兼备的特点进一步增加了物种的丰富性。

我国台湾岛就是这样的地方。台湾岛陆地面积约占全球的 0.025%，目前已发现并命名的物种就高达 4.6 万种；但是因为还有很多地方没有经过详尽的调查，很多类群的生物还未做分类研究，物种总数估计至少有 15 万～20 万种，占全球总数的 2.5%，达到全球平均数的 100 倍。同时，台湾岛附近海域的海洋生物物种更高达全球总数的 1/10，是全球海域平均值的 400 倍。不仅如此，只分布在台湾、不见于全球其他地方的特有种比例极高，约占台湾岛所有物种的 1/4。依据《台湾植物志》（第 2 版），台湾目前已知的原生维管束植物有 4 077 种，其中特有种达 1 067 种之多，特有率为 26.2%。而特有种的分布，有随海拔递增的趋势，即海拔越高，特有种比例越高。简单来说，环境的独特、稀缺、封闭性造就了物种的独特性。从特有种数量来说，以兰科 92 种、菊科 64 种、蔷薇科 49 种为最多，从特有种的比例来看，特有率最高的则是龙胆科的 80.8%、茶科的 63.2%、杜鹃花科的 60%；从影响力上来说，台湾最为著名的特有树种是台湾红桧。如

———————
①　熊治廷.环境生物学 [M].武汉：武汉大学出版社,2000，12：448-449.

图 6-31 所示，红桧树身粗壮雄伟，这
种扁柏属的高大乔木主要分布于海拔
1 500～2 000 米处降水丰富的高山地带。
由于木材质地优良，而且会散发出香气，
所以 20 世纪中叶红桧被大量砍伐，数量
大幅减少。如今在阿里山，有 30 多棵红
桧被集中保护起来，被称为"阿里山神
木群"。再来看看动物，台湾岛的哺乳动
物种类众多，若以单位面积来算，则称
得上是全世界陆地哺乳类动物种类最丰
富的地区，其中著名的有台湾猕猴、台
湾黑熊等。而近 30 种的两栖类动物中就
有 5 种特有种。另外，生存于高山环境
的樱花钩吻鲑堪称世界级的活化石。此
外，台湾还有诸多特有的鸟类、蝶类等，
不胜枚举。综上所述，台湾真的可以称
得上是生物多样性之岛！

台湾岛的生物多样性得益于其特殊
的地理位置和地理环境。台湾岛地处北

图 6-31　"阿里山神木"（台湾红桧）

回归线附近，在亚洲东部、太平洋西侧的岛弧上，为热带、亚热带季风气候，热
量充足，降水丰沛，岛上拥有我国东部最高的山脉——台湾山脉，其主峰玉山海
拔近 4 000 米。在地质史上，台湾岛在第四纪大冰期时曾与大陆相连，后来冰期
结束，海平面上升，才成为岛屿。从生物角度来看，台湾岛介于东亚区系与马来
西亚区系之间。正是由于地理位置、气候、动物迁徙、植物散布处于过渡地带的特
殊条件，加上岛中高山林立，孕育了热、暖、温、寒各带的生态体系，并在第四纪
大冰期时成为生物的避难所，才具备了如此的生物多样性。此外，因为有海峡阻隔，
加之岛内山高谷深、山头独立，使物种基因的交流不易，在经历长年的演化之后，
得以形成许多独特的物种。丰富的生物多样性是大自然给人类的宝贵资源和遗产。

形成和保持丰富的生物多样性其实还需要一个条件，那就是远离人类活动的

干扰。这里不得不说一说台湾云豹的故事。如图 6-32 所示，台湾云豹身长普遍在 0.6~1 米，体重 20 千克左右，体型要比金钱豹、雪豹小一些，浑身毛发的颜色以深棕色为主，在腹部两侧还呈现出多个云彩状的斑纹，是台湾的特有物种。在 1940 年，台湾云豹还有 4 000 只左右，不

图 6-32　台湾云豹

过从 20 世纪 50 年代开始，随着台湾人口的增加、山地开垦程度的增加、人类活动范围的扩张、大量森林被砍伐破坏，台湾云豹的栖息地受到了很大程度的压缩，越来越向着海拔更高的山峰中上部退缩，最后的栖息地为玉山、大武山。另外，由于台湾云豹的毛皮既柔软又美观，骨头还可以入药，因此人们对云豹的捕杀愈演愈烈，台湾云豹遭受灭顶之灾。自从 1972 年以后，人们在野外再也没有发现过云豹的踪迹。2013 年，专家学者宣布台湾云豹已基本灭绝。

　　放眼世界，与我国台湾有着类似条件的地区，还包括马达加斯加岛、马来群岛、加勒比海地区的热带海岛以及中南美洲的一些地区。

　　特别是马达加斯加岛，同时拥有热带雨林、热带草原、垂直地带、海陆兼备、与世隔绝的地理条件，拥有极为丰富的特有物种。马达加斯加岛是世界第四大岛，面积约 59 万平方千米，与我国云南省和陕西省面积之和大体相当，虽然它只是一个偏居一隅的岛，其生物多样性却无与伦比。岛上有物种类型 25 万，其中特有种的比例高达 70 %。最引人注目的是 100 多种狐猴，它们源于非洲大陆，但是后来其他灵长类发展起来后，非洲大陆的狐猴已全都灭绝，马达加斯加因为隔离的地理环境成为狐猴类的唯一家园。其中最著名的是环尾狐猴，如图 6-33 所示。

图 6-33　马达加斯加的环尾狐猴

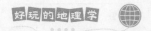

马达加斯加拥有蛙类 300 多种，99％为马达加斯加所特有！有爬行类 300 多种，超过 90％为特有种，其中一些物种与南美洲物种的亲缘关系更近。在全世界所有的变色龙种类中，有超过 2/3 的种类分布在马达加斯加，以至于科学家都认为这里是变色龙的发源地。马达加斯加有鸟类 258 种，其中特有种有 115 种；有植物 12 000 多种，70％～80％都是特有种，其中，170 种棕榈树中 165 种为特有种，近 1 000 种兰花中 85％为特有种，8 种猴面包树中 6 种为特有种。这些统计数据读起来都让人觉得不可思议！由于马达加斯加岛在全球生物多样性方面的突出地位，它甚至被一些学者称为"第八大洲"。

马达加斯加岛的生物多样性要从大陆漂移说起。在 2 亿年前，南美洲、非洲、马达加斯加、印度半岛、南极洲等陆地还连成一体，都是冈瓦纳古陆的一部分；到了 1.6 亿年前，随着冈瓦纳古陆解体，马达加斯加开始逐步脱离大陆成为独立的岛屿。因此，马达加斯加岛的生物是在古老的非洲和南美洲物种组成基础上，经过长期的隔离演化而形成的。当然，马达加斯加地处低纬、充足的水热条件、高山的垂直变化以及足够大的面积等其他因素也都成为物种极大丰富的必要条件。

值得注意的是，马达加斯加是全球最不发达的国家之一，其生物多样性保护一直备受国际关注，近年来国际观野生动物旅游活动的发展，给马达加斯加生物多样性保护带来了重要动力。但是自从新冠疫情暴发以来，当地旅游收入锐减，返贫后的当地老百姓对自然资源的依赖迅速上升，再加上气候干旱，饥饿和贫穷使得当地人根本无暇关注物种保护，野生动物正在重新成为人类的食物。此外，刀耕火种的农业模式仍在持续，森林的破坏与日俱增，马达加斯加的生态系统和独特物种资源正在面临重大危机。马达加斯加野生动植物的命运与其人民的命运是紧密相连、密不可分的。我们呼吁各方做出更大努力，帮助马达加斯加的人民渡过难关，使其进入可持续发展的模式。只有这样，这个岛屿上的独特生灵才有机会得到保护与恢复，如果那些可爱的狐猴只活在动物园中甚至是动画片中，那毫无疑问是全人类的悲哀。

第 7 章
何处为家

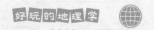

在进行人口地理内容的讨论之前，我们先得谈谈人口研究的意义所在。

从宏观上来说，实现人地协调是地理学科的核心价值。我们所有关于地球表层的研究、学习和努力，都必须依赖人的实际行动，最终也是为了人能在地理环境中生活得更好。也就是说，一切以人为本，人既是途径，也是目的。从微观上来说，在任何一个地区的社会经济发展中，人都是核心要素，人口是繁荣的希望。人可以成为劳动力，可以成为科技创新的人才，可以是政策的制定者，也可以成为市场中的消费者，同时，人也是文化的传承者和家园的保卫者。那些经济发达、创新力强的地区往往是人口聚集的地带。一个国家的强大、可持续发展和国防安全都要有适当的人口基础作为保障。

有这样一个小故事：富商拥有一大块荒无人烟的土地，土地价格很低，但无人愿意投资，富商也不知该如何开发。有人出主意将这块土地中间划出一块捐赠给政府用来建大学，这样，大学旁边土地的商业价值就立刻提升了，可以开超市、书店、健身房、加油站，等等。富商照着做了，果然赚得盆满钵满。这就是人口聚集带来的效益。在现实中，类似的案例比比皆是。美国顶级学府斯坦福大学以及硅谷的辉煌，可以说就是这个故事的翻版，甚至要更精彩。

1885年，时任加州州长及参议员的铁路富商利兰·斯坦福和他的妻子共同创办了斯坦福大学，1891年开始招生。不过，成立之后的数十年里，斯坦福大学一直默默无闻。直到1951年，斯坦福大学的工程学院院长弗雷德里克·特曼做出一个历史性的决定：将大学里的一千英亩土地以极低廉、只具象征性的地租，长期租给工商业界或毕业校友用来开公司，再由公司与学校合作，提供各种研究项目和学生实习机会。于是，斯坦福成了美国首家在校园内成立工业园区的大学。就是这一决定，实现了斯坦福的腾飞。工业园区内，企业一家接一家地开张，不久就超出了斯坦福能提供的土地范围，企业向外扩张，斯坦福大学被科技集团与创新企业重重包围，形成了顶尖科技人才汇聚之地，"硅谷"就这样诞生了。这里孕育出了一大批世界级的公司，包括微软、苹果、惠普、英特尔等。斯坦福大学的影响力也越来越大，现在稳居全球顶尖名校之列。在这个案例中，高科技人才的汇聚爆发出了谁都没想到的惊人力量。

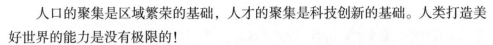

人口的聚集是区域繁荣的基础，人才的聚集是科技创新的基础。人类打造美好世界的能力是没有极限的！

同时，我们还应该看到，人类对地理环境的改造、干扰甚至破坏能力也十分强大。伴随着世界经济和科技的飞速发展，人类也面临着资源短缺、环境污染、生态破坏、物种灭绝、灾害增多、地区发展不平衡等问题，因篇幅所限，这里就不一一举例了。在这些现象的背后，往往隐藏着复杂的人口背景，可以说，一切环境和发展问题，归根到底都可以追溯到人口问题上。在人口、资源、环境、发展关系中，人口是最基础和最关键的因素。

7.1　以人为本

7.1.1　人口增长的上限

根据联合国的报告，全球人口在 2022 年 11 月中旬已达 80 亿，而且还将继续增长。当今时代，每个地球人都身处在一个人口纪录不断被刷新的、前所未有的人类繁荣时代。不过，人口数量的爆发性增长是在最近的 200 年才出现的现象，特别是从 1950 年到 2022 年，全球人口增加了 55 亿。那么有人不禁会问，人口会不会一直这样增长下去？会不会超过地球的极限？人类的未来是怎样的？很显然，这些问题至关重要，关系到我们每个地球人和我们后代的福祉。要想回答这些问题，我们必须回顾历史，弄清楚那些影响人口增长的具体因素。

事实上，人类作为一个物种繁衍至今已有几百万年。自诞生以来，人类种群的数量一直处于很低的水平，由于死亡率高，人口增长十分缓慢，近乎停滞。因为那时人类的生产力水平实在太低下了，一方面没有能力获取足够多的食物，另一方面也无法抵御疾病的侵袭，更别提那些冰河时代的考验和超级火山爆发的威胁了。在漫长的过去，人类能保持物种延续就算是胜利。在原始社会，人类的平均寿命只有 15 岁，一方面由于成人的寿命较短，另一方面因为新生儿的夭折率太高。显然，在那个时候，人类最重要的使命就是活下去并繁衍后代，很难考虑长远规划。

如图 7-1 所示，在大约 1 万年前，人类开始种植作物，原始农业出现了，这是一个具有决定意义的转折点。从那以后，人类不仅得以从灭绝的风险中挣脱出来，还进一步发展了智力，并积累了制作和使用工具的经验。与此同时，野生动物也逐步被驯化。到了公元元年前后，人类平均寿命已达到 20 岁。

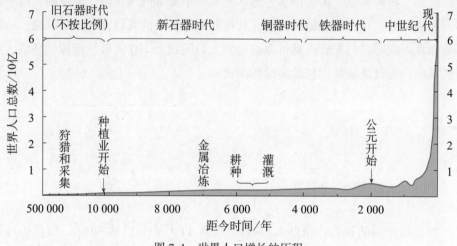

图 7-1　世界人口增长的历程

到了 18 世纪中后期，随着工业革命的开始，人类的生产力水平实现了又一次飞跃。工业革命大大提高了生产效率，使有限的土地能够供养更多的人口，刺激了欧洲和北美的人口在 19 世纪大幅增长。从 1800 年到 1914 年，欧洲人口由 1.9 亿增长到 4.6 亿，同期美国人口从 500 万增加到近 1 亿。放眼世界，全球人口于 1830 年突破 10 亿，于 1927 年突破 20 亿，接着在 1959 年突破 30 亿，1975 年突破 40 亿，1987 年突破 50 亿，1999 年突破 60 亿。在这一过程中，人类的平均寿命也不断延长：1800 年，人类平均寿命约 37 岁；到了 1985 年已延长到 62 岁；2015—2020 年已达 69 岁。在以上人口增长的过程中，死亡率的下降起到了决定性的作用。促使死亡率下降的原因是多方面的，包括农业的进步、工业的发展、疫苗的普及、化肥的应用、社会保障的完善、医疗水平的提升等。人类社会的进步不断地抬高了人口增长的上限。

在人口快速增长的历史进程中，一些学者敏锐地意识到人类已处在"千年未有之大变局"中，相继表达了他们对人口增长的看法。

　　1789 年，英国人口学家马尔萨斯首次发表了他的《人口原理》。他在书中记载："如果不加限制，人口将以几何级数增长，而食物却是以算数级数增长。前者比后者快得多，两者必然产生矛盾。如果人口问题解决不好，会使广大人民陷入贫困。当人口过多时，抑制人口增长的两种力量就会发挥作用。这两种力量一个是苦难，另一个是罪恶。所谓苦难，就是贫穷、饥饿、疾病、婴儿夭折等；所谓罪恶，则是战争、犯罪、杀婴、绝育等。"《人口原理》一经问世便争议不断，在不同国家、不同时代，处在不同立场的人们对其褒贬不一。但毋庸置疑，这是学术史上的一部重要著作，它对世界人口理论及整个社会生活的许多方面都产生了深远的影响。

　　任何人都无法摆脱时代的局限，马尔萨斯也不例外。事实上，《人口原理》的结论都是根据农业社会与工业社会初期的人口现象而得来的，这套理论可以很好地解释工业时代之前的世界人口增长状态和经济情况。然而，到了现代，从社会发展的实际情况来看，这些结论都是错误的。虽然马尔萨斯生活在第一次工业革命时期，看到了人类因为科技发展而富裕，也看到了局部地区因为人口的快速增长而陷入贫穷，但他根本想不到人类会持续爆发第二次工业革命，后来又会有第三次、第四次工业革命，也想不到人类的生产能力可以超越人口增长，社会财富会空前繁荣，可以在人口不断增加的情况下依然实现人均生活水平的大幅提高。现如今，高产作物不断涌现，沙漠可以变成良田，海洋可以成为牧场，太空可以培育作物……借助科技创新，人类在未来完全可能做到在耕地不增加的情况下几何级地增加食物产量。同时，马尔萨斯也完全想不到，当人类社会逐渐步入现代化和城市化之后，人们会不愿意生孩子，会面临人口老龄化的挑战。我们不能指望马尔萨斯的思想能多有前瞻性，但很显然，马尔萨斯的人口理论已经不再适合现在的社会发展。

　　类似的，1972 年，罗马俱乐部一份标题为"增长的极限"的报告做出预测：在随后的几十年里，人口爆炸将会导致能源耗尽和资源枯竭。事实已经证明，这个结论也是错误的。由于替代资源和新能源的开发，自然资源并没有被消耗殆尽。事实上，由于开采技术的进步，不少资源的储量甚至还在增加。此外，大多数发达国家在完成工业化的初期阶段之后，已经基本解决了环境污染问题。更重要的是，人口并没有爆炸，反而出现了生育率普遍下降的情况。事实上，世界平均总和生育率（平均每名女性一生中生育孩子的个数），已经从 20 世纪 50 年代的 4.9，下降到了 21 世纪最初 10 年的 2.5 左右[①]。联合国数据显示，2021 年，世界平均总和生育率已进一步降低到 2.3，预计到 2050 年，世界平均总和生育率将下降到 2.1 的更替水平，这意味着出生和死亡人数趋于平衡，人口停止增长，保持稳定。

现在，大多数经济学家都认为，马尔萨斯主义者的人口和经济学理论，只适用于世界上少数最不发达的国家和地区。从总体上看，世界人口发展已经进入了一个新的时代。一个国家或地区的人口数量和人口增长，只要能促进当地长期可持续发展，就是合适的。

人类从采集狩猎时代一路走来，发展到农耕时代，再到今天的工业时代，影响人口增长上限的因素也在逐渐变化。农业出现之前，动植物的丰富程度和人类获取食物的本领成为主要的影响因素；在农耕时代，耕地和水资源成为决定性的影响因素，生产力水平的缓慢提高也使得土地支撑的人口缓慢增加；到了工业时代，科技的影响力越来越大，人口终于出现爆发性增长，但与此同时，现代化也导致了人类生育观念发生逆转，这成了人口进一步增加的阻力因素。

据联合国《世界人口展望 2022》报告预计，全球人口在今后几十年里将继续增长，虽然存在地区差异，但总的增速会放缓。由于预期寿命和育龄人口增加，联合国预计 2030 年全球人口将增长至 85 亿，2050 年达到 97 亿，21 世纪 80 年代达到约 104 亿的峰值，并保持这个水平到 2100 年。不过，据美国华盛顿大学健康指标与评估研究所 2020 年的一项研究推算，全球人口将在 2064 年达到峰值，但不会超过 100 亿，到 2100 年将减少至 88 亿。这篇研究报告的主要作者斯坦·埃米尔·沃尔塞特认为，其团队采用与联合国"完全不同的生育率模型"，估算出的全球人口峰值较低，为 90 亿～100 亿。

那么，人口增长到底有没有上限？上限是多少？这恐怕还需要时间来给出最终答案。

---

① 梁建章，黄文政. 人口创新力 [M]. 李君伟，译. 北京：机械工业出版社，2018：11.

7.1.2 人口问题的破解

当今世界，不同地区的发展很不平衡。从人口问题的角度来讲，也各有各的不同。纵观世界不同国家和地区的人口现象、人口问题以及应对措施，能给我们提供不少宝贵的启示。

在少数尚未实现工业化的地区，人口增长还停留在"高出生率、低死亡率、高自然增长率"的模式。一个典型的例子就是尼日利亚。尼日利亚位于非洲西海岸，该国于 1960 年独立，当时人口约 1 600 万，到 2012 年人口普查的时候，已经增长到了 1.66 亿。根据联合国公布的数据，2019 年该国人口已超过 2 亿，且仍在以年均 2.6% 的速度增长，联合国预测，到 2030 年，尼日利亚人口将达到 2.6 亿，到 2050 年将超过 4 亿。在不远的将来，尼日利亚的人口数量很可能超越美国，成为仅次于印度和中国的人口第三大国，然而该国的国土面积只有92 万平方千米，还不到印度国土面积的 1/3。不过，该国的自然条件还是十分优越的，尼日利亚的石油储量高达 372 亿桶，位居世界第十，是中国的 1.5 倍。尼日利亚是非洲第一大石油生产国和世界第六大石油出口国，石油出口每年能为尼日利亚带来 1 000 多亿美元的收入，占其国内生产总值的 25% 左右。除此之外，尼日利亚还拥有 5.3 万亿立方米的天然气以及 28 亿吨的煤炭，是名副其实的资源大国。与此同时，尼日利亚拥有水热充足的热带雨林气候和热带草原气候，十分有利于农业生产，水稻可以一年三熟。得益于技术进步和政策支持，2021 年尼日利亚大米产量达到 529 万吨，创历史新高，并有望结束长期进口大米的历史。从 2000 年到 2010 年，尼日利亚实现了年均 8% 的经济增长率，是非洲第一大经济体。对尼日利亚来说，高速增长的人口既体现了人口红利，也潜藏着人口危机。

从人口结构上来说，尼日利亚 25 岁以下的年轻人群超过总人口的 60%，足够多的年轻人为未来的发展空间提供了无限的可能。从人口受教育程度来说，根据世界银行披露的数据，近年来，尼日利亚大、中、小学生入学率分别为6%～10%、30%～45%、70%～83%，这与发达国家还有明显差距，但在非洲已位于前列。这意味着每年有大量年轻人口涌向劳动力市场，也贡献了大量的消费潜力。随着时间的推移和财富的积累，该国已有 20% 以上的人口迈入中产

行列，日益增长的购买力也进一步推动了消费升级，人们对房地产、零售、家电、医疗健康、投资理财的需求不断上升。这进一步促进了产业的多元化和经济的繁荣。

不过，人口快速增长也伴随着隐患。当前，尼日利亚是世界上儿童失学率最高的国家之一。近十年来，尼日利亚的失学儿童数量在 800 万～1 300 万之间波动，这是世界上最大的失学儿童群体，约占全球的 1/5。同时，因经济基础薄弱、产业结构不均衡，失业率居高不下。尼日利亚国家统计局 2021 年 3 月发布的数据显示，截至 2020 年年底，该国失业率为 33%，超过 2 300 万人无业或就业不足。同时，尽管国家经济总量增长迅速，但受制于人口膨胀，其人均国内生产总值近十年来一直在 2 000 美元上下徘徊，只相当于世界平均水平的 1/6。由于该国经济长期依赖资源出口，一旦国际经济形势发生变化，石油价格动荡，就会造成经济收入的波动。与此同时，人口的暴增也给城市管理、社会治安、医疗保障等各方面都带来了新的挑战。

不过，像尼日利亚这样人口快速增加的国家毕竟是少数。世界上大部分国家，包括中国，早已进入了"低出生率、低死亡率、低自然增长率"的"三低"人口发展模式。目前，世界上大部分人都生活在生育率低于更替水平的国家和地区。所谓生育率的更替水平，是指为了让每一代人的规模大致相仿，需要达到每名女性平均生育 2.1 个孩子的生育率水平（这个数字略大于 2，是因为有少数儿童可能会在成年以前死亡）。特别是一些高收入国家和中国的生育率水平已经低于 1.5，这意味着每一代都将比上一代人减少 25%。超低生育率在很多国家已经成了一个令人担忧的社会问题，就算实行各种鼓励措施，也很难改变现状。从全球历史发展来看，20 世纪是人类生育率水平和死亡率水平剧烈下降的时代，生育率从 1950 年的 5 跌至目前的 2.5，而平均出生预期寿命从 1950 年的 45.7 岁增至 2019 年的 73.3 岁。在这种人口转型的大背景下，整个人类社会的老龄化就成了一个必然结果。这是大多数国家都将面临的现实。通常用 65 岁以上人口的比重来衡量老龄化程度。如图 7-2 所示，根据联合国披露的数据，2019 年，日本是世界上老龄化程度最高的国家，65 岁以上人口比例高达 27%；排名第二的是意大利，比例为 23%；排名第三的是德国，比例为 21%。

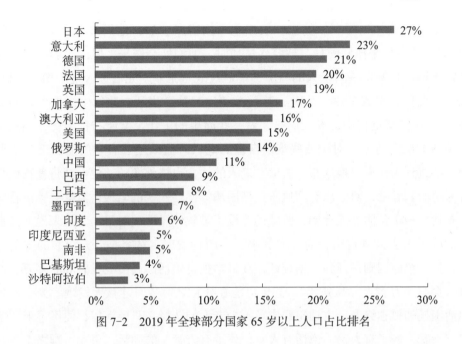

图 7-2　2019 年全球部分国家 65 岁以上人口占比排名

我们需要全面客观地看待老龄化。首先，要看到人口老龄化是社会发展的大趋势，是人均寿命延长的必然结果，是人类文明进步的重要体现。其次，要认清人口老龄化的形成原因以及带来的问题。老龄化通常有三方面的形成原因：一是寿命延长，二是生育率低导致少年儿童占比下降，三是年轻人口的大量外迁。在这三个成因中，寿命延长是好事，而生育率低和年轻人口的大量外迁既是社会问题的表现，也会引发新的社会问题。

人口老龄化带来的社会问题体现在方方面面。以日本为例，老龄化的人口结构造成了长期的需求下降和风险厌恶情绪，造成消费不振、投资活动减少、创新能力下降、经济长期低迷。同时，在日本农村、建筑工地、老年人疗养院等地方，劳动力资源严重缺乏。日益严峻的老龄化形势，导致退休人数增长大大快于就业人数增长，而且长寿造成日本退休群体支取养老金的年限大大超出了之前的预期。这导致日本政府不得不修改养老金制度，采取弹性退休制，鼓励推迟退休。这还没完，老龄化还给日本社会带来了让人匪夷所思的老年人主动犯罪的问题。统计数据显示，65 岁以上老年人口数量在过去 20 年增长了 1 倍，而他们的犯罪率却增长了 5 倍，不过，几乎所有犯罪老人都不涉及暴力行为，而只是小偷小摸之类，例如到便利店偷盗一块面包，偷窃成功后，他们甚至会主动报警：
"我犯罪了，快来抓我吧！"被警察逮捕时，他们便会露出如愿的笑容。日本媒
体曾报道过长崎市一名老人的经历，他通过故意犯罪，先后进入过广岛、高松、
大阪等监狱，次数多达十几次。老人说："比起社会生活，监狱生活更令人感觉
舒适。"在监禁过程中，老人们只要做一些简单的工作，就能衣食无忧，还能享
受免费的医疗待遇。对于那些难以自理的老人，监狱还会有专门的护工负责照
顾，细致到为他们更换尿布。监狱对老人的饮食也格外照顾，他们会将食物做得
容易咀嚼和吞咽，对于患有高血压、糖尿病等慢性疾病的老人，监狱会提供特殊
的餐食。为了预防老人摔倒，监狱还开设了柔软体操课。对日本老人来说，监狱
生活除了失去人身自由，简直太舒服了。调查发现，贫穷是老人犯罪的主要原
因，另一个原因则是孤独。据统计，在日本独自生活的高龄老人有 600 多万，而
每年会有 4 万多人"孤独死"，甚至可能在死亡之后数月才被人发现。为了避免
生活困顿和孤独终老，主动犯罪成了不少老人的选择。只要入狱，便可过上"饿
了有饭吃，病了有人治，说话有人听，死了有人管"的生活，再无后顾之忧。这
种现象简直让人无语，但也真实得无可奈何。

如图 7-3 所示，与老龄化伴生的人口问
题，是低生育率。2021 年，日本的总和生育
率已降至 1.3 的超低水平，而且已是连续 6 年
下降，出生人数也创下历史新低。为了缓解
严峻的人口问题，日本政府出台了很多鼓励
生育的政策，例如为了鼓励年轻人结婚组建
家庭，大部分地区都实施了结婚新生活支援，
最高甚至可以达到 60 万日元（约 3 万元人民
币）的现金补助，用以支付新婚伊始的种种

图 7-3　老龄化与低生育率同步出现

开销。此外，女性生孩子的时候还会得到政府提供的 42 万日元（约 2 万元人民
币）的生育补贴。在孩子 0～15 岁的成长过程中，每年还可以得到 1 万～1.5 万
日元的经济补贴，其他如升学、看病等可能的经济开销通通免费。然而年轻人对
此并不响应，生育率仍在下降。原因在于，无论是在日本还是在其他国家，生儿
育女从来都不是一件简单的事情，在社会环境的不断变化下，人们的生育观念已

经发生了翻天覆地的变化。大量的调查显示，生育成本高和经济负担重是日本民众不愿生育的首要原因。日本经历了泡沫经济的破灭，国民经济长期不振，不少年轻人失去了奋斗前进的目标。大城市集群的高房价、低生活质量更是打消了年轻人的结婚意愿，更不要说养育子女了。日本职场中论资排辈文化深厚，年轻人本身就需要多年打拼才能获得晋升，而延迟退休的政策更是让这一现状雪上加霜。初级岗位的可替代性使得员工有产假却不敢请。初入职场的年轻人财富无法积累，很难实现经济独立，扣掉房租后勉强糊口，结婚和生育的想法更是举步维艰。尽管政府出台了多项鼓励生育的政策，但都收效甚微。社会学家指出：如果解决不了日本年轻人严峻的经济压力，一切鼓励生育的政策都将是空谈。一方面是来自社会经济的压力，而另一方面则是现代化都市生活的各种诱惑和选择，在这样的背景下，"低欲望""宅文化"就成了普遍的现象。

　　社会发展的现实表明，不管是控制人口增长的政策，还是鼓励生育的政策，其效果往往都是有限的，这其中的原因非常复杂。简单来说，人口发展的内在规律与社会现实的矛盾客观存在。一方面，关于人口，不同群体之间的利益诉求存在矛盾。有人觉得人口多点更好，有人觉得人口少点合适，有人则无暇顾及、漠不关心。例如，在人口的增长期，国土部门看到了资源日益匮乏，族长看到了人丁兴旺、势力壮大，家庭看到了收入增加的希望，而企业家则看到了劳动力和潜在的市场。在人口的老龄化和负增长时期，财政部门看到了养老金的赤字，国防部门看到了兵源不足，家庭看到了生养成本的高昂，而没结婚的年轻人却还在为工作和住房焦虑。另一方面，人口发展与经济周期存在矛盾。例如，在经济上升期，人们信心满满，生活富足，年轻人对未来充满希望，组建家庭和生儿育女的意愿较高，同时，经济的快速发展带来了对劳动力、人才的强劲需求，如果再赶上鼓励生育的政策，就很可能出现"婴儿潮"。婴儿潮一旦出现，他们将于 25～30 年后长大成人、进入社会。如果到时候经济处于衰退期，人地矛盾加剧，工业企业倒闭，就业机会减少，大量的年轻人就可能找不到工作，于是对未来信心减弱，结婚生育意愿降低，社会问题就会出现。不过，如果到时候经济依然处于上升期，年轻人就业充分、经济宽裕，那么原先的婴儿潮不仅会成为人口红利，为经济增长注入动力，而且那些年轻人还会成为下一波婴儿潮的创造者。但不管怎样，再过 40 年，这波婴儿潮出生的人又将集体退休，快速推高老龄化水平。当全社会都认识到老龄化严重、生育率过低的问题时，再鼓励生育往往已经晚了，毕竟，即便婴儿潮再次降临，也得经过漫长的二十多年才能成长为各行各业的劳动力呀！因此，人口周期和经济周期未必匹配，未来的世界局势如何、社会经济怎样，谁都无法确定。如图7-4所示，日本在第二次世界大战后出现了婴儿潮，这些新生儿25年后长大成人，又造成了20世纪70年代的婴儿潮。但受各种因素影响，又过了25年，新的婴儿潮却没能出现。婴儿潮从短期看能促进婴童产业的发展，从中期看可以形成人口红利，从长远看将对养老保障体系带来冲击。人类的长寿使得人口问题带有长期性和滞后性的特征。随着时间的推移，人口结构会不断演变，人口红利和人口负担会来回转化，这与经济周期产生了天然的矛盾，一旦两者严重错配，社会问题便会爆发。然而，谁能准确预测未来几十年的社会变化呢？谁又能准确预测经济周期呢？这就给人口政策的制定者出了大难题。一个理想的人口政策应该是既要考虑当下，又要考虑未来，有足够的前瞻性；同时，还要很好地平衡每个群体的利益诉求，充分调动人的积极性，这考验着每个政府的大智慧。

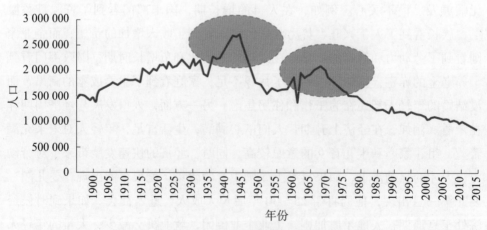

图7-4　日本出生人口数量体现出婴儿潮的相关性

2021年5月31日，中共中央政治局召开会议，会议指出，进一步优化生育政策，实施一对夫妻可以生育三个子女政策及配套支持措施，有利于改善我国人口结构、落实积极应对人口老龄化国家战略、保持我国人力资源禀赋优势。

7.2　城市兴起

时至今日，人类经济和社会活动的空间分布格局与古代社会相比已经发生了重大变化，那就是，大多数人已生活在了城市中。据联合国披露的数据，截至 2021 年年底，全球城市化水平已达到 56%，这意味着近 44 亿人口生活在城市。2022 年 6 月 29 日，联合国人居署在《2022 世界城市状况报告》中称，城镇化仍势不可挡，到 2050 年，全球城镇人口占比将达到 68%，届时全球城镇人口数量将达到 66 亿。

城市兴起是人类社会进步的重要标志，是社会分工不断发展的结果，也是人类文明的集中体现。城市化水平是经济发展水平的重要标志之一。直到现在，世界上很多地区依然处在蓬勃发展的城市化进程当中。

那么，为什么有些地方变成了今天的城市，而另一些地方没有？有些城市有数千年的发展历史，而有些城市可以在短短的几十年内迅速崛起？要想回答这些问题，我们就需要理解城市化的表现和内涵。城市化有人口、产业、土地三个方面的表现。从人口方面来说，城市化是城市人口不断增加的过程，也是城镇人口比重不断上升的过程；从产业方面来说，城市化是第二、第三产业逐渐取代第一产业的过程，也是区域产业不断升级、经济竞争力不断增强的过程；从土地方面来说，城市化是农业用地不断转化为城镇用地的过程，也是城市建成区不断向外扩张、面积不断扩大的过程。在这三个方面中，产业的变化和发展往往是决定性的因素。由于产业发展和升级，产生了对劳动力的需求，于是吸引了人口的流入，促进了人口的增长，人口聚集在城市中生活，形成了居住、教育、医疗、交通、购物等各方面的需求，促进了第二、第三产业的繁荣，也造成了土地利用类型的变化。明确了这样的基本逻辑，我们就可以理解，尽管每个城市都有其独特性，但从人口、产业、土地三方面来看，其内在规律是一样的。根据城市发展的差异，我们可以总结出城市兴起的几种经典模式。

7.2.1　发达农业区模式

世界上最早出现城市的地方无一例外都是发达农业区。这些地方总体来说纬度较低、热量充足，通常位于大河中下游地带，地形平坦，土壤肥沃，水源充足。良好的地理条件孕育了发达的农业生产，充足的粮食不仅支撑了人口的增长，也促进了产业的分工和市场的繁荣，同时也为后来的工业发展奠定了基础。很多历史悠久的大城市从数千年前一直发展到今天。

埃及的首都开罗就是一个典型的例子。开罗是世界上最古老的城市之一，人口2 280万（2017年），GDP1 000亿美元（2019年），是当之无愧的非洲第一大城市，也是整个中东地区的政治、经济、文化和交通中心。如图7-5所示，开罗位于尼罗河三角洲的南部尖角、扇形绿洲开始散开的地方。这里光热充足、灌溉便利、地形平坦、土壤肥沃，因此自古以来就是发达的农业区，并成为人类文明的发祥地之一。在这个案例中，优越的自然条件促进了农业的发展和人口的增长，而人口的聚集又进一步促进了文明的发展、社会的分工以及城市的形成。

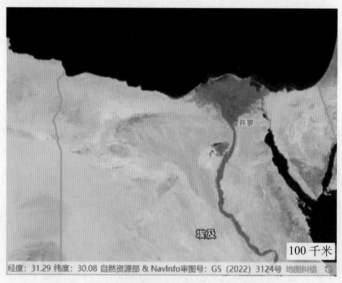

图7-5　开罗地理位置及其周边地区遥感影像[①]

其实，类似的案例还有很多。如图7-6所示，我国西藏自治区首府拉萨就是在拉萨河谷地上逐渐发展起来的。拉萨海拔3 650米，相对于周边的高原山地，河

---

① 图片来源：国家地理信息公共服务平台，https://www.tianditu.gov.cn.

谷平原地势较低，因此热量条件相对较好，同时，这里还具备光照充足、水源丰富、土壤肥沃、交通便利等综合优势。于是，河谷平原便成了地处高原山区的人们发展种植业的首选之地，同样，发达的农业支撑了人口的增长和城市的兴起。

经度：91.11 纬度：29.65 自然资源部 & NavInfo & 西藏自治区自然资源厅审图号：GS（2022）3124号 地图纠错 ↻

图 7-6 拉萨城区及其周边地区遥感影像[①]

又如，我国青海省的省会西宁，人口 246.8 万（2020 年），是青藏高原上的第一大城市。西宁在湟水谷地上发展起来，是一个拥有悠久历史的高原古城。西宁附近的朱家寨遗址、沈那遗址和西杏园遗址等考古证据显示，早在四五千年以前就有人类在这块土地上生活。湟水谷地农业资源十分优越，流域面积 1.6 万平方千米，仅占青海全省面积的 2.2%，耕地面积却占全省的 56%，并养育了全省人口的 61%。由此可见，西宁的城市兴起也属于"发达农业区"模式。

7.2.2 因矿而兴模式

如图 7-7 所示，1959 年 9 月 26 日，黑龙江省肇州县大同镇西北处的松辽盆

---

① 图片来源：国家地理信息公共服务平台，https://www.tianditu.gov.cn.

地第 3 号勘探井——松基 3 井喷出了有工业价值的油流，一个大油田被发现的序幕正式拉开。因为此时正值国庆十周年之际，为了庆贺这一具有伟大历史意义的事件，新油田被命名为大庆油田，发现地大同镇也被改名为大庆镇。大庆油田是我国最大的油田，也是世界上为数不多的特大型陆相砂岩油田之一，其发现彻底摘掉了我国"贫油"的帽子，翻开了我国石油开发历史上具有历史转折意义的一页。

图 7-7　大庆油田的发现

　　随着大庆油田的开发，大量的人口开始在油田附近聚集，其中包括地质工作者、科研人员、工程建设者、医疗队等。为适应石油工业发展的需要，1960 年 5 月 26 日，国务院批准设置地级市安达，大庆区归其管辖。1964 年，大庆区从安达划出，成立安达（大庆）特区。1979 年，安达（大庆）特区更名为大庆市。到 2019 年，大庆市的规模已发展为包含 5 个市辖区、3 个县、1 个自治县，总面积 22 161 平方千米的大城市，常住人口 320 万。如图 7-8 所示，经过半个多世纪的发展，大庆已由最初的石油城发展成了一座现代化工业新城。2020 年，大庆市地区生产总值为 2 301 亿元，占黑龙江全省生产总值的 17%，其中第一产业占比 10.6%、第二产业占比 46.7%、第三产业占比 42.7%。

图 7-8　大庆市风光

因矿产资源的开发而促进城市崛起，这种模式在国内外都有许许多多的案例。例如我国的克拉玛依（石油）、攀枝花（铁）、鞍山（铁）、铜陵（铜）、阜新（煤）、大同（煤）、六盘水（煤）、金昌（镍）等；又如英国的伯明翰（煤）、卡迪夫（煤）、谢菲尔德（煤）、阿伯丁（石油），美国的匹兹堡（煤、铁）、休斯敦（石油）、圣弗朗西斯科（金），加拿大的萨德伯里（镍），南非的约翰内斯堡（金）等。

7.2.3　交通枢纽模式

有一些城市既不是历史悠久的发达农业区，也不具备丰富的矿产资源，不过，只要成为交通枢纽，城市便可能在短时间内快速发展起来。上海就是这样的城市。

在 1820 年的清朝疆域地图上，根本找不到"上海"的地名。当时，苏州是中国东部地区进出口的交通枢纽，海内外的货物先集中到苏州，再由苏州散发出去。上海只是苏州的转运港，因而被称为"小苏州"，这个称呼恰如其分地体现了上海在江南城市格局中的位置。鸦片战争后，根据《南京条约》，上海于 1843 年 11 月 17 日开辟为商埠。从此，帝国主义相继进入，开设行栈、设立码头、划定租界、开办银行。这使得上海从一个小城市迅速发展成了中国乃至远东最大的城市，成了帝国主义在中国进行经济侵略的最大基地、旧中国的工商业中心、世界闻名的"冒险家乐园"①。1847年,清政府在外滩设立江北海关。1853年,上海口岸的对外贸易总量第一次跃居全国第一,并从此成为东亚第一大港。1865年,清政府在上海南市区建立江南制造局和江南造船厂。1895年之后,外资工业大量兴起。1924年,上海租界的工部局成立"交通委员会",两年后便提出了《上海地区发展规划》,划定了工业区和仓储区的范围。到1930年,上海所有工业,包括外商、本国官僚资本家及民族资本家的大小工厂,共计1 781个。黄浦江及苏州河两岸几乎全部被码头仓库和工厂所占据。20世纪30年代,上海的发展达到新中国成立前的顶峰,被称为当时世界上仅次于纽约、伦敦、柏林和芝加哥的"第五大城市"。上海的人口也随着工业、商业、交通及贸易的发展而迅速增长起来。1880年,上海的人口为100万,1930年则增长到300万以上。

上海的快速崛起有其特定的历史背景,从地理区位的角度来看,也存在其必然性与合理性。上海位于中国海岸线的中部、长江入海处,是南部沿海和北部沿海的中转站、河海联运的枢纽。长江流域的腹地是当时中国经济最发达、人口最密集的地区,加之上海有黄浦江深水航道,万吨以上的船舶可以进港停泊,交通区位十分优越,所以成了帝国主义选定的通商口岸。同时,上海距离日本、韩国、菲律宾、新加坡等地的距离都比较适中,也利于对外贸易的开展。以上的独特性是其他任何一座中国城市所不具备的,这也为上海在开埠较短时间内迅速发展为远东第一大都市创造了条件。因此,上海便在几十年内迅速发展成了全国的对外贸易中心,进出口贸易额超过全国的一半。

因此,上海的崛起可以概括为:水运交通枢纽的位置促进了对外贸易的发展,进而带动了本地工业和商业的发展、人口的增长、土地利用方式的变化。这便是城市崛起的"交通枢纽模式"。

陆地交通枢纽同样有效。例如,铁路的修建,特别是铁路交通枢纽的出现可以带动城市迅速崛起。石家庄就是这样的城市。在20世纪初,石家庄只不过是获鹿县(现石家庄市鹿泉区)的一个人口不过百户的小村庄而已。如图7-9所示,1900年,京汉铁路修筑至此,设一小站。1903年,正太铁路建成通车,同样经过此地。于是,石家庄便成了京汉、正太两条铁路的交汇点,交通枢纽初见

---

① 董鉴泓.中国城市建设史[M].3版.北京:中国建筑工业出版社,2004:257.

雏形。伴随着铁路的通车,一些和铁路相关的产业相继发展起来。1905 年,法国人在石家庄村东建立了修理客货车辆的正太总机厂,这是石家庄最早的现代化工厂。正太总机厂的建立,是石家庄从农村走向城市的标志,当年的产业工人则是石家庄第一批产业工人。从此,石家庄的人口组成和地域特征发生了根本性的变化。到 1911 年,石家庄面积已扩展到 1.5 平方千米,人口达到 1 万,房屋建筑沿铁路两旁及原来的村庄向南扩展。1914 年,依托井陉煤矿,石家庄建立了焦化厂;1922 年,湖北楚兴公司依托华北地区丰富的煤炭和棉花,创办了大兴纺织股份有限公司,这是华北地区建立最早、规模最大的纺织企业。随后,各类工厂逐渐增加,商业、手工业也日益发达。石家庄渐渐发展成了晋冀两省的物资集散地。到 1937 年,石家庄人口已增加到 6 万。1941 年,石德铁路建成通车,可以运煤到青岛,后又建成沧石公路和石津运河。这进一步巩固了石家庄的交通枢纽地位,促使石家庄一跃成为整个华北地区的粮、棉、矿产的集散中心。到 1944 年,石家庄人口已快速增加到了 20 万。1968 年 1 月 29 日,河北省省会由保定迁到了石家庄。到 2020 年,石家庄人口已达 1 124 万。由此可见,石家庄是一座典型的“火车拉来的城市”。

图 7-9 20 世纪初石家庄火车站外景

因铁路修建而形成交通枢纽，进而促进城市兴起的案例还有很多。例如，京汉铁路和洛汴铁路（陇海铁路前身）的修建，使得郑州成了中国南北向与东西向两条主要铁路干线的交通枢纽，进而成为中原地区农产品及工业品的集散中心，这极大地促进了郑州的工业发展和城市崛起。又如，津浦铁路的修建，使得蚌埠成了铁路干线与淮河水运的交通枢纽，进而实现了快速发展。

不管是水运还是陆运，交通枢纽的地位使得城市首先成为物资和产品的转运中心，这直接促进了商业的发展和人口的增加。同时，交通便利的区位优势又促进了工业和服务业的发展，这促进了城市地域的经济结构迅速发生变化，由原来的第一产业向第二、第三产业升级，与此同时，城市的建成区占地面积也会快速扩大，人口成分也随之发生变化，这便快速推进了城市化。

7.3 城市生态

7.3.1 都市圈的繁荣

所谓都市圈，通常是指以一个或多个中心城市为核心，以发达的联系通道为依托，由核心城市及联系密切的外围地区所构成的城市功能地域。世界著名的都市圈主要有纽约都市圈、伦敦都市圈、巴黎都市圈、东京都市圈等。根据世界银行的数据，纽约、洛杉矶两大都市圈为美国 GDP 贡献了 13%，伦敦、巴黎都市圈为西欧 GDP 贡献了 9%。据估计，到 2050 年，世界城市化平均水平将上升到70%，届时，都市圈在区域经济发展中的重要地位将更为凸显。

2021 年，中华人民共和国国家发展和改革委员会发文指出，现代化都市圈是指城市群内部以超大、特大城市或辐射功能强的大城市为中心、以 1 小时通勤圈为基本范围的城镇化空间形态。

要理解都市圈的意义和价值，首先需要明白城市的功能。城市功能主要体现在以下几个方面：一是生产功能，城市是第二、第三产业聚集之地，是经济增长最为强劲的区域；二是服务功能，城市第三产业高度集聚，能给人们提供各种类型的服务；三是集散功能，城市是区域的交通和物流中心；四是管理功能，城市是政府和各行政单位的所在地；五是创新功能，城市是区域人口集聚的中心地带，人才的汇聚促进了创新。尽管大小城市都具备这五大功能，但毕竟每个城市都有自己的独特性和差异化的条件，都市圈使得不同等级的城市通过联系、分工、合作，实现中心城市和周边城市的协作发展，这样不仅可以发挥各地不同的比较优势，避免相邻城市的重复建设和低效竞争，还能共同将蛋糕做大，共同分享发展的成果。

以首都都市圈为例，其核心是北京，同时包含天津、雄安新区、唐山、张家口、保定、廊坊、承德等城市。

其中，北京具备无与伦比的人才优势，聚集了 90 多家高等院校，其中包含 8 所 985 大学和 26 所 211 大学。有 68 个国家工程技术研究中心、128 家国家重点实验室、1 000 多家科研院所和近 3 万家国家高新技术企业，是国家战略科技力量的集中承载地。每年国家科技成果一等奖和全国十大科技进展中，北京的成果大概占到一半。同时，北京不仅是新中国的首都，还有三千年的建城史、超过 800 年的建都史，是一座具有深厚历史积淀的著名都城。因此，在首都都市圈中，北京定位为"全国政治中心、文化中心、国际交往中心、科技创新中心"，这是基于其自身的独特优势。这些特点使得北京在信息技术、医药医疗、设计研发、文化创意、举办国际盛会等方面更具优势。数据显示，2020 年北京市高精尖产业实现增加值 9 885.8 亿元，占地区生产总值比重达到 27.4%。"十四五"规划指出，到 2025 年，北京要形成以智能制造、产业互联网、医药健康等为新支柱的现代产业体系，将集成电路、智能网联汽车、区块链、创新药等打造成为"北京智造""北京服务"的新名片。

与北京相比，天津的比较优势大都与海洋有关。天津拥有距离北京最近的出海港口；天津还有丰富的油气、海盐等自然资源；同时，天津是我国近代工业的发祥地之一，拥有雄厚的产业基础，产业门类齐全，配套能力较强。依托这些优势，天津设立了滨海开发区，布局了石油石化、国际贸易、运输设备制造（航空航天、铁路、船舶）、新能源新材料、汽车制造、航运物流等特色产业。

与北京和天津相比，河北的比较优势在于更为丰富的矿产、水、森林、草场等自然资源以及成本更低的土地和劳动力资源。因此，雄安新区、唐山、张家口等地承接北京、天津的产业转移，不仅可以降低用水、用地、用工成本，提高效益，而且可以促进经济发展、增加就业，还可以有效地疏解北京的非首都功能、缓解大城市病，形成"京津研发、河北制造"的产业协作模式；同时，北京和天津也为河北的众多产业提供了广阔的市场。此外，由于地域空间大，生态环境良好，河北也成了北京和天津的生态屏障和"后花园"，是都市圈的人们游山玩水、休闲观光的好去处。

都市圈的繁荣，关键在于城市间的高效协作。在上海大都市圈中，上海中心城区对周边的辐射带动作用非常明显。以江苏昆山为例，改革开放以来，这里诞生了江苏省第一家中外合资企业、第一家外商独资企业、第一家台商独资企业、全国第一个封关运作的出口加工区、全国第一个设在县级市的国家级高新区，汇聚了全球 56 个国家和地区近 8 100 个项目，投资总额超 900 亿美元。昆山已连续多年位居全国百强县首位。目前，昆山与上海之间的交通已十分便捷，走高速公路，从昆山到上海虹桥国际机场只需要 40 分钟；坐高铁，从昆山到上海只需 17 分钟，两地的同城化特征已越来越明显。以上的成绩，都是昆山持续加强与上海的基础设施互联互通、科创成果转化、产业协作配套、跨区资源整合的结果。

由此可见，都市圈的要义是合作，合作的关键是发挥各自的比较优势。都市圈内的中心城市一般具有人才、资金、市场等优势，而周边的中小城市一般具有劳动力、土地、自然资源等优势。这样，在区域整体发展中，中心城市宜定位于研发设计、市场营销、投资决策等环节，周边的城市宜定位于装配加工、资源保障、仓储物流等环节。当然，要想双方有效协作，还需要便捷的交通和通信条件以及适当的配套政策，以减少现实中的阻力。都市圈充分体现了中心城市对周边的辐射带动作用。具体来说，人才、技术、资金、市场是中心城市对外辐射的主要体现，而交通和通信则是辐射功能得以发挥的必要保障。这正是我国未来都市圈发展的主要方向："十四五期间，将推动中心城市与周边城市（镇）以同城化发展为方向，以轨道交通建设为先导，促进产业从中心到外围形成梯次分布、链式配套的产业格局，形成各具特色的产业圈；统筹优化公共服务、休闲游憩等功能布局，打造高品质生活圈。"①

---

① 资料来源：https://www.ndrc.gov.cn/fggz/fzzlgh/gjfzgh/202112/t20211225_1309707.html?code=&state=123ndrc.gov.cn.

7.3.2　海绵城市的智慧

近年来，在极端天气频发的背景下，因暴雨引发的城市内涝已成为一种较为普遍的灾害。根据我国 2014—2018 年各年度的《中国水旱灾害公报》统计，每年都有多座城市发生内涝，具体数据为：2014 年 125 座城市发生内涝，2015 年 168 座，2016 年 192 座，2017 年 104 座，2018 年 83 座。以下是几起造成比较严重后果的城市内涝事件：2007 年 7 月 18 日，济南暴雨引发城市内涝，造成 30 多人死亡，33 万人受灾，经济损失 13.2 亿元；2012 年 7 月 21 日，北京暴雨引发山洪、泥石流和城市内涝，造成 79 人死亡，160.2 万人受灾，经济损失 116.4 亿元；2019 年 4 月 11 日，深圳暴雨引发城市内涝，造成 11 人死亡；2020 年 5 月 22 日，广州暴雨引发城市内涝，造成 4 人死亡，超万辆汽车被淹，地铁 13 号线部分区间停运多日，如图 7-10 所示。

图 7-10　2020 年 5 月 22 日广州城市内涝

从宏观层面来说，我国主要的人口和城市大都分布在东部季风区、地势低平的平原地带，自古以来就饱受雨涝之苦。而近年来城市内涝的频发，一方面有气候变化、极端天气增加的背景，另一方面也体现出城市建成区面积不断扩大、地表硬化、下渗困难、地表径流汇集速度快、排涝系统不完善等问题。随着城镇化的快速发展，城市人口不断增加，高耸林立的大楼使城市变成了水泥森林，增加了热岛效应、雨岛效应。建筑、道路、广场等高强度建设极大地改变了原有的自然生态和水文特征，使得城市区域水资源自然吐纳能力锐减，"大雨必涝、雨后即旱"。如图 7-11 所示，尽管城市内涝的成因是综合的，但毋庸置疑，快速城市化导致的土地覆被变化是其中的关键因素。

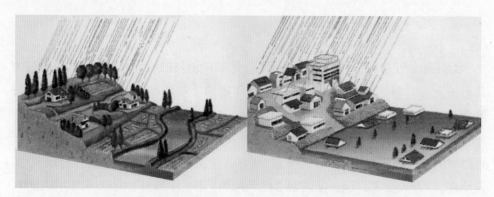

图 7-11　城市化前后的土地覆被变化与内涝关系示意图

　　在城市"看海"日益频发的当下，海绵城市的理念应运而生。所谓海绵城市，从字面上理解就是要让城市具有像海绵那样的功能。具体来说，是让城市可以吸收、存储大气降水，这不仅可以缓解城市内涝，还能回补地下水、增加水资源储备、维护城市生态环境，充分发挥城市系统的自我调节功能，让城市弹性适应降水的不稳定性，降低自然灾害风险，如图 7-12 所示。与传统的"快排式"排水模式不同，海绵城市提倡的是"渗、滞、蓄、净、用、排"六字方针，这样的理念将暴雨洪水转化成了环境效益和自然资源。

图 7-12　海绵城市示意图

　　2021 年 6 月 2 日，我国财政部网站公示了全国海绵城市建设示范城市入围名单，经过激烈角逐，山西省长治市在入围的 20 个城市中排名第一。近年来，长治市充分发挥建筑、道路、绿地、水系等吸收雨水的功能，通过透水路面、下沉绿地、雨水湿地、雨水花园、生态堤岸等布局，大大提高了雨水的渗透性，也满足了景观要求。与此同时，长治市将现有道路通过路缘石改造、增设植草沟、溢流口等，将道路径流引入绿地空间。到 2021 年，长治市建成区已实现 21.5% 的面积"海绵化"，打破了过去将雨水与地层隔绝的水泥铺装，换上了一层新的"肌肤"，变成了一座"会呼吸"的城市，如图 7-13 所示。

图 7-13　山西长治城市风光

　　山西长治海绵城市的成功实践，表现在以下几个方面。第一，良好的水生态，保持了合理比例的原生态水面，优化了城市景观；第二，良好的水环境，实现雨污分流，雨水在回收过程中得到净化；第三，良好的水安全状态，内涝风险大大降低；第四，良好的水资源状态，将有限的雨水（年降水量仅 550 毫米上下）回收再利用，实现了开源节流。切实达到了"小雨不积水、大雨不内涝、水体不黑臭、热岛不明显"的效果。

　　通过多批次、多城市的试点和国家政策的大力支持，"海绵城市"的理念已在越来越多的城市得到践行。沈阳、武汉、南昌、厦门等多座城市都在因地制宜地开展海绵城市的建设和改造。

　　海绵城市的设计体现了对自然环境整体性的重视，对改善城市环境意义重大。但同时我们也要认识到，防范城市内涝有不同的思路，海绵城市只是其中之一。我国东部季风区降水集中、变率大、极端性强，打造海绵城市需要与其他的防涝思路相配合，才能取得理想的效果。当强度特别大的暴雨出现时，当超预期的洪水来临时，再强大的"城市海绵体"也可能饱和，在这种情况下，城市系统需要有能力将多余的洪水快速排走，这就需要有更高层级的"中央雨洪系统"来保底，以确保城市安全。从这个意义上讲，海绵城市要建立在"城市防洪安全"的大前提下。应该说，"海绵城市"是对过去城市防涝"完全依赖排水系统"的修正、完善和补充。但如果走到另一个极端，完全放弃排水系统而单靠海绵城市来应对雨洪，那就是对"海绵城市"的误解，可能又会将城市置于危险的境地。因此，我国的"十四五"规划指出，在海绵城市建设中，要识别山、水、林、田、湖、草等生命共同体的空间分布，分析本城市的生态本底、自然地理条件禀赋。要保护流域区域现有雨洪调蓄空间，扩展城市建成区外的自然调蓄空间。如图 7-14 所示，要建立"源头减排、管网排放、蓄排并举、超标应急"的城市排水防涝工程体系，以增强城市防洪排涝能力。

图 7-14　海绵城市雨水综合利用四级体系

　　"海绵城市"理念的提出，是人类在与大自然打交道过程中调整行为的一个具体案例，是人类社会从"人定胜天"走向"人地协调"的体现。而实现人地协调，正是地理学科的价值所在，也是每个地理人应该追求的理想。

第 8 章
美食的地图

"民以食为天。"农业是人类的衣食之源、生存之本，是一切生产的首要条件。作为国家的第一产业，农业为国民经济其他部门提供粮食、副食品、工业原料和出口物资。农业是粮食安全和社会稳定的保证，历史经验表明：无农不稳，无粮则乱。农业、农村、农民问题在我国的发展中一直占有重要而基础的地位，解决好"三农"问题是我国乡村振兴的关键。以上说的，都是宏观层面上农业的重要性。在微观层面上，农业影响了我们每个人的日常生活，影响了我们的饮食和健康，塑造着我们的习惯和文化。具体来说，农业地理为我们寻找美食指明了方向，农业的发展为我们绘制了一幅"美食的地图"。

8.1 农业的区位

8.1.1 气候决定一大半

在真实的农业生产中，优质的、有特色的农产品基本上都离不开独特的气候条件，在很多情况下，优越的气候条件对农产品品质的影响甚至是决定性的，可以说"气候决定一大半"。总的来说，气候是农业生产自然要素的核心，气候包含了光照、热量、降水、水热搭配、昼夜温差、气象灾害等多项细节，这些细节相互关联又有差异，影响着农业生产的方方面面，实在不是"气候适宜"或"气候不适宜"就能够说清楚的。

"万物生长靠太阳。"光照是农作物进行光合作用的必备条件，光照强度、时长对农作物的生长发育、开花结果等都有重大影响。大部分的农作物都是喜光的，如小麦、水稻、玉米、马铃薯、甘薯、棉花、甘蔗、葡萄、西红柿、向日葵等。这类作物需要光照充足的气候，适宜种植在阳光充足的开阔平地或向阳坡地。如图 8-1 所示，内蒙古自治区具有晴天多、光照充足、土地面积大、昼夜温差大等优势，是我国向日葵播种面积最大的省级行政区。也有一部分农作物喜阴，在弱光环境下生长良好，不能忍受强烈的阳光直射，如香菜、韭菜、菠菜、

食用菌、茶、莴苣等，其栽培环境需要遮阴。植物在漫长的演化过程中，形成了
对昼夜长短产生不同反应的机制，称为光周期现象。有些植物必须经历一段白昼
长于某一临界值（多为 12 小时以上）的时期才能开花，如小麦、燕麦、菠菜、
萝卜等，这类作物被称为长日照植物，它们多起源于温带地区，在自然环境中，
其开花的时节在晚春或初夏。而有些植物则相反，必须经历一段白昼短于某一临
界值的时期才能开花，如水稻、大豆、玉米等，被称为短日照植物。除此之外，
还有其他的光周期类型。

图 8-1　内蒙古自治区的向日葵农场

　　热量是农作物生长发育的必备条件，是衡量农业气候条件和资源的主要指
标。热量制约着农作物的生长发育、产量和品质，也关系到农作物的种类、品种
以及耕作制度、栽培管理等问题。如水稻在海南岛可以一年三熟，在东北只能一
年一熟。不同作物对于热量有不同需求，这是导致其分布差异的重要因素。对热
量条件要求严苛的、不耐寒的作物在我国分布范围十分狭小，如图 8-2 所示，我
国的咖啡只有云南、海南、广东、台湾有规模分布。甘蔗喜热，主要分布在广西、
云南等省区；甜菜喜凉，主要分布在黑龙江、内蒙古、新疆等省区。评价热量条
件的指标有很多，包括最冷月平均气温、最热月平均气温、极端最低气温、无霜
期、积温等。其中，比较重要的是日平均气温稳定大于或等于 0℃、大于或等于
10℃的初始日期、终止日期、持续期与积温。日平均气温大于或等于 0℃的终止

日期正是北方冬小麦停止生长、进入休眠的时候；日平均气温大于或等于0℃的初始日期正是北方冬小麦春季返青的时候，也是春小麦等春播作物开始播种的时期。因此，日平均气温大于或等于0℃的持续期可理解为农耕期或广义的生长季。而只有当日平均气温稳定大于或等于10℃的时候，喜温作物才能生长，越冬作物和多年生禾本科植物才能活跃生长。日平均气温大于或等于10℃的持续期称为作物的活跃生长期[①]。所谓积温，是指日平均气温持续达到某一标准的累加值，如大于或等于10℃的活动积温，是一年里日平均气温稳定超过10℃期间每天平均气温的累加之和。长城以北冬季严寒，但生长季温度仍然较高，大于或等于10℃积温一般在2 000～3 000℃，这样的热量条件下，冬小麦难以越冬，但春小麦、玉米、高粱、谷子均能很好地生长。长城以南的华北大部地区大于或等于10℃积温普遍在3 500℃以上，可以种冬小麦和棉花。秦岭—淮河一线到南岭山地大于或等于10℃积温为4 500～6 000℃，能栽培双季稻和亚热带经济作物。南岭以南大于或等于10℃积温达7 000℃以上。滇南谷地、雷州半岛、海南岛及台湾南部大于或等于10℃积温可达8 500℃以上，能种植热带经济作物。新疆的南疆大于或等于10℃积温达4 000℃以上，吐鲁番盆地大于或等于10℃积温达5 000～5 500℃。

图8-2　云南普洱咖啡种植园收获的咖啡豆

---

① 中国科学院地理研究所 . 中国农业自然条件和农业自然资源 [M]. 北京：中国农业出版社，1983：12.

　　我国降水量从东南沿海向西北内陆递减，这使得我国农业从东南向西北逐渐从种植业过渡到畜牧业再过渡到绿洲农业，而我国降水量的南北差异造成了南方水田、北方旱地的基本格局，形成了南米北面的饮食习惯，如图 8-3～图 8-6 所示。降水量南多北少也造成了水产养殖条件的南北差异。

图 8-3　江西泰和水田农业景观

图 8-4　北京房山旱作农业景观

图 8-5　内蒙古克什克腾旗畜牧业景观

图 8-6　新疆鄯善绿洲农业景观

　　良好的水热配合是稳产高产的保证。季风气候具有雨热同期的特点，在大部分的年份里，水热配合良好，风调雨顺、五谷丰登，如赶上水热配合不佳的情况（通常是降水过多或过少），则会成灾，因此要兴修水利、抗旱排涝。生活在季风区的人们，自古以来就懂得水利工程的重要性。中国是灌溉大国，也是灌溉古国，灌溉的历史与中华文明的历史同样悠久。季风气候降水的不稳定性，使得灌溉成为农业发展的基础支撑。从古至今，中华大地上出现了数量众多、类型多样、区域特色鲜明的灌溉工程。2018 年 8 月 14 日，在加拿大萨斯卡通召开的第

69届国际灌排委员会执行会议上，我国四川的都江堰水利工程（见图8-7）成功入选"世界灌溉工程遗产"。截至2022年12月，我国入选"世界灌溉工程遗产"的已有30处。即便是雨热同期的季风气候，都可能出现水热配合不佳的情况，更不要说雨热不同期的地中海气候以及全年少雨的大陆性和沙漠气候了。在这类干热型气候的背景下，灌溉条件就更是农业生产之必需了。

图8-7　世界灌溉工程遗产：都江堰

昼夜温差对农作物的品质有决定性的影响。白天温度高，光合作用旺盛，合成的有机物多；夜间温度低，呼吸作用弱，分解的有机物少。因此，昼夜温差大有利于营养物质的积累和品质的提升。内陆干旱地区以及高海拔地区昼夜温差普遍较大，许多优质农产品的产出得益于此，如新疆哈密出产的哈密瓜（见图8-8）、吐鲁番等地出产的葡萄，又如青藏高原出产的青稞等。

图8-8　新疆哈密瓜

气象灾害是农业生产风险的主要影响因素，大旱、大涝、冻害、冰雹、台风等灾害可造成严重的减产甚至绝收。1999 年 1—2 月的严重冻害给福建漳州的荔枝生产带来很大危害。2010 年，云南遭遇全省范围内百年一遇的特大旱灾，造成 1 000 万亩农田绝收，近千万人饮水困难。2014 年 7 月 20 日，台风"威马逊"在广西防城港登陆，登陆时中心附近最大风力达 15 级（约 48 米 / 秒），造成当地香蕉园大面积被毁，如图 8-9 所示。2015 年 5 月 30 日，甘肃省平凉市静宁县以及天水市秦安县部分乡镇遭冰雹袭击，冰雹持续时间超过 10 分钟，冰雹最大直径超过 3 厘米，给当地果农带来了严重损失，如图 8-10 所示。2020 年 5 月 30—31 日，受强对流天气影响，甘肃天水市秦州区、麦积区、甘谷县，定西市通渭县先后出现冰雹灾害天气，冰雹持续时间长达 40 分钟，导致苹果、花椒、樱桃、玉米、金银花等多种农作物不同程度受损。气象灾害与病虫害也有密切联系。如洪涝灾害过后，病害容易多发，在干旱的年份，蝗灾容易出现。

图 8-9　被台风摧毁的香蕉园（广西防城港）

图 8-10　遭冰雹袭击的苹果园
（甘肃静宁）

世界的气候类型复杂多样，各地的农业特色都是适应并充分利用当地气候资源的结果，都表现出气候的巨大影响力。季风气候雨热同期的优势，使得亚洲东部和南部地区成为古代世界上农业最发达的地区之一，悠久的农耕文明支撑了人口的增长，时至今日，东亚、南亚依然是世界上人口最多的大区域。世界上大多数的人口都生活在雨热同期的"季风圈"内。

大陆性气候、沙漠气候和地中海气候有充足的光热资源，但降水与热量配合不佳，不过，只要有灌溉水源，这些地区的光、热、昼夜温差等优势便可以充分发挥。例如，埃及、乌兹别克斯坦出产优质的长绒棉（见图 8-11），波斯湾沿岸出产香甜的椰枣，地中海沿岸出产特级橄榄油、柑橘和葡萄酒，美国加州出产美味的车厘子、开心果和扁桃仁……这些都是干热气候条件下充足的光热资源带来的优质产品。世界上每个地中海气候区都出产优质葡萄酒，这是因为高品质的葡萄酒是"种"出来的，地中海气候光热充足，所产葡萄甜度高、品质优，这为酿酒提供了绝佳的原料。

图 8-11　乌兹别克斯坦的棉田

　　如图 8-12 所示，高山气候有光照和温差的优势，但热量不足，不过低温的特点也抑制了病虫害、减弱了蒸发，高山拦截水汽形成山地降水，使得位于内陆干旱区的高山地带往往成为难得的"湿岛"并形成重要的农业区，正所谓"天山南北好牧场，祁连山下军马强"。

图 8-12　祁连山下的山丹军马场

　　温带海洋性气候全年温和湿润，但光热不足。这种气候特点对大部分的农作物来说都不够友好，只有部分作物能较好地适应，如喜凉的马铃薯和耐寒的麦类。但这种温和湿润的气候特别适合多汁牧草的生长，发展畜牧业成了最优选择，加之邻近的大城市对牛奶和肉类有旺盛的需求，这便成就了西欧的乳制品畜牧业，如图 8-13 所示。

图 8-13　荷兰牧场景观

8.1.2　水土地形不可少

　　虽然说气候是农业自然条件的核心，但依然少不了水源、土壤、地形等因素的配合。

水源是干旱区农业的生命线，水源的多少、用水的效率决定了干旱区农业的规模。由于天然的降水总是存在不确定性，因此水源和灌溉条件的保证几乎是现代化农业生产的标配。农业用水的来源多种多样，既可以是高山冰雪融水，也可以是河水、湖泊水或地下水。在沙漠地带的卫星图片上，有水源滋养的地区被绿色覆盖，与周边的荒漠地带清晰地区别开来。如图 8-14 所示，在美国中西部地区，以水源为中心的灌溉系统在大地上画出了一个个巨大的圆。

图 8-14　美国中西部农田景观

土壤是农作物扎根立足的基础，土壤中的有机质和矿物质养分对农产品的品质有重要影响。如图 8-15 所示，东北的黑土有机质含量高，被人称为"手捏一把能流油、插根筷子也发芽"，黑土地上出产优质大米、大豆、玉米等，对保障我国粮食安全意义重大。土壤的质地、土壤的剖面结构则影响作物根系的生长，也影响耕作的过程。黄土高原的土壤土层深厚、土质疏松，利于耕作，也利于植物根系的伸展，缺点是容易发生水土流失，容易泡水跑肥。我国长江以南的广大丘陵地区普遍分布着红壤，其土质黏重、有机质含量低、较为贫瘠，在实际的农业生产中，往往需要通过耕作、施肥、灌溉、排水等措施来改变土壤的原有特性，实现土壤的"熟化"，使之成为理想的种植土壤。土壤的酸碱性对作物类型有重要影响，如柑橘和茶树喜酸性土壤，适合在东南丘陵的红壤地带种植，而棉花、枸杞等作物可在西北地区的碱性土壤条件下生长。

图 8-15　东北平原的黑土地

地形影响农业的发展。一般来说，平原具有平坦开阔、适宜机械化、灌溉便利等优势，更适合发展种植业，而山区一般适宜畜牧业或林业。在地势起伏大的地区，不同农业类型根据海拔、地形部位因地制宜布局，形成立体农业。在很多情况下，地形是通过对气候、土壤等要素产生影响，进而影响农产品的品质。如图 8-16 所示，我国很多茶区都有"高山云雾出好茶"的说法，如安徽黄山、江西庐山、四川峨眉山、台湾阿里山等，这是因为高山茶区具有气温低、降水多、云雾多、光照弱、温差大、虫害少、环境优等特点，茶叶中可以积累更多的氨基酸、咖啡因、芳香油、叶绿素等物质，而多酚类和儿茶素相对较少，从而使得高山茶具有鲜、香、爽、嫩的独特风味。高山茶的品种众多，如云南的滇青茶、贵州的都匀毛尖、四川的蒙顶甘露、福建的福鼎白茶、台湾的冻顶乌龙等。

图 8-16　南岭一带的高山茶园

与高山茶不同，武夷岩茶讲究"落坑落涧出好茶"。如图 8-17 所示，坑涧之中日照时间短、冬暖夏凉、湿度适宜，特殊的地形造就了独特的小气候，这种环境下生长的茶树叶片较为肥厚，特殊的原材料与传统制茶工艺相得益彰，形成了武夷岩茶清香甘醇、经久耐泡的特点。

8.1.3　社会经济多变化

图 8-17　生长在坑涧中的武夷岩茶

农业生产的自然条件是相对稳定的，而社会经济条件是在不断变化的，体现在政策、市场、交通、劳动力、科技、地价等方面。只有弄清楚社会经济条件对农业的具体影响，才能明白这些条件的改变意味着什么。

农业生产特别需要政策的扶持。在现实中，很多国家的农民都会得到政府的补贴。这是农业本身固有特点决定的。第一，农业投入大、回报周期长。就拿普通的种植业来说，如图 8-18 所示，播种期需要种子、农药、化肥、地膜、机械、劳动力、灌溉水源等各项投入，这些投入多为集中的一

图 8-18　农业生产的集中性投入之一：搭建大棚

次性投入，而回报要等到农产品收获并售出才能拿到。要是种果树，投入更大、回报周期更长，可能需要持续几年的持续投入才能等来硕果累累的那一天。一次性投入大、回报周期长的特点使得农业生产单靠个人的力量很难做大做强，这往往就需要低息贷款、土地费用减免等惠农政策的扶持。第二，农业受自然灾害影响大，但又关乎国计民生、粮食安全。这就需要政府出台相关政策来对农业生产

面临的灾害风险进行兜底，让农民可以安心生产，杜绝因灾返贫事件，保护农民的生产积极性。为确保贫困地区农民稳定增收，我国许多省区出台了政府按一定比例垫资为农民购买保险的政策，不断扩大农业保险的覆盖面。第三，农产品价格存在大幅波动的可能。受市场需求变化、种植面积变化、气候异常、集中上市、进出口贸易等各种供求因素的影响，农产品的价格可能出现大幅波动，这就需要政策进行适当调节，减少价格波动带来的干扰，既保护农民利益，又满足市场需求，确保国民经济平稳运行。

　　市场需求决定了农业生产的类型和规模。从空间上来说，不同区域对某种农产品的市场需求存在巨大差异。这与人口密度、经济水平、消费习惯、文化传统、距产地远近等都有很大关系。例如，世界上稻米的产区和消费区基本重合，而小麦的产区和消费区则差异明显。从时间上来说，某区域对于某农产品的市场需求会随季节、节日、经济发展等发生变化。在一些特定的节日，园艺花卉类的需求会比平时增大数倍。如图 8-19 所示，地处华南的不少家庭喜欢在春节期间购买一盆金橘置于家中，寓意财源滚滚、大吉大利。经济发展带来的购买力增强，也使得农产品的消费日益多元化、精品化。

图 8-19　在春节期间大受欢迎的金橘

交通运输和保鲜冷藏技术的发展极大地拓展了农产品的市场范围。在我国，北粮南运、南菜北运已成常态。在世界上，保鲜技术的发展使得鲜牛奶的保质期从几天延长到 1 年，加上海运的便利条件，西欧、新西兰的鲜牛奶得以大量进入中国市场。同样，在中国市场上也可以很方便地买到智利的车厘子、南非的苹果、澳大利亚的牛肉以及北欧的三文鱼。而中国云南的松茸经过专业的处理和空运，采摘后几个小时就可以运抵日本东京的餐厅。交通运输和保鲜冷藏技术的配合，使得各地的农业特产都得到了行销全世界的机会，这一点对于海鲜、鲜花等要求时效的农产品来说意义尤其重大。如图 8-20 所示，阿拉斯加航空公司为了突出空运对当地海鲜产业的重要意义，将其波音 737 飞机机身喷涂成了一条巨大的三文鱼。据阿拉斯加海鲜经销协会统计，美国消费的一半海鲜由阿拉斯加提供，每年，阿拉斯加州都会向美国本土、加拿大及墨西哥等地空运多达 1 万吨以上的海鲜。

图 8-20　三文鱼涂装的波音 737 飞机

科技的发展则为农产品的花样翻新和产量提高提供了广阔的想象空间，也使得种植模式发生了很大的改变。当今时代，几乎所有的优质农产品都离不开科技的贡献。农业科技包括先进的育种技术（杂交、太空育种等）、栽培技术、灌溉技术（喷灌、滴灌等）、农业机械技术、温室暖棚技术以及农药、化肥科学应用等。广义上的农业科技还包括农、林、渔、牧等行业的先进种植技术、养殖技术，以及农副产品的加工技术等。无土栽培（见图 8-21）就是一种正在推广的农业科技，这种技术不仅可以节约土地资源，还能减少病虫害、减少农药化肥污染、提高水肥的利用效率，使得农业可以像工业一样高效率地生产产品。

图 8-21　西红柿的无土栽培

8.2　农业的未来

8.2.1　城郊农业

伴随着城市化的进程，城市郊区出现了一种面向城市市场的农业模式，称为城郊农业或都市农业。以珠江三角洲为例，20 世纪 80 年代，水稻和甘蔗的种植还十分普遍，而到今天，越来越多的土地改为种植蔬菜和花卉。其本质原因是城市化不仅带来了市场需求的变化，还造成了地价等的变化。与种植蔬菜、花卉等城市热销品类相比，将大城市周边的土地用来种水稻和甘蔗已显得不经济。因此，农民自然地将土地用来生产城市需要的产品，如蔬菜、肉、蛋、奶、花卉等。这类产品多具有单位重量价值较大、适合集约化生产、科技含量高、保质期短、不适合长距离运输等特点，因此布局在城市郊区是最佳选择。城郊农业除了面向城市市场，还通常具有机械化程度高的特点，这是因为城市郊区受到大城市的辐射带动作用，一方面具备技术、资金上的优势，另一方面又有向城区进行劳动力转移的便利，这使得城郊农业的劳动力相对紧张。在这样的背景下，实现农业机械化就成了提高劳动生产率的必由之路。城郊农业的另一发展趋势是设施化和集约化。设施农业利用塑料大棚、玻璃温室等开展蔬菜、花卉和水果生产，可以克服热量对农业的限制，提高产量，全年无休。在栽培介质上也从有土栽培向无土栽培过渡，逐渐克服土壤和地价的限制因素，最大限度地满足植物生长对养分和水分的要求。这样，土地的生产率和劳动生产率均得以大幅度提高，这便是农业的集约化。

北郎中花木中心位于北京市顺义区，是面向北京、辐射全国的专业花卉苗木供应商。该花木中心成立于1998年，成立之初以种植草花和绿化苗木为主，2008年，北郎中抓住了入选奥运会花卉备选基地的契机，积极适应北京市场的需求，改进生产技术、扩大生产规模，引进了蝴蝶兰等新型品种，从露天种植升级为温室大棚种植，如图8-22所示。从技术、设备、人才等方面进行了更大的投入。例如，从荷兰引进了智能温室控制系统，可随时随地监测温室内的温度、湿度、光照、二氧化碳含量等环境数据，并可通过手机等智能化终端远程控制温室内的风机、遮阳设备等，以满足花卉生长要求，如图8-23所示。

图8-22 北郎中花木中心种植的蝴蝶兰

图8-23 北郎中花木中心的智能化温室

蝴蝶兰花期长，颜色多样，大方漂亮，十分喜庆，是广受欢迎的年宵花爆品，在我国大城市和欧洲等地区十分流行，北京的人口规模和消费能力提供了一个庞大的市场，与此同时，北郎中花木中心接近京承高速和首都机场，可以方便地面向很多大城市发货。随着经济发展，北郎中花木中心的生产规模也不断扩大。其蝴蝶兰种苗年产量从一开始的10万株增加到了2021年的50万株。北郎中花木中心也多次成为奥运会、花博会、国庆庆典的花卉供应商，品牌效应逐渐显现。通过十多年的发展，北郎中花木中心的蝴蝶兰在北京甚至全国都已经小有名气。

8.2.2 庄园经济

2016 年 12 月，"2016 中国品牌价值评价信息发布暨论坛"在北京举行，全面发布 2016 年中国品牌价值评价结果。如图 8-24 所示，安溪铁观音、武夷岩茶、普洱茶荣登 2016 年中国地理标志产品区域品牌价值排行榜前十名。安溪铁观音

地理标志产品区域品牌	
地理标志产品名称	品牌价值（亿元）
茅台酒（贵州茅台酒）	2755.90
安溪铁观音	1424.38
赣南脐橙	668.11
郫县豆瓣	649.84
五常大米	639.55
武夷岩茶	627.13
普洱茶	612.73
烟台苹果	476.60
镇江香醋	450.27
盘锦大米	273.19

图 8-24　2016 年中国地理标志产品区域品牌价值排行榜前十名

以 1 424.38 亿元的品牌价值蝉联中国区域品牌价值茶叶类第一名。截至 2022 年，安溪铁观音已经连续七年名列全国茶叶类区域品牌价值第一。良好的自然生态环境、优质的茶树品种、独特的传统制作工艺和深厚的文化底蕴，使得安溪铁观音具备了丰富的内涵和高品牌价值。

为了更好地将地方特色做大做强，福建省安溪县着力发展了"庄园经济"。如图 8-25 所示，所谓庄园经济，是指基于地方特色农产品，建立农产品庄园，以实现第一、第二、第三产业相结合的全产业经营模式。福建安溪是我国的乌龙茶之乡，"安溪铁观音茶"不仅是历史悠久的名牌，也是"中国地理标志"认证产品。该县借鉴了法国葡萄酒庄园的经营之道，整合了当地的特色山水，打造了集茶树种植、茶叶加工储存、旅游和文化于一体的一系列茶庄园。每个茶庄园都有自己的茶园基地和现代化茶叶加工厂，同时配有特色度假酒店、农家乐、观景台、停车场、购物中心等基础设施，实现了从单一生产铁观音茶到茶文化、茶旅游的产业升级。与传统的制茶出售相比，茶庄园可以提供不同类型的产品和服务，因此经济效益更好。如图 8-26、图 8-27 所示，游客来到这里不仅可以品茶、赏景、聚餐、健身、休闲、购物，还可以欣赏茶艺表演、参观茶文化博物馆，亲身体验采茶、古法制茶的过程，而这一过程又是对"安溪铁观音"这一品牌的

强化和推广。经过多年的发展，"安溪铁观音"的影响力不断增强。目前，安溪现有茶园面积 60 万亩，茶叶年产量 6.2 万吨，约 80% 人口从事涉茶产业，茶产业收入一直占到安溪农民人均纯收入的 56% 左右。近年来，网络电商发展迅速，2013—2020 年，安溪铁观音电子商务销售额从 15 亿元增加到 26 亿元，当地茶农、茶商等开设的个人铁观音网店超过一万家。

图 8-25　福建安溪的茶庄园　　　图 8-26　游客体验采茶　　　图 8-27　游客现场品茶

　　安溪县铁观音茶庄园的成功是多种因素综合作用的结果。其中最重要、最基础的，是其独具特色的农产品——铁观音茶。安溪县既是世界名茶的故乡，也是乌龙茶的发源地，又是福建省乌龙茶出口的基地县市。安溪产茶历史悠久，自然条件得天独厚，茶叶品质优异，风味堪称一绝。"铁观音"既是茶名，也是茶树品种名，铁观音茶介于绿茶和红茶之间，属于半发酵茶类，是安溪县茶农的伟大创造，其独到的制茶工艺技法代代相传，再结合现代科技把控品质，现已达到炉火纯青的境界。铁观音独具"观音韵"，清香雅韵，冲泡后有天然的兰花香，滋味纯浓，香气馥郁持久，有"七泡有余香"之誉。独特的自然环境加上独特的人文工艺造就了独特的品牌。而庄园经济则让品牌进一步发扬光大，让福建安溪的茶产业实现了重要的三个跨越：从农产品到商品，从商品到商业品牌，从商业品牌到文化品牌。目前，"茶庄园"经营模式已在我国很多茶区流行，已成为我国茶产业高端形象的代表。

　　既然茶可以发展庄园经济，那么别的农产品是不是也可以这样发展呢？当然是可以的！我国幅员辽阔，区域差异明显，各地特产多种多样，依托地方特色农产品发展经济大有可为。基于此，在农业部的主导和推动下，我国于 2005 年 11月启动了"一村一品"建设，国家给予示范认证。它是指在一定区域范围内，以村为基本单位，按照国内外市场需求，充分发挥本地资源优势，通过大力推进规模化、标准化、品牌化和市场化建设，使一个村（或一个县）拥有一个市场潜力大、区域特色明显、附加值高的主导产品和产业。截至 2019 年年底，全国"一村一品"示范村镇已达 2 409 个，目前还在不断增加。我国"十四五"规划还指出，要大力发展县域经济，推进农村第一、第二、第三产业融合发展，延长农业产业链条，发展各具特色的现代乡村富民产业，提高农产品加工业和农业生产性服务业发展水平，壮大休闲农业、乡村旅游、民宿经济等特色产业……在这些政策的带动下，我们身边的"庄园经济"一定会越来越多。

8.2.3 混合农业

混合农业是在一块土地上同时进行不同农业部门的经营模式。最著名的就是大家熟知的澳大利亚的小麦—牧羊业了，如图 8-28 所示。混合农业有很多优势，如果用一句话来概括，那就是混合农业十分有利于可持续发展。第一，混合农业不仅可以提供

图 8-28　澳大利亚农牧业景观

多种农产品，还可以根据市场需求进行调节，如澳大利亚农场种麦和养羊的比例可在一定范围内灵活变动，这大大提高了对市场的适应性，降低了经营风险，提高了经济效益。第二，混合农业的农事安排高效合理，可以提供更多就业岗位。如小麦种植的忙碌期，正值绵羊饲养的农闲时期，而剪羊毛的忙碌期，正对应小麦的生长期。第三，混合农业内部的农业部门之间有机结合、互惠互利，能保持良好的生态环境。如绵羊饲养为小麦种植提供了粪便作为有机肥料，而小麦的秸秆又可以作为绵羊的饲料，同时，可以通过休耕、轮作等方式保持地力。

混合农业有多种表现形式，除了澳大利亚的小麦—牧羊业，还包括桑基鱼塘、稻鱼共生、林下养殖等生产模式。

我国东部季风区的平原地带降雨量大且集中，很容易发生洪涝灾害，在长期与大自然的磨合中，人们创造出了一种既能减灾又能增收的智慧农业模式——桑基鱼塘。如图 8-29 所示，将低洼地挖深变成水塘，挖出的塘泥堆在水塘四周成为地基，基上种桑，塘中养鱼，桑叶喂蚕，蚕沙饲鱼，而鱼塘中的塘泥又可随时挖取用作桑树的肥料。基与塘互惠互利、循环利用，取得"两利俱全，十倍禾稼"的经济效益。在这个系统里，蚕丝为中间产品，不再进入物质循环。鲜鱼才是终级产品，给人们食用。系统中任何一个生产环节的好坏，也必将影响到其他生产环节。有句渔谚"桑茂、蚕壮、鱼肥大，塘肥、基好、蚕茧多"充分说明了桑基鱼塘循环生产过程中各环节之间的联系。桑基鱼塘的发展既促进了种桑、养蚕及养鱼事业的发展，又带动了缫丝等加工工业的前进，已然发展成一种完整的、科学化的人工生态系统。

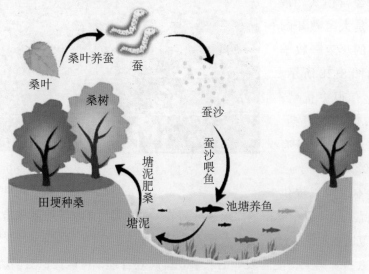

图 8-29　桑基鱼塘生态循环模式

基塘农业有十分悠久的历史，史料记载的最早的桑基鱼塘在浙江湖州，它起源于春秋战国时期，至今有 2 500 多年历史，是世界上最早的生态农业模式。如图 8-30 所示，至今浙江湖州仍存留 6 万亩桑地和 15 万亩鱼塘。浙江湖州桑基鱼塘系统于 2014 年入选第二批中国重要农业文化遗产，于 2018 年入选世界重要文化遗产。

唐宋时期，桑基鱼塘生产模式从中原传入珠三角地区，明清则是珠三角地区桑基鱼塘发展的鼎盛时期。如图 8-31 所示，在广东佛山西樵山下，仍然留有上

图 8-30 浙江湖州的桑基鱼塘

万亩桑基鱼塘，这是中国目前保护得最好的桑基鱼塘，被联合国教科文组织称为"世间罕有美景，人类生态典范"。佛山基塘农业系统于 2020 年入选第五批中国重要农业文化遗产。随着时代的发展和社会经济条件的变化，基塘农业已出现了一些新的变种，如在地基上种植果树的果基鱼塘，以及种植蔬菜的菜基鱼塘等。不过，最为经典的仍属桑基鱼塘。

图 8-31 广东佛山的基塘景观

稻鱼共生模式以浙江青田的稻田养鱼为典型代表。该县自公元 9 世纪开始一直保持着传统的稻田养鱼模式，并不断发展出独具特色的稻鱼文化。2005 年，

该系统入选世界重要文化遗产。这是我国第一个世界农业文化遗产。如图 8-32 所示，在稻田养鱼的系统中，水稻为鱼类提供庇荫和有机食物，鱼则发挥耕田除草、松土增肥、吞食害虫等功能，这种生态循环大大减少了系统对外部化学物质的依赖，增加了系统的生物多样性。水稻、杂草是该系统的生产者，鱼类、昆虫、各类水生动物如泥鳅、黄鳝等构成了系统的消费者，细菌和真菌是分解者。通过"鱼食昆虫杂草—鱼粪肥田"的方式，使系统自身维持正常循环，不需要使用农药杀虫，保证了农田的生态平衡。另外，稻鱼共生可以增强土壤肥力，减少化肥使用量，并实现系统内部的废弃物"资源化"，对土地和鱼类都可起到保肥和增肥的作用。

图 8-32　稻田养鱼

稻田里既可以养鱼，又可以养小龙虾，还可以养大闸蟹等，种养结合的成功案例不胜枚举，劳动人民的创造力无穷无尽！

桑基鱼塘和各种形式的种养结合都是因地制宜发展农业的样板，是绿色、低碳、环保、循环的生态农业经济系统，是生态文明建设中的典型示范。混合农业实现了对自然资源的有效利用，体现了人地和谐的理念，也是对人类文明的重要贡献。在实践中，混合农业受劳动力成本等因素的影响，其效益未必很高，但蕴涵在其中的"循环经济理念"和"人地协调观"是最值得保护、传承和发扬的。

因地制宜、互惠互利、自然循环，这是混合农业体现的人地相处之道。

第 9 章
在哪儿很重要

从本质上来说，地理学的核心在于研究地之理。所谓地，是指地理事物的空间分布特征；所谓理，是指造成这些空间分布特征的原因和道理。地理研究不仅要搞清楚自然环境的运行机理，更重要的是让人类活动合理布局，以期达到人地协调的目的。在现实的经济活动中，为什么选此处而非彼处？这就要求我们具备区位与联系的思想，从地理位置、区位条件、区域关联等角度去寻找答案。

9.1   工业区位论

9.1.1   什么是区位优势

地理学的一个根本性的论题是：何事发生在何地，以及为什么。即地理学的"3个 W"（what、where、why）。地理学家试图对这个问题做出回答，包括自然和人文现象。

地理位置是一切地理问题分析的起点。地理位置不同，地理条件就不同。因此，"区位选择"是地理学的核心任务之一，也是实际应用中比较普遍的地理问题。"区位"可理解为因位置而引发的条件。

进一步来讲，对某一区位的选定是以放弃在其他区位的利益为代价的，区位选择不仅仅是选择一个地点，重要的是选择与这个地点相关的自然、经济和社会要素[①]。例如，个人住房地点的选择，与住房类别、户型相关，也与住房周围的自然环境、社会治安有关，还与住房与工作地点、服务设施（包括医院、学校、幼儿园等）的距离相关。港口选址，既要看备选地点的通航条件、停泊条件和筑港条件，也要考察它的经济腹地条件，以及与其他港口的关系，以求得最佳方案。在经济特区的选择上，中国就比较成功，例如深圳、珠海和厦门的选择，充分利用了这三个城市分别与中国香港、澳门和台湾比邻，且在社会文化上的密切关系。综上所述，我们可以把"区位优势"理解为：区域因位置而引发的比较优势，

---

① 梁进社. 地理学的十四大原理 [J]. 地理科学，2009：307–315.

或者说是（某种人类活动）在该地布局（而放弃了其他选择）所带来的好处。

合理的工业布局一定是区位优势的体现，最终目的都是降低成本、提高效益。如图 9-1 所示，影响工业生产的区位因素很多，但对很多工业类型来说，只有其中一个因素是决定性的，该因素被称为主导因素。主导因素决定了工业布局的倾向性，其称为工业指向型。如原料指向型工业、市场指向型工业、科技指向型工业、动力指向型工业、劳动力指向型工业等。

图 9-1 工业主要区位因素①

然而，各种区位因素都在动态变化当中，所以区位优势会随时间发生变化。如矿产资源的枯竭会导致原料的优势不复存在，市场会变化，科技会发展，劳动力的成本会随着经济的发展不断上升……这样一来，原有的区位优势可能随着时代的发展不再具有优势，这就为产业转移的发生酝酿了条件。如早期的钢铁工业普遍接近煤矿，后来炼钢技术进步，对煤炭的需求量下降，新建的钢铁厂就倾向

---

① 人民教育出版社，课程教材研究所，地理课程教材研究开发中心.普通高中教科书 地理 必修 第二册 [M].北京：人民教育出版社，2019：64.

于接近铁矿了；再到后来，海运的发展使得煤炭、铁矿石等大宗货物的运输费用大大降低，沿海经济发达地区又是钢材的主要消费地，这一时期新建的钢铁厂就多布局在沿海地区了，是否接近原料地已经不重要了。

9.1.2 产业转移的逻辑

产业转移的影响因素有很多，包括劳动力和土地价格、市场、工业基础、环保、资源、政策、距离等。我们可以通过几个案例了解这些因素的具体影响。

在 2010 年之前，耐克鞋类产品的最大生产国是中国；到了 2021 年，这个最大生产国已变为越南，如图 9-2 所示。2021 年，耐克 51% 的运动鞋为越南制造，排名第二的为印度尼西亚，占 26%，中国已降至 21%。类似的，阿迪达斯也由原来的中国制造转为越南制造，占比达 40%。近年来，促使阿迪达斯、耐克等加工厂从中国不断向越南等地转移的主要因素就是劳动力价格。经济的发展使得中国工人的平均工资不断上升，相比之下，东南亚国家较低的劳动力价格就呈现出了巨大的竞争力。

图 9-2　耐克的越南工厂一角

在劳动密集型产业纷纷从中国转移出去的时候，也有产业转移到了中国。2018 年 7 月 10 日，特斯拉公司与上海市政府、上海临港管委会共同签署了纯电动车项目投资协议，特斯拉公司将在临港地区独资建设集研发、制造、销售等功能于一体的特斯拉超级工厂，这标志着特斯拉正式落户上海。2019 年 9 月 26 日，工厂主体建设完成，同月，全面验收通过，10 月，工厂拿到生产资质，开始生产。截至 2022 年 7 月，2022 年特斯拉上海工厂已累计向全球用户交付 32.3 万辆新能源汽车，其中国内市场交付20.6万辆。目前，上海工厂已成为特斯拉最重要的出口基地，供应亚洲、欧洲的10多个国家。上海工厂也是特斯拉目前生产效率最高的工厂，年产能高达75万辆，称其为"超级工厂"毫不夸张。生产线的出货量对于工业来说具有生死存亡的决定意义，因为建设一条生产线需要巨大的、一次性投入的成本，生产线制造的产品越多，分摊到每件产品上的成本就会越小，产品成本低才有竞争力。与美国工厂相比，上海工厂将生产成本降低了65%。除了成本降低，进入中国还为特斯拉带来了庞大的市场。2021年第四季度和2022年第一季度，中国在特斯拉全球市场的份额分别达到38%和35%。特斯拉在上海建厂还有一个重要原因，就是长三角地区的工业基础好，配套能力强。如图9-3所示，2021年年底，特斯拉上海工厂的国产化率达到90%左右，从原材料到零部件，包括动力总成系统、电驱系统、充电系统、底盘、车身等，大部分都来自中国供应商，涉及的国内直接和间接供应商超过180家。其中，长三角供应商达到56%。良好的产业基础和强大的相关产业配套是特斯拉上海工厂得以高效生产、

成为超级工厂的重要保证。在特斯拉的带动下，上海临港新片区已经构建起涵盖汽车芯片、自动驾驶系统、汽车内饰、车身、新材料、精密加工等新能源汽车的全产业生态，是该地区首个千亿级产业，也正在形成有全球影响力的智能新能源汽车产业集聚地。

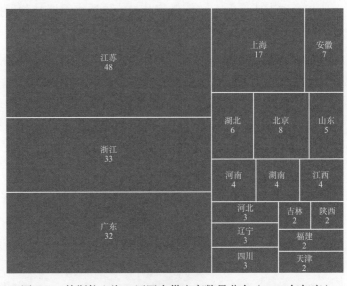

图9-3　特斯拉上海工厂国内供应商数量分布（2021年年底）

中国是一个幅员辽阔的国家，不同区域存在地理条件的差异和发展阶段的差异。这使得国内的产业转移也十分常见。例如，我国的制糖工业中心就有过一个从台湾转移到广东再转移到广西的过程。由于原料条件的限制，制糖工业布局呈

现出强烈的地域性特点,它是最明显的原料指向型的食品工业部门①。每生产一吨砂糖需要 5～7 吨甜菜或 6～12 吨甘蔗,因此运输成品远比运输原料方便,且可以节约大量运费,降低成本。此外,甘蔗和甜菜都是很不适合存放和长距离运输的物资,在这两种情况下会发生糖的转化甚至霉烂,如甘蔗最好在收割 36 小时内送到糖厂加工。甘蔗在我国制糖工业中一直占据主导地位,占全部蔗糖产量的 60%～90%,因此,制糖工业中心就会随着甘蔗主产区的变化而转移。20 世纪五六十年代及更早以前,台湾长期是我国的产糖冠军,蔗糖产量曾占全国的 70%、占世界的 5%,仅次于古巴和印度,因此被誉为"东方甜岛"。后来,台湾成长为"亚洲四小龙"之一,经济发展,地价上涨,甘蔗糖业随之转产,中国制糖工业的重心也就从台湾越过海峡向西转移。到 20 世纪七八十年代,广东成了我国产糖第一大省。随着改革开放的推进,广东工业化、城市化进程加快,大量农业用地转为城镇或工业用地,产业结构也随之不断升级,土地和人工的费用提高,种甘蔗的成本大幅上升,利润微薄,糖业迅速萎缩。而广西经济相对落后,土地和劳动力成本低,比较优势凸显,更适宜发展甘蔗种植业。国家也适时从政策上调整甘蔗糖业的区域布局结构,把重点放在了广西、云南等地。由此,中国制糖工业的重心在 20 世纪 90 年代初再次西移——从 1993 年至今,广西的甘蔗种植面积和产糖量始终稳居全国第一,如图 9-4 所示。

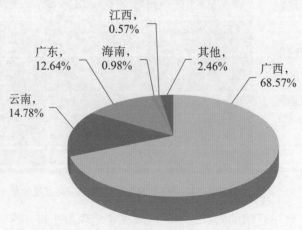

图 9-4　2022 年中国大陆甘蔗主产区产量占比

① 魏心镇.工业地理学 [M].北京:北京大学出版社,1982:390.

从以上案例可以看出，产业总是转移到那些更有比较优势的区域。这正如水往低处流，产业（资本）总是流向成本更低、利润更大的地方。因为只有这样，才能保持竞争力，适应时代的发展变化。

9.1.3　不上班的程序员

美国程序员鲍勃，拿着高薪却不用上班，这是怎么回事？原来，他只需花费自己薪水的 1/5，便可以将工作任务外包出去让别人帮忙完成。这种好事真的存在，而且已经发展成了一个产业，称为软件外包。

所谓软件外包，就是一些发达国家的软件公司将他们的一些非核心的软件项目通过外包的形式交给人力成本相对较低国家的公司开发，以达到降低软件开发成本的目的。软件开发成本的 70% 是工程师的薪资，所以，降低人力资源成本是降低软件开发成本的最有效手段。

如图 9-5、图 9-6 所示，印度是接受美国英文软件外包的第一大国，班加罗尔是印度软件外包产业发展最成功的地方。该地承接的软件外包业务主要来自美国硅谷，两地间约有 13 小时时差，这一特点产生了一个巨大的好处：印度工程师辛苦工作一天完成代码并将其发到美国时，正值硅谷的清晨，美国总部当天即可检视产品并返回修正指令，以便印度工程师第二天修改完善。这样，软件代码就像皮球一样在印度和硅谷之间踢来踢去，昼夜不停，因而班加罗尔的软件外包形成了著名的"全天候"产业。软件外包给印度带来了大量的就业岗位和营业收入。在

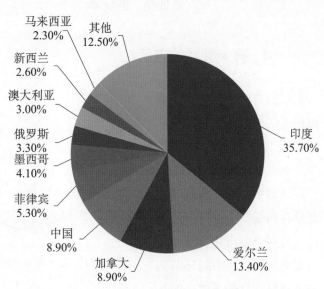

图 9-5　2015 年全球主要软件外包接包国家份额占比

巅峰时期，印度软件行业营收占到印度国内生产总值的6%。然而，真正的软件大国并不是印度，而是美国，因为雇主都在美国。软件的顶层设计、核心架构和底层代码，都掌握在美国企业的手里。因此，软件外包产业尽管披上了高技术含量的外衣，但印度与美国的比较优势依然还是劳动力价格，而不是软件研发能力。

图 9-6　印度班加罗尔的软件外包产业工作场景

与产业转移的流向类似，软件外包订单总是流向那些工程师成本相对低的地方。这揭示了一个残酷的事实，如果一个区域经济发展水平低、收入不理想，那么这将成为人才外流的巨大推力。软件外包行业的存在告诉我们：一个地区可以在表面上留住人才，但实际上，本地的人力资源却在为外地的资本打工。也就是说，工厂可以不转移，但是作为生产对象、生产过程的程序和代码却依然在流动，遵循着"流向成本更低处"的规律。

9.1.4　微笑曲线的启示

以前有一种说法，中国出口 8 亿件衬衫才能换回一架波音飞机。这其实并不夸张。如图 9-7 所示，在产业经济活动中，附加值最高的部分在两端，一个是研发设计，另一个是市场营销和售后服务，而处在中间环节的加工装配则是最不赚钱的部

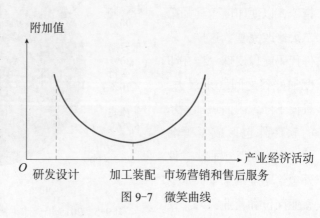

图 9-7　微笑曲线

分。如果把这一规律用曲线画出来，就是一个微笑的样子，被称为微笑曲线。

如图 9-8 所示，以苹果手机为例，苹果公司自身收益占比高达 58.5%，而中国大陆的组装成本在其利润分配比例中仅占 1.8%。

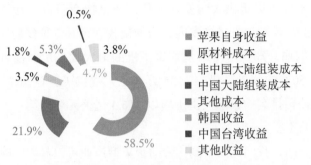

图 9-8　苹果手机利润分配比例

这个规律解释了一个现象，那就是劳动密集型产业一般不会在一个区域长期驻留。在最近的半个多世纪里，劳动密集型产业在东亚地区完成了好几次转移。先从日本转移到亚洲"四小龙"，又转移到中国东南沿海地区，再进一步转移到中国的中西部地区。纵观历史我们会发现，一个区域在产业发展的起步阶段通常具备劳动力成本的优势，从而吸引劳动密集型产业在此布局。但随着经济发展和资金的积累，该地区慢慢就有了产业升级的条件，可以发展一些资金密集型的产业。再到后来，随着管理经验的积累、人才的成长和技术的进步，就可以进一步走向微笑曲线的两端，把主要精力用于研发设计、品牌建设、市场营销等环节，在这个阶段，劳动密集型产业可能早已转移到其他地方去了。

我国不同地区经济发展水平存在明显差异，因此，从沿海到内陆，从东部到中西部，不同地区因产业转移与合作呈现出一种紧密协作、链式配套的协同布局模式。这使得我国成了世界上少有的全产业链制造业大国、强国，从服装鞋帽到飞机卫星，几乎所有的工业品，我国都有生产能力。

以长江经济带为例，长三角地区的科技、市场、对外贸易等方面优势明显，其区域产业呈现出向微笑曲线两端发展的态势，而长江中游和上游地区，则承接了大量来自长三角的劳动密集型产业转移。如不少服装品牌形成了长三角营销设计、长江中上游生产加工的协作模式。即便是在同一个城市群中，也往往形成中心城市设计、周边城市加工的产业配套。这种产业协作使得各地都得以充分发挥

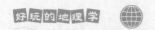

其区位优势，降低总成本，共同把产业做大做强，形成整体的竞争力，也有利于实现发达地区对欠发达地区的辐射带动，最终实现共同富裕。

必须要指出的是，不能因为附加值低而否认劳动密集型产业的重要意义。劳动密集型产业不仅可以提供大量就业岗位，还是招商引资、发展经济的重要方向，对出口创汇、带动地方经济发展、增加税收、提升管理经验等很多方面都具有重要意义。例如，郑州富士康是苹果手机的最大代工厂，拥有 90 条生产线，生产了全球约 50% 的苹果手机，为 35 万名工人提供了就业岗位。在 2020 年中国外贸出口额公司排名中，郑州富士康以 316.4 亿美元名列第一，也成为带动河南省经济增长的重要力量。

从另一个方面，我们也要看到：劳动密集型产业可以辉煌一时，却不能长久依赖。产业升级才是提升区域竞争力、提升居民收入的最好方式。中国制造的未来必然是走向中国智造、中国创造。打造中国品牌、让世界购买中国服务是我们正在努力实现的目标。这就是微笑曲线带来的启示。

9.2 天堑变通途

9.2.1 交通运输方式

现代交通运输方式主要有公路运输、铁路运输、航空运输、海运和内河航运以及管道运输。

公路运输是常见交通方式中最为机动灵活的。公路运输发展快、应用广、装卸方便，对各种自然条件的适应性较强。在一些没有路的草原、荒漠、戈壁，甚至冰面都能畅行无阻。对于一些地处山区、对外联系不便的地方来说，公路运输几乎是对外联系的唯一方式。如图 9-9 所示，在河南省新乡市辉县沙窑乡郭亮村，有一条著名的挂壁公路。从远处看，汽车就挂在绝壁边缘行驶。这条公路始建于 1972 年，1977 年完工，全部由当地村民用铁钎、铁镐、铁锤手工开凿完成，令人叹服。挂壁公路的连通将世世代代隔绝在太行山深处的村民与外面的世界连接了起来。

图 9-9　河南新乡郭亮村的挂壁公路

如图 9-10 所示，在湖南张家界天门山，有一条"通天大道"，共计 99 道弯，全长仅 10 多千米，海拔从 200 米上升到 1 200 多米，弯道多处有 180° 的急转弯，被称为"天下公路第一奇观""全国十大盘山公路之首"。

图 9-10　湖南张家界天门山的盘山公路

公路运输的弱点体现在运量较小，家用小汽车的载重量一般为 375～500 千克。重型卡车载重量可达 15 吨左右，但跟火车、轮船相比还差得很远。运量小也带来耗能高、运费贵的问题。因此，在日常生活中，公路运输在短途运输中优势最为明显，应用广泛。

火车被认为是人类最伟大的发明之一，铁轨能有效地减小能耗、增加载重能力，因此，铁路运输被认为是陆地上效率最高的交通方式，其主要优点在于运量大、速度快、运费低、连续性好。铁路特别适合大宗货物的长距离运输。全长653千米的大秦铁路，西起山西大同，东至河北秦皇岛，承担着中国铁路煤炭运输总量的近五分之一，每年输送煤炭4亿~5亿吨，用户群辐射26个省、区、市，涵盖全国六大电网、五大发电集团、十大钢铁公司、380多家主要电厂和6 000多家工矿企业，是中国西煤东运、北煤南运的重要能源通道，给大半个中国带来了光和热。

如图9-11所示，大秦铁路上的万吨级重载列车由210节车厢组成，长度接近2.6千米，从列车启动到车尾跨过发车线，需要10分钟的时间。如果我们站在路边，看着列车呼啸而过，也需要2分多钟的时间。

图9-11　大秦铁路上的万吨级重载列车[①]

高铁则是陆地上最为便捷的客运通道。京沪高铁全长1 318千米，设计时速380千米/小时，运营速度350千米/小时，从北京南站到上海虹桥只需4小时35分钟，最快4小时可达。单日发送旅客最高达到79.8万人次。2019年，京沪高铁全年旅客发送量高达2.1亿人次，是开通运营以来旅客发送量最高的一年。

---

① 图片来源：国家铁路局。

铁路运输的一次性投资非常巨大。京沪高铁总投资达 2 209 亿元，平均每千米的造价为 1.676 亿元。如图 9-12 所示，为减少对沿线土地的占用和切割，京沪高铁几乎全程在高架桥上运行。整个工程使用水泥 2 700 多万吨、钢材 470 多万吨、混凝土 6 000 多万方、钢轨 37.6 万吨、道砟 250 万方。它是世界上一次建成线路最长、标准最高的高速铁路，也是新中国成立以来一次投资规模最大的建设项目。2021 年 12 月底，中国高铁营业里程已达 4.1 万千米，占全部铁路营业里程的 26.7%。到 2030 年，中国高铁将形成"八纵八横"的网络，实现相邻大中城市 1~4 小时交通圈、城市群内 0.5~2 小时交通圈的目标。中国高铁建设的突飞猛进，离不开强大的经济实力、科技实力以及政策的支持。

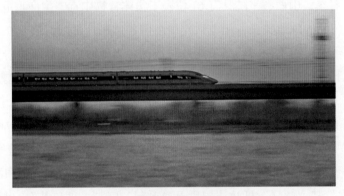

图 9-12　京沪高铁在高架桥上飞驰

　　航空运输是目前世界上最快速的交通方式。航空运输在理论上可以实现最短的运输距离，真实的航线与起飞地、目的地两点之间大圆的劣弧十分接近。

　　如图 9-13 所示，协和式飞机是目前世界上唯一投入航线上运营的超音速商用客机。它于 1969 年首飞，横跨大西洋、往返于欧美之间，安全航行超过 30 年，后于 2003 年退役。协和式飞机标准

图 9-13　协和式飞机

客座为 100 个，最大为 140 个，载客量较小，油耗大，运营成本高，票价高昂，一张伦敦至纽约的往返票要 9 000 多美元，亲自搭乘协和号班机成为许许多多人自幼以来的梦想。协和式飞机的巡航速度高达 1 998 千米 / 小时，从伦敦到纽约的航行曾创下 2 小时 52 分的世界纪录，一般情况下只需要 3 小时多一点，然而伦敦和纽约的时差有 5 小时，这使得乘客从伦敦前往纽约能产生一种穿越时空追上地球自转的效果，往往是傍晚出发，落地时还是当天下午。所以搭乘协和号的旅客最喜欢说："我还没出发就已经到了。"

协和式飞机凸显了航空运输的特点：速度快、运量小、运费高、耗能大、技术要求严格。所以，航空运输适用的货物以急需、贵重、鲜活为主要特点。

1960 年春季，山西省平陆县有 61 位民工集体食物中毒，生命垂危。当地医院在没有解救药品的危急关头，用电话连线全国各地医疗部门，终于在北京找到了特效药。但当时交通不便，药品不能及时送达。当地政府便越级报告国务院，中央领导当即下令，动用部队直升机，将药品及时空投到事发地点，挽救了 61 名工人的生命。《中国青年报》将这一事件写成了通讯报道《为了六十一个阶级弟兄》。

如图 9-14 所示，2012 年 1 月 15 日，我国租借给法国的两只大熊猫"欢欢"和"圆仔"乘坐联邦快递特别喷饰的波音 777 货机"联邦熊猫快递号"经过 10 多个小时的飞行，于当地时间中午 12 时抵达巴黎，无数法国政要和媒体在机场迎接。"欢欢"和"圆仔"抵达法国后迅速掀起一阵"大熊猫热"，也使得博瓦勒野生动物园接待游客数从前一年的 60 万人次激增至 100 万人次。

图 9-14　大熊猫乘专机出国

一些价值较高的鲜活农产品也采用航空运输。如新鲜三文鱼保质期很短，通常采用空运，使三文鱼从挪威捕捞到中国超市上市仅需 2 天，但价格高达每千克 200～300 元。又如云南昆明的斗南花卉市场，每天通过航空运输发送的鲜花重达 200 吨，是亚洲第一大鲜花交易市场。

　　我国机场数量最多的省级行政区是新疆。2022 年 12 月 23 日，中国南方航空公司正式开通乌鲁木齐—塔什库尔干往返航线，这标志着我国最西端的机场、新疆首个高原机场——塔什库尔干红其拉甫机场正式通航，如图 9-15 所示。自此，新疆民用机场数量已达 25 个，稳居全国第一。到 2025 年，新疆在用和在建机场数量将达到 37 个，继续领跑全国。

图 9-15　塔什库尔干红其拉甫机场

　　机场数量多体现出航空运输对于新疆的重要意义。新疆地处我国西北边陲，与东部经济地带距离遥远。同时，新疆是我国陆地面积最大的省级行政区，面积达 166.5 万平方千米。新疆不仅地域辽阔，而且地形极为复杂，海拔高差大，且有大面积自然环境恶劣的地区，陆地交通线建设和维护成本高昂，受天气和自然灾害等因素影响，通行受阻的情况时有发生。航空运输速度快，尤其适合长途运输，在地面交通不便的情况下，航空运输更能凸显其独特的优势。不仅如此，新疆还拥有极为丰富的旅游资源，蓬勃发展的旅游业对航空运输产生了巨大的需求，2006 年，伊犁哈萨克自治州的那拉提机场通航；2007 年，阿勒泰地区的喀纳斯机场通航；2015 年，富蕴可可托海机场通航；2018 年，若羌楼兰机场通航。这些机场的开通极大地带动了当地旅游业的发展。

海洋运输是国际贸易中最重要的运输方式，货物运输量占全部运量的80%～90%。目前，我国约95%的国际贸易货物量是通过海运完成的。2020年，我国海运进出口量增长6.7%，达34.6亿吨，占全球海运贸易量的比重提升至30%。海运的运量非常巨大，一艘可以通过巴拿马运河的货轮可装载货物52 500吨，而一艘好望角型船舶可载重15万～25万吨，一艘超级巨型油轮可载重40万吨。如图9-16所示，2014年11月，由广船国际有限公司建造的巨型油轮"凯桂号"下水，这是我国自行建造的最大油轮，排水量达42万吨，可装载原油32万吨。

图9-16 "凯桂号"油轮

如图9-17所示，我国"中海环球号"集装箱货船全长400米、宽近60米，约10层楼高，可装载19 100个标准集装箱。

图9-17 "中海环球号"集装箱货船

海运巨大的运量使得单位重量货物的平均运费十分低廉。一般而言，海运的运费仅相当于铁路运费的1/5、公路运费的1/10、航空运费的1/30。其代价是速度慢，平均速度仅为20～45千米/小时，从中国宁波港到达南美西海岸的秘鲁卡亚俄港需要航行35天。

管道运输则是长期稳定运输油气的可靠选择。尽管一次性投资十分巨大，不过，一旦建成便可以实现一年四季、一天 24 小时连续不断的运输，其运量大、费用低、安全可靠、连续性强。

阿拉斯加输油管道是世界上第一条从北极地区外输原油的管道。管道北起普拉德霍湾油田，贯穿整个阿拉斯加地区，终点为南部港口瓦尔迪兹。全长约 1 300 千米，管道直径为 1.22 米，每年输送原油 1 亿吨。整个工程从规划设计到施工完成历时 9 年，耗资近 80 亿美元。从 1977 年建成至今，已累计运输原油超过 150 亿桶。

阿拉斯加输油管道的建设遇到了许多挑战，包括高大的山脉、活跃的断层、广泛分布的冻土层和定时迁徙的驯鹿和驼鹿。如图 9-18 所示，这条管线有近一半的长度是架空修建的，且配有控制温度的辅助装置，这是因为原油刚刚开采出来温度约为 80℃，运输过程中需要保持在 50℃ 左右以保证流动性，如果将管线敷设在地下，将导致冻土融化、管道沉降受损。因此，既要防止原油的热力融化冻土，又要防止原油被严寒冻结，影响传输效率。同时，管道架空为野生动物的迁徙预留了通道。管道的另一个特点是"之"字形的走向，这使得管道可以容忍一定程度的形变，大大降低了热胀冷缩和地震对管道的威胁。

图 9-18　阿拉斯加输油管道

9.2.2　世上本没有路

世上本没有路，走的人多了，也便成了路。这句话道出了交通建设最朴实的真理：所有的道路都是因交通需求而建设的。世界上有些地形平坦的无人区至今没人修路，关键在于没有交通需求。相反，在一些自然条件非常恶劣的地区，人类依然克服了重重困难修建了道路，这是因为交通需求的存在。交通线的建设受到自然和人文条件共同影响，自然条件包括地形、地质、气候、河流、生态环境等；人文条件包括人口和城镇的分布、交通的需求、现有的交通条件、资金、技术、政策等。在交通线建设的过程中，人文条件通常是交通线建设的驱动力，而自然条件则构成阻力。交通的发展，就是用人文条件的驱动力不断克服自然条件阻力的过程。

成昆铁路自四川成都至云南昆明，沿线位于地壳运动活跃区，跨越众多活动断裂带、高山、峡谷、河流，建设难度之大、工程之艰巨前所未有。铁路沿线有500千米位于地震烈度7~9度的高风险区，地质结构极其复杂，有岩浆岩、沉积岩、变质岩，因受强烈的构造作用，这些岩石大都比较破碎，有些地段还有含盐、含硝、含石膏地层。在成都和昆明附近，安宁江、金沙江、龙川江等河谷内，还分布着"成都黏土""昔格达层""龙街粉砂""元谋组"等特殊性质的地层。五花八门的地质现象，使其有"地质博物馆"之称。沿线地下水发育，有的断层裂隙水涌水量高达每昼夜2万吨。沿线受到太阳辐射、季风、地形等因素影响，气候差异显著且变化多端，在不同的区段或同一区段的不同高度，常常呈现出令人惊异的天气差异。当地民谣中有"金沙江的太阳、泸沽湖的风、普雄下雨就过冬"和"山高一丈，大不一样"等说法。多变的气候和明显的日温差，使得岩石剧烈风化，即使是坚硬的花岗岩，风化程度也大大超过一般地区，在这样的气候条件下，岩石在开挖暴露过程中容易风化剥落，给工程的稳固造成巨大的隐患。成昆铁路沿线复杂的地形、地质、气候、水文现象纵横交织，曾被外国专家断定为"修路禁区"。

然而，这样的条件没有难倒中国人。1953年，成昆铁路开始实地勘察、论证选线，当时有中、东、西三条线路方案，西线需要穿过攀西地区的广大山地，地形复杂，地势险峻，显然不可能成为首选。当时的国外专家选择的是中线，即成都—乐山—宜宾—东川—昆明。然而，攀枝花地区有着丰富的矿产资源，而且西南地区有着众多的少数民族人口，在经济和政治方面都有巨大意义，这促使中国最终采用了西线方案。在选线期间，5 000余名地质勘探人员勘测线路长达1.1

万千米，是成昆铁路建设长度的十倍。成昆铁路于 1958 年动工，1964 年后，超过 30 万建设大军赶赴西南，开进成昆线工地。建设大军穿越崇山峻岭，克服重重困难，将工程不断向前推进，1970 年 7 月 1 日，成昆铁路终于全线竣工运营。在这 12 年艰苦卓绝的奋斗历程中，约 2 100 名铁道兵和建设者为成昆铁路献出了宝贵的生命，铁路沿线建有 22 座烈士陵园。每一座陵园都留下了一段让人永难忘怀的历史和故事，他们"为有牺牲多壮志，敢教日月换新天"的精神，必将激励一代又一代后来人奋勇前行！

如图 9-19 所示，成昆铁路桥隧总长占比 41.6%，全线 13 次跨越牛日河、8 次跨越安宁河、49 次跨越龙川江，共修筑了 991 座桥梁，其中 8 座入选"中国桥梁史"，共修建 427 座隧道，其中最长的沙马拉达隧道全长 6.8 千米。如图 9-20 所示，在一些滑坡、落石风险高发区域，成昆铁路还设有"棚洞"。成昆铁路沿线堪称一座露天的"工程博物馆"。它的修筑为人类在复杂山区建设高标准铁路提供了成功范例，堪称世界筑路史上的奇迹。

图 9-19　成昆铁路桥隧相连　　　　图 9-20　金沙江畔成昆铁路的棚洞

成昆铁路将我国西南地区两座特大城市成都和昆明紧密相连，促进了西昌、攀枝花等西南地区重要工业基地的建设与发展，让中国有了更大的战略纵深。更重要的是，它有三分之二的路线穿越原本贫穷落后的彝族地区，串起了凉山深处一个个彝族居民点，成为彝族老乡们走出深山赶集、求学的必经之路。成昆铁路的建成，完善了全国的交通运输网，有力地促进了我国西南地区的资源开发、经济建设和社会进步，巩固了我国的国防安全。1985 年，成昆线荣获国家科学技术进步特等奖。这条铁路的建成也被联合国誉为"20 世纪人类征服自然的三大奇迹"之一。

9.2.3 发展的先行官

交通运输是区域发展的先行官，正所谓"要致富，先修路"。这是因为在现实中，很多地方之所以欠发达，其瓶颈往往在于难以与外界实现有效的互连互通。这样一来，区域的特产少人问津，区域的美景无人欣赏，区域的人才不断流失，区域的资源无法开发。许许多多的地方就因为交通不便，长期处于一种与世隔绝的状态，错过了经济发展的高速列车。因此，交通条件的改善往往是区域经济快速发展的大前提，而区域经济发展又会为交通条件的进一步改善创造条件，从而促进区域经济进入良性循环的状态。

贵州省地处我国西南的云贵高原，地形崎岖，喀斯特地貌广布，是一个没有平原的省级行政区。受地形影响，贵州省长期以来交通不便，制约了经济发展，国民生产总值和居民收入一度处于全国最低水平之列。2010 年，贵州省高速公路通车里程还只有 1 500 千米，从 2011 年起，贵州开始大规模投资高速公路建设。2015 年实现了全省范围内"县县通高速"，是中国西部第一个将高速公路通到所有行政县的省级行政区。2019 年，贵州省高速公路综合密度已跃居全国第一。到 2021 年年底，贵州高速公路通车里程已增加到了 8 000 千米，如图 9-21 所示。

图 9-21　贵州的高速公路

高速公路只是贵州省交通建设的一部分。近年来，贵州省的高铁、航空、水运也取得了长足的进步。贵阳龙洞堡机场不仅实现了国内省会城市航点全覆盖，还开通了至旧金山、洛杉矶、莫斯科、米兰、巴黎、墨尔本等 200 余条洲际航线。通过高铁，贵阳可直达北京、上海、广州、深圳、香港等主要城市，全面融入"7 小时高铁经济圈"。如图 9-22 所示，2019 年

图 9-22　贵州高铁旅游专列

7 月 12 日，贵州景区高铁直达旅游专列首发，自西向东依次串联了黄果树瀑布、青岩古镇、西江千户苗寨、朱砂古镇、铜仁梵净山等贵州知名景区。这是国内首条景区高铁直达专列，一趟高铁可游多个景点。2019 年 12 月 16 日，成贵高铁全线通车运营，途经织金洞、百里杜鹃等著名景区，进一步推动了贵州全域旅游向纵深发展。

交通条件的改善极大地促进了贵州产业经济的发展。2011 年，贵州省地区生产总值接近 6 000 亿元，2012 年接近 7 000 亿元，2013 年、2014 年分别突破 8 000 亿元、9 000 亿元，提前一年完成"十二五"规划（8 400 亿元）的目标任务。2015 年全省地区生产总值达到 10 502.56 亿元，占全国的比重由 2010 年的 1.13% 提高到 2015 年的 1.55%；到 2021 年，贵州省地区生产总值已进一步增加到 19 586.4 亿元，与 2015 年相比接近两倍。从 2011 年到 2015 年，贵州省地区生产总值年均增速 12.5%，高于同期全国水平 4.7 个百分点。2014 年，贵州省人均地区生产总值达到 26 437 元，实现了 4 年翻番；2015 年，全省人均地区生产总值增长到 29 847 元。从产业结构来看，交通条件的优化促进了工业和旅游业的发展。从 2011 年到 2015 年，贵州省工业产值年均增长 14.3%，同期实现旅游总收入 3 512.8 亿元，年均增长 27%。2020 年，贵州省国内生产总值在全国各省的排名比 2011 年前进了 11 位。

正是由于交通对经济发展具有强大的带动作用，因此，交通规划有一个重要的原则——适度超前。如果按照现有的经济规模测算交通流量、规划建设交通基础设施，那么一旦经济发展，交通流量提高，原有的设计就可能不堪重负，没多久又要重建，反而造成浪费。

9.3　看不见的流

在不同的区域之间，既存在交通运输这种肉眼可见的联系，也存在大量看不见的联系，然而那些看不见的联系却时时刻刻都在影响我们。这使得真实的世界各地并不像地图上呈现的那样彼此分隔，而是经由某些通道紧密联系在一起，在这看不见的通道中，信息（电磁波）、资金或技术，也可能是细菌或病毒在不

停地流动，这使得区域之间的影响程度受地理距离的影响越来越小。看不见的"流"紧紧包裹世界，并影响我们的命运。地图上的世界只是冰山一角，更大的部分则隐藏于水下。只有认识到这一点，我们才能尽可能地接近真相。

9.3.1 技术的扩散

在没有电话和互联网的古代，技术的扩散只能经由人类活动，手把手地传授，因此受地理条件的限制极大。那些距离技术原创地近、交流机会多的地方，往往最先得到技术的真传。中国四大发明的扩散路线清楚地表明了这一点。

中国造纸技术的传播顺序，先为纸张和纸制品，其次才为造纸技术。考古发现证实，早在西汉时期，纸就已经传播到朝鲜。大约公元4世纪末，造纸术传入朝鲜和越南。到了7世纪，产自朝鲜半岛的"高丽纸"已经为中国文人所喜用。公元610年，朝鲜僧人昙征将造纸术献给日本摄政王圣德太子，日本人称昙征为纸神。唐僧玄奘西天取经（627—645年）回国，并未提到印度有纸。但另一唐僧义净于671年赴印度留学取经，发现那里正在使用纸张，各地普遍在绢、纸上印佛像，还使用厕纸。印度造纸法及纸的型制与新疆、西藏类似。因此有学者推测造纸术经由丝绸之路传到西域，经由西藏一带传入印度。造纸术于8世纪传入阿拉伯地区，公元900年前后传入埃及，12世纪传入非洲的摩洛哥以及欧洲的西班牙和法国。传入美洲已是16世纪，直到19世纪才传入大洋洲。在这一过程中，距离的远近、地理联系的密切程度以及欧洲殖民者的对外扩张都影响了造纸术的传播过程。

火药、活字印刷术、指南针的传播路线也大致类似：以中国为中心，依距离的远近、联系的先后顺序对外传播。以火药为例，从中国传播到欧洲花了400多年的时间。

随着人类社会的发展，不同区域之间的联系日益紧密，技术扩散变得快速而普遍，这对历史进程产生了巨大的影响。18世纪，大量来自英国、法国的移民为刚刚建国不久的美国带来了新知识、新技术、新制度，这使得美国从一穷二白的起点迅速崛起，只用了一个世纪便实现了对英国的全面赶超。不过，很多技术也并非是英国原创，而是来自欧洲大陆。英国是一个岛国，受欧洲大陆的战乱影响较小，历史上，每到欧洲大陆的战乱时期，就有资金、技术、人才流入英国。

类似的规律也发生在欧洲和美国之间，在第二次世界大战期间，美国张开双臂欢迎来自欧洲的科学家和工程师，包括爱因斯坦在内的数千名杰出人才成为美国科技发展的重要推动力，来自欧洲的科学家几乎构成了第二次世界大战后美国航空航天、核能、计算机革命的核心力量。

历史上，因贸易、战争等因素引发的"技术流"深刻地影响了人类发展和区域兴衰，是影响世界格局的重要因素。

9.3.2　异域的食材

地区之间的交流也是人类食材不断丰富的途径。以中国为例，正是因为历史上诸多食材的传入，我们的食谱才能越来越丰富，我们的饮食文化才能如此的丰富多彩、博大精深。

如小麦、大麦原产自西亚，大约在 4 000 年前传入中国。又如我国重要的酿酒原料高粱，原产自非洲，大约在两汉魏晋时期传入中国。又如葡萄原产于欧洲、西亚和北非一带，西汉时期，张骞出使西域，将葡萄带入中国。《齐民要术》记载："汉武帝使张骞至大宛，取蒲陶实，于离宫别馆傍尽种之。"《汉书西域传》记载："大月氏、安息同。大宛左右以蒲陶为酒，富人藏酒至万余石，久者数十岁不败。"可见葡萄酒作为西域佳酿，历史悠久。古文中的"蒲陶"即今天的葡萄。除此之外，从西域传入的食材还有核桃、蚕豆、芝麻、石榴、香菜、胡萝卜、黄瓜、大蒜等，如图 9-23 所示。

图 9-23　从西域传入的部分食材

张骞出使西域打通了丝绸之路，开启了食材传入的重要通道。在汉代之后，又有若干食材经由丝绸之路传入我国，如胡椒、西瓜、菠菜、小茴香、开心果、无花果等。

另一部分食材是经由海上丝绸之路传入我国的。15世纪的地理大发现和新航路的开辟对于食材在全世界的传播起到了极为关键的作用，中国也深受这一历史事件的影响。1492年哥伦布抵达美洲大陆之后，经由海上丝绸之路传入中国的农作物有玉米、马铃薯、甘薯、花生、向日葵、辣椒、番茄、菠萝、番木瓜等，里面不乏一些影响十分深远的重要作物品种，如玉米、马铃薯、辣椒、番茄。

玉米原产于中美洲和南美洲，于16世纪传入中国。据史料记载，1531年，广西已有玉米种植；到1643年，玉米已传播到河北、山东、河南、陕西、甘肃、江苏、安徽、广东、广西、云南、浙江、福建等省；到了17世纪末，又推进到辽宁、山西、江西、湖南、湖北、四川等省；到1718年，台湾、贵州也有了玉米种植。至于玉米传入中国的具体线路，目前还有不同的说法。但毫无疑问，海上丝绸之路对玉米的传入起到了关键的作用。

如图9-24所示，玉米属于 C_4 植物，在强光、高温下的光合作用效率高，在干旱时可以收缩气孔孔径，减少蒸腾失水，对干热天气有一定耐受力。因此玉米适应性很强，在我国大部分地区都能种植，特别是在一些土地贫瘠的内陆和山区都能获得较高单产。在传入中国最初的几百年里，玉米迅速在粮食作物格局中占据了一席之地，有力地支

图9-24 高产作物玉米

撑了中国人口的成倍增长。1651年，中国人口还不到5 000万，而到了1795年已增长到了3亿，人口的快速增长正好对应玉米等高产作物在中国全面普及的过程。

玉米在当今时代虽已不是主粮，但在我国的农业结构中依然具有十分重要的地位。目前，玉米已成为我国种植范围最广、面积最大、总产最高的作物，也可

实现大范围机械化收割，如图 9-25 所示。2022 年，我国玉米种植面积达 6.03 亿亩，产量达 2.59 亿吨。玉米用途广泛，既是粮食作物，也是经济作物，有的品种还可以当作水果。玉米是优质饲料的重要来源，是畜牧养殖的支柱。玉米还是乙醇的重要原料，是生物能源的主导作物。玉米具有广泛的用途和重要价值，世界粮农组织把人均占有玉米数量作为衡量一个国家畜牧业和人民生活水平的重要标志之一。目前，我国玉米的主产区在东北、华北、西南和西北地区。其中，黑龙江、吉林、辽宁、内蒙古、山东、河南、河北 7 个省级行政区的产量占到全国的 65% 左右。

图 9-25　玉米的机械化收割

如图 9-26 所示，马铃薯传入中国的时间大约在明代万历年间（1573—1620年），刚刚传入中国的时候只有贵族才能享用。清初时期，马铃薯的种植范围开始慢慢扩展，到清代中叶已有广泛种植。马铃薯原产自南美洲安第斯山区，喜凉、耐旱、产量大，在我国西北的半干旱地区以及西南的冷凉山区都能实现高产，这有效地提高了我国的资源环境承载力，也成为人口增长的重要支撑。目前，我国马铃薯种植面积和总产量已连续多年稳居世界第一位。在各省级行政区产量排名中，四川、贵州、甘肃、云南、内蒙古一直占据前五的位置。马铃薯是继小麦、水稻、玉米之后的第四大粮食作物，对于保障我国粮食安全具有重要意义。

图 9-26　第四大粮食作物：马铃薯

　　辣椒（见图 9-27）与番茄传入中国后一开始只是作为观赏植物。1721 年，贵州的《思州府志》记载："海椒，俗名辣火，土苗用以代盐。"这可能是中国关于辣椒作为食材的最早记录。辣椒在中国全面普及是最近 100 年的事情。番茄在民国时期还主要分布在大城市郊区，其大规模种植是新中国成立之后的事情。由此可见，现在看起来普普通通的西红柿炒鸡蛋，是古人根本没机会品尝到的。据估计，中国吃辣椒人口有 5 亿之多，贵州、湖南、四川、重庆等地更是"无辣不欢"，这些特点估计是古人万万想不到的吧！

图 9-27　对中国饮食文化产生了重大影响的辣椒

从饮食文化和居民健康的角度来看，世界的连通让全人类得以更好地享受大自然的馈赠。而陆上丝绸之路和海上丝绸之路，正是中国食材日益丰富的纽带。从地理的角度来说，世界只有保持有效的连通，各地才能有更多机会发挥其比较优势、互通有无，从而惠及全世界，最终提高全人类的幸福感。

9.3.3　瘟疫大流行

人类的发展使得不同区域之间的联系日益紧密。地域联系促进了商品交换、技术传播、经济发展、文明进步，但其可怕的负面效应同时存在，那就是瘟疫大流行。瘟疫伴随着人类历史的全过程，直到今天。

天花是一种古老的传染病，由天花病毒（见图 9-28）引发，依赖飞沫和接触传染，致死率达 25%～40%，感染者即使大难不死，也会留下永久的印记，如脸上留有麻子、身体上留有痘印等。历史记载的第一个天花病例，是古埃及法老拉美西斯五世。可以推算，从公元前 1145 年拉美西斯五世之死，到

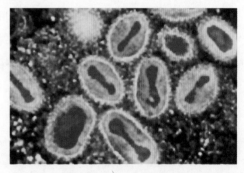

图 9-28　天花病毒

公元 1980 年天花被世界卫生组织正式宣布根除，天花与人类文明进程如影随形，肆虐了 3 000 多年。

天花病毒发源于古埃及，后来通过战争和贸易等形式，由近及远最终扩散到了整个亚洲和欧洲。公元前 1000 年前后，埃及商人将天花传入了古印度；公元 1 世纪的东汉时期，天花传入中国。史书记载：公元 41—43 年，东汉将军马援征讨交趾国（今越南）期间，抓获了大批俘虏，没过多久，俘虏中出现了天花患者，随即开始流行。因为这种传染病由俘虏带来，所以被称为"虏疮"。到了公元 220—280 年的三国时期，天花已传遍南方各省，在魏晋南北朝时期又传到了北方。同一时期，天花也途经伊朗传入中亚。到了唐代，天花又从中亚传入了新疆，从华北传到东北再传入朝鲜半岛和日本。天花病毒随着欧洲殖民者进入了美洲，给当地的土著人带来了灭顶之灾。澳大利亚因为地理孤立，直到 1789 年，

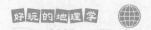

天花才传播到这块大陆上。一些更为孤立的群岛更晚受到波及，如1853年，天花在夏威夷流行，夺走了当地80％人口的生命。不过幸运的是，天花最终被人类战胜，1980年5月，世界卫生组织宣布天花被消灭。

鼠疫由鼠疫杆菌引发，在人类历史上有三次较大规模的流行，其中影响最深刻的是中世纪肆虐欧洲的那次，被称为黑死病。黑死病是人类史上最致命的瘟疫之一，以病患全身长出的标志性黑斑而得名，是一种烈性传染病，治愈率基本为0。1348—1350年，共有2 500万欧洲人死于黑死病。40年后，瘟疫再次爆发，共造成全世界约7 500万人死亡。

从科学的角度来看，黑死病其实并不神秘，鼠疫杆菌通过跳蚤传播于啮齿类动物之间，当居民点附近的鼠类携带了这种病菌时，人类就可能受到波及。一旦人类发病，也可通过飞沫造成人与人之间的传播，瘟疫可能随之爆发。在14世纪的欧洲，每一户家庭和每一艘商船上都有几群老鼠筑巢安家，人们对它们的存在完全不以为意。同时，欧洲的商品经济极为繁荣，海船航线纵横交错，编织出了一个东至黑海、北到英格兰，囊括了整个地中海的贸易网络——于是，欧洲的人们在无意间被捆绑在了一起。经济的发展还带来了人口的快速增长，公元1000年时，欧洲的人口大约是3 800万，在随后的300多年里，它几乎以每个世纪1 000万的数字持续增加，到1340年时已经突破了7 500万大关。这带来了许多副作用：例如人们的居住环境越发拥挤。另外，它还导致了严重的人地矛盾，从而导致粮食进口贸易异常发达，商队的足迹经常从沿海延伸到内陆，甚至连偏远的山村乡镇，都会在不经意间成为商道上的一个重要环节。发达的贸易和密集的人口，为病菌的传播提供了温床。雪上加霜的是，中世纪的人们不仅缺乏公共卫生知识，还对瘟疫怀有错误认识。黑死病肆虐的地方，由于信息传播还不如病菌传播快，等到症状出现时，一切为时已晚，瘟疫往往会在几天之内摧毁整个村庄。关于这次瘟疫的源头，历史学家们说法不一。但从各地瘟疫爆发的时间顺序来看，由近及远的特征非常明显，那些商贸活动最为活跃的地带成为最早发病的区域。

人类历史上肆虐过的瘟疫还有很多种。在不同的历史阶段，不同的地区，瘟疫给人类带来了一次又一次惨绝人寰的灾难。

16世纪，美洲曾经居住着数千万的原住民。当哥伦布抵达新大陆后，旧大陆的细菌、病毒也随之而来。而美洲原住民因历史发展进程和地理环境的差异，对这些外来的瘟疫毫无抵抗力。于是，各种传染病，包括腮腺炎、麻疹、天花、霍乱、淋病、黄热病等让这些原住民遭受了深重的灾难。传染病的蔓延速度甚至超过了殖民者的推进速度。到 17 世纪中叶，美洲大陆的原住民人口已锐减至 200 万人。

　　历史上的这些瘟疫传播，都体现出从旧大陆向新大陆扩散的特征。那么，为什么是欧洲人把病菌带到了美洲，而不是反过来？对于这个问题，演化生物学家、生物地理学家贾雷德·戴蒙德在他的《枪炮、病菌与钢铁：人类社会的命运》一书中，给出了开创性的、高屋建瓴的回答。首先，瘟疫大流行是伴随农业发展而出现的。很多细菌和病毒来自动物的驯化过程。如麻疹、肺结核、天花来自人类与牛的接触，流感来自猪或禽类。在人与动物打交道的过程中，很多动物携带的病毒来到人类身上，经过不断的传播和演化，变成了人类病毒，环境中的细菌也来到人类体内。而种植业的发展使得土地支撑人口的能力越来越强，农业的进步也促进了社会大分工和城镇的人口聚集。这样，一方面是接触病原体的机会越来越多，另一方面是人口密度越来越大，那么流行病的暴发就是必然的。其次，那些农业起源地区及其邻近地区，由于历史上一直处在流行病暴发的前线，经过漫长的自然筛选，存活下来的人类群体已具有一定的免疫力，而那些长期远隔一方的区域便不具备对流行病的抵御能力。例如，1520 年在北美印第安人部落中就暴发了 24 次天花，且死亡率高达 75％；而同一年，在新英格兰的殖民者中，天花只暴发了一次，死亡率也只有 15％。

　　历史上，不管是农业的发展、疾病的流行、技术的传播，还是后来工业的崛起，都主要发生在亚欧大陆上。这又引发了另一个问题，为什么农业和技术在亚欧大陆上发展迅速，而不是在美洲或非洲呢？对这个问题，贾雷德·戴蒙德教授用大陆的轴线做出了解释。与美洲和非洲近乎南北向的轴线不同，亚欧大陆的主轴线是东西延伸的，纬度相近意味着气候和种植条件相似、生产生活方式接近，更有利于促进农作物、驯化的动物以及与之相关的技术在东西向上交流扩散。例如车轮被发明后，仅用了几百年的时间就传遍了亚欧大陆，而墨西哥史前时代发明的轮子，却未能传到南面的安第斯山脉地区，因为这些发明的传播与粮食作物传播息息相关。① 亚欧大陆人的生产方式，更早一步从狩猎采集过渡到种植畜牧，

---

① 贾雷德·戴蒙德. 枪炮、病菌与钢铁：人类社会的命运 [M]. 谢延光，译. 上海：上海译文出版社，2006：170.

让这些族群更早有了文化、技术、集中统一政府的同时，也具备了对传染病的抵抗力。总的来说，东西向的轴线让亚欧大陆在促进人类发展上具备了独一无二的优势。

霍乱被称为"可摧毁地球的、最可怕的瘟疫之一"，与鼠疫同属于甲类传染病，由霍乱弧菌引发，经由不洁净的水或食物传播，可导致发病者急性腹泻脱水，甚至死亡。在无医疗技术控制的时代，可迅速传播大片区域，造成人口快速、集群性死亡，相当恐怖。如图 9-29 所示，恒河下游和三角洲一带是霍乱的起源地，被称为"霍乱的故乡"。历史上恒河平原一带有水葬的习俗，将人死后的尸体置于恒河中顺流而下，因此印度和孟加拉境内恒河流域成为疾病的发源地。自远古时代到 19 世纪初，由于地理环境封闭、陆路不畅，霍乱仅限于印度、孟加拉国一带，随着每年雨季来临而周期性流行，尽管当时患者死亡率高达70%以上，却并未导致世界性的传播。

图 9-29　水质堪忧的恒河下游

　　1817 年，印度多地暴发霍乱，而英国殖民统治下的远洋船只跨区商贸活动，特别是商船的压舱水和饮用水，让霍乱第一次走出印度，开启了世界大流行。1830 年霍乱首次登陆欧洲，1832 年首次到达美洲，1852 年以后首次在印度之外的亚洲大面积暴发，每一次大流行都有数十万至上百万人死亡。1854 年，英国有 2.3 万人死于霍乱，这是霍乱最为严重的一年，带给人类的恐惧不亚于黑死病。但也就是在这一年，事情发生了转机。如图 9-30 所示，英国医师约翰·斯诺用标点地图的方法研究了当地水井分布和霍乱患者之间的关系，发现霍乱暴发可能和污染的水有关，是人类将排泄物倒入水中污染了水源才滋生了霍乱。这是人类第一次找到霍乱传播的途径。这次事件被后世认为是现代公共卫生和流行病学的开端。同时，这也是地理事物空间分析的经典案例。随着对霍乱认知的增加，人们也有了应对之策——改善饮水系统，给饮用水消毒杀菌，并实施有效的隔离措施，这极大地降低了霍乱的规模和致死率。随着现代医学的进步以及公共卫生条件的改善，霍乱对人类的威胁已大大下降。

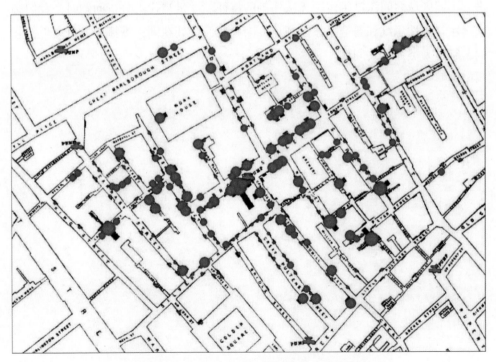

图 9-30　标点地图是揭开霍乱传播之谜的关键

　　1918—1920 年，世界暴发了全球性的甲型 H1N1 流感，造成全世界约 10 亿人感染（当时全球总人口约 17 亿），死亡人数为 2 500 万～1 亿。流感在 6 个月内造成的死亡数比第一次世界大战的死亡人数还多。这次大流感的传播速度远远超过了历史上的瘟疫，其背景是交通运输的发展以及世界各地之间越来越紧密的联系。当时正值世界大战期间，各国的军队齐聚欧洲。一个不争的事实是，这次流感在 1918 年 9 月下旬数万名美军士兵登陆欧洲后迅速暴发，往往一支部队中就有三分之二以上士兵因为流感而住院。流感的肆虐也间接地造成了第一次世界大战的结束，因为各国已经没有额外的兵力作战。战争结束后，这些士兵返回家乡，在这一过程中又将流感病毒从欧洲迅速向世界各地扩散。到 1919 年，流感几乎传遍了整个世界，包括欧洲、亚洲、非洲、美洲、大洋洲，甚至太平洋上的海岛都受到了波及。

　　从古代的天花、鼠疫、霍乱、流感再到今天的新冠疫情，瘟疫的传播速度呈现出越来越快的特征，这体现出人类的地域联系越来越紧密、交通方式越来越先进，不同区域之间深度绑定、无法切割的特征。立足当代去分析问题时，我们必须运用整体性思维和普遍联系的观点，因为我们都处在同一艘挪亚方舟之上，它的名字是人类命运共同体。

后 记

教育家顾明远先生说过："没有兴趣就没有学习。"我正是在兴趣的指引下，选择了地理专业，并选择了地理老师这个职业。在多年的工作中，越来越多的学生在我的课堂上对地理产生了兴趣，甚至萌生了当地理老师的想法，有的还付诸了实践，投身于地理事业当中，这一点让我颇有成就感。在教学中我还发现，不管教材和考试怎么变化，那些对学科有浓厚兴趣的学生总是更容易克服各种困难、取得优异的成绩。因此，尽自己所能去激发学生的兴趣，和学生一起讨论问题、体验收获新知的快乐，已经成了我日常工作中最开心的事情。

本书的完成首先要感谢我的学生们！他们那些让我一时语塞的精彩提问为本书的内容提供了灵感；他们课上课下的自信笑容让我感到了自己努力的意义；他们对真理渴求的目光是我坚持不懈写完这本书的最大动力。

我还要深深感谢多年来培养我的恩师们！我在2001—2004年就读于北京大学城市与环境学系，专业是自然地理学，在导师周力平教授的指导下，我有幸参与了国家杰出青年科学基金项目的部分工作。导师周力平是"北大1977级"的一员，之后出国留学，获得剑桥大学博士学位，他对学术研究的严谨态度、对工作的敬业精神、对科学的无限热情以及率真简朴的生活作风深深感染了我，让我受益终生。在此期间，我还有幸得到了莫多闻、刘克新、蔡运龙、夏正楷、崔之久、张家富等前辈的悉心指导。北京大学的学习和锻炼为我的地理教育生涯奠定了坚实的基础。2004年，我被北京师范大学附属中学选中，成了一名地理老师，我永远忘不了师父刘继忠老师的知遇之恩！在组长崔准老师的指导下，我扎实地完成了从初一到高二的多轮教学实践。2009年，我在韩英英老师的指导下首次执教高三，实现了职业生涯中的重大飞跃。在北京师范大学附属中学期间，我还有幸得到了特级教师王树声先生的指导，并在"王树声地理教学研究室"的学术平台上，得到了王旭老师等前辈的引领和帮助。2011年，在北京西城区教研员论茂伟老师的带领下，我作为北京市代表参加了中国教育学会地理教学研究会优质课评比，获全国特等奖，并赴贵阳参加了学术年会，做了题为《地域分异规律与区域可持续发展》的现场公开课。2014年，我调到北京师范大学附属实验中学工作，在组长王韬老师的带领下连续担任备课组长并多年执教高三，这种锻炼终于让我从"毛头小子"变成了"成熟骨干"。我还要感谢张素娟教授、高振奋老师、邬雪梅老师、陶琍老师、康星老师、宋颢老师在多年教研活动中对我的指导和帮助。我的恩师还有很多，难免挂一漏万，在此一并表示感谢！

　　还要感谢为本书提供各种素材的专业人士！正是因为有了你们的智慧与奉献，本书才得以站在巨人的肩膀上。特别感谢我的师姐、《中国国家地理》杂志内容总监刘晶女士，在她的大力帮助下，书中的关键图片得到使用授权。感谢中国气象局、中央气象台、中国天气网对本书写作的大力支持！感谢北京天域北斗文化科技集团有限公司对本书写作的大力支持！感谢"中国气象爱好者"公众号对本书写作的大力支持！感谢北京师范大学实验中学地理组为我提供了成长空间。北京师范大学实验中学具有深厚的文化积淀，有求真、务实、守正、创新、包容、担当的文化传统，地理组有温暖和谐的工作环境和积极活跃的学术氛围，我们正在新组长张毅师姐的带领下，团结协作，继续前进。感谢清华大学出版社的编辑康晨霖女士的帮助，是她的信任、鼓励和专业把控，让这本书得以完成。还有很多默默无闻的各行各业的劳动者，为本书提供了丰富而鲜活的图文素材，在此一并表示感谢！

　　感谢我的家人，是他们对我生活上的照顾和精神上的鼓励使我克服了各种困难，最终完成了写作。

　　最后，感谢你阅读这本书！